D1629052

Bayern – Land mit Löwenspuren

Geschichten aus der bayerischen Geschichte

Herausgegeben von Gabriele Förg

Weitere Informationen über den Verlag und sein Programm unter:
www.allitera.de

Bibliographische Information der Deutschen Bibliothek

Die Deutsche Bibliothek verzeichnet diese Publikation
in der Deutschen Nationalbibliographie; detaillierte bibliographische Daten
sind im Internet über <http://dnb.ddb.de> abrufbar.

September 2005
Allitera Verlag
Ein Books on Demand-Verlag der Buch&media GmbH, München
© 2005 Buch&media GmbH, München
Umschlaggestaltung: Kay Fretwurst, Photo: Sylvie Geisert
Herstellung: buch bücher dd ag, birkach
Printed in Germany · ISBN 3-86520-098-2

Inhalt

Christoph Lindenmeyer

Der mit dem Löwen tanzt
Ein Freistaat zwischen Imagewerbung und geschichtlichen Identitäten

E s gibt wenig Gründe dafür, auf Wolke sieben über der Wieskirche oder dem
Großen Arber die Beine baumeln zu lassen. Denn das Bild Bayerns in der Welt
wird zunehmend von der Hofbräuhaus-Kopie in Las Vegas und vom FC Bayern
und seiner ALLIANZ-Arena geprägt, von BMW und AUDI, vom Oktoberfest,
vom Reinheitsgebot urbayrischer Biere und ihrem Marketing für alkoholisierte
Lebensfreude. Der Kommissar Horst Tappert geht noch immer um auf den Bild-
schirmen in aller Welt: Drah' di net um! Bayern steht heute für Ökonomie und für
einen Ökonomismus, der mehr auf die Vermarktung seiner Kulturen als auf die
Kraft seiner kulturellen Identität und seiner Identität der Vielfalt vertraut.

»Was den Menschen auszeichnet, ist nicht, dass er Geschichte hat«, schrieb
Carl Friedrich von Weizsäcker, »sondern dass er etwas von seiner Geschichte be-
greift.« So ist im Freistaat Bayern längst eine bemerkenswerte neue Sehnsucht
nach Geschichte entstanden, um dem kommerzialisierten oder wirtschaftspo-
litisch motivierten Bayernimage-Transfer in alle Welt eine historische Identität
gegenüberzustellen: Die Ringvorlesungen zur bayerischen Geschichte in der Lud-
wig-Maximilians-Universität München sind stets überfüllt – zu einem Zeitpunkt,
da die bayerische Schulpolitik eine Reduzierung des Geschichtsunterrichts an den
Gymnasien prüft. Die neue bayerische Selbstvergewisserung dient nicht dem Erhalt falscher patriotischer Ideale und lokaler Bedeutungssucht, sie hat sich aus ewig-
gestriger Erstarrung längst zu einem auch anderen Welten und anderen Kulturen
zugewandten Selbstverständnis verwandelt. Dieses bayerische Selbstbewusstsein,
das Geschichte »begreifen« will, ohne Zugereisten und Eingebürgerten die eigene
Identität streitig zu machen, ist nicht von einem Heimatfundamentalismus geprägt, sondern von der Offenheit im Verstehensprozess des jahrhundertelangen
Streits über Wertvorstellungen und Lebens- wie Gesellschaftsentwürfe auf einem
Territorium, das sich in seinen Grenzziehungen immer wieder gewandelt hat. Geschichtsschreibung dient nicht mehr einer »Chronik der jeweils Herrschenden«,
sie zeichnet auch Geschichte von unten auf.

Dabei wird Geschichte keineswegs nur durch die Arbeit der Geschichtswis-
senschaft anschaulich: Oft sind es Geschichten, oft ist es die »oral history«, oft
auch die mediale Vermittlung durch Sendungen in einem Kulturprogramm wie
Bayern2Radio, die jene Distanzstrecken zwischen damals und heute überwinden. Solche Distanzen verleiten gelegentlich zu einer Passivität gegenüber Informationen zur Geschichte, weil über ihnen der Mehltau der Anstrengung oder

einer hermetischen Intellektualität liegt. Erzählte Geschichte aber verfügt über eine didaktische, mediale und erkenntnispraktische Wucht.

Die Redaktion »Land & Leute« legt mit diesem Buch eine Dokumentation vor, die aus den Sendemanuskripten vieler kompetenter Autorinnen und Autoren entstand. Das »Buch zur Sendung« versteht sich als Ergänzung zum flüchtigen Hören. Es will jedem Gedächtnisverlust vorbeugen, zugleich bilden und unterhalten. Der Allitera-Verlag und die Land & Leute-Hörfunkredaktion des Bayerischen Rundfunks pflegen seit längerem eine bimediale Kooperation, die bisher stets auf großes Interesse stieß.

Denn der Freistaat Bayern in seinen heutigen geographischen Grenzen und seiner kulturellen Offenheit über Grenzziehungen hinweg versteht sich immer noch unter dem »Zeichen des Löwen«. In seinem Namen wurde nicht nur geherrscht, es wurde auch getanzt. Der Löwe wird nicht nur wegen seiner Stärke und seines todbringenden Bisses gefürchtet; er wird zum Beispiel vor der Münchner Residenz längst auch zärtlich berührt, und sein Erscheinungsbild ist keineswegs nur eine *Trade-mark* für den Fußball.

Gotthold Ephraim Lessing, der nicht ganz so prominent ist wie Franz Beckenbauer, gab die Richtung auch für dieses Projekt mit bayerischer Geschichte und bayerischen Geschichten vor: »Die Geschichte soll nicht das Gedächtnis beschweren, sondern den Verstand erleuchten.«

Wittelsbacher Löwe, Münchner Residenz

Ulrich Zwack

Stammbaum mit vielen Wurzeln
Von der Keltenzeit bis zum Sturz Tassilos III.

Einhard, der berühmte Biograph Karls des Großen, hat nichts unterlassen, um die Taten seines Herrn ins rechte Licht zu rücken. Aber bei der Schilderung der Umstände, die zur Absetzung Herzog Tassilos III. von Bayern durch den fränkischen König und späteren Kaiser führten, gab er sich merkwürdig wortkarg: *Tassilo wurde vor den König geladen und ihm nicht erlaubt, zurückzukehren.*

Das ist alles. Dabei handelte es sich beim Sturz des Bayernherzogs doch wahrlich um einen gewaltigen Triumph des Frankenherrschers. Denn unter Tassilo III. hatte sich das alte Herzogtum Bayern fast ganz aus der Abhängigkeit von den Franken gelöst. Aber dann wurden 788 auf dem Reichstag zu Ingelheim alle Träume von der bayerischen Unabhängigkeit mit einem Mal wieder zunichte, und Tassilo wurde jäh auf den harten Boden der Macht-Tatsachen zurückgeschleudert. Die Lorscher Annalen geben ausführlicher Auskunft.

König Karl berief eine Versammlung auf sein Hofgut Ingelheim. Daselbst erschien auf des Königs Befehl Tassilo wie auch seine übrigen Vasallen. Und die Getreuen aus Bayern huben an und sprachen, Tassilo bewahre nicht die gelobte Treue, sondern nachdem er seinen Sohn und andere Geiseln gestellt und Eide geschworen, sei er auf Anraten seines Weibes Liutberga treulos geworden. Als er alles dessen überwiesen war, da gedachten die Franken und Bayern, die Langobarden und Sachsen, und alle, welche aus den verschiedenen Ländern auf dieser Versammlung erschienen waren, seiner früheren Übeltaten und wie er den König Pippin im Feld verlassen habe, und sie erklärten den Tassilo für des Todes schuldig. Wie aber alle einstimmig das Todesurteil über ihn aussprachen, wurde der fromme König von Mitleid ergriffen, und aus Liebe zu Gott und weil er sein Verwandter war, bewog er die Geistlichen und seine Getreuen, daß ihm das Leben geschenkt ward. Wie nun Tassilo von dem gnädigen König gefragt wurde, was er tun wolle, bat er um die Erlaubnis, sich scheren zu lassen, in ein Kloster gehen zu dürfen und für so viele Sünden Buße tun zu dürfen.

Die fromme Bitte wurde unverzüglich erfüllt: Tassilo wurde geschoren und verbrachte den Rest seiner Tage als Mönch in Jumièges bei Rouen. Und während der Ingelheimer Reichstag noch andauerte, wurden nach dem alten Brauch der Sippenhaft auch seine Frau Liutberga und seine Kinder Cotani, Rotrud und Theodo in verschiedene Klöster gesteckt. Bayern aber hatte seine Unabhängigkeit, noch ehe sie überhaupt richtig erlangt war, verloren.

Nun begann die bayerische Geschichte aber nicht erst mit Tassilo III. – und schon gar nicht mit seinem unrühmlichen Sturz, dessen wahre Hintergründe übrigens überhaupt nicht mit letzter Sicherheit geklärt werden können, weil es sich auch bei den Lorscher Annalen wohl nur um eine frankenfreundliche Verbrämung der Tatsachen handelt. Und das ist das Grundproblem der ganzen frühen bayerischen Geschichtsschreibung. Erst für die Zeit nach Tassilo gewinnt die schriftliche Überlieferung an Umfang und Zuverlässigkeit. Was die vielen Jahrhunderte vorher betrifft, liegen dagegen kaum Schriftquellen vor. Und die wenigen, die es gibt, sind mitunter geradezu haarsträubend falsch. Ginge es nach ihnen, so ließe sich z. B. die Spur der Bayern mühelos bis zur Sintflut zurückverfolgen. Denn im frühmittelhochdeutschen Annolied wie in der deutschen Kaiserchronik heißt es fast gleichlautend:

Das Geschlecht der Baiern, / hergekommen von Armenien, / wo Noah aus der Arche ging / und den Ölzweig von der Taube empfing. / Die Spuren der Arche kann man noch sehen / auf den Bergen, die da heißen Ararat.

Ganz so einfach ist die Sache mit dem Stammbaum der Bayern natürlich nicht. Auf die erhaltenen Schriftquellen kann man sich fast gar nicht verlassen. Und das gilt erst recht für die Zeit vor den Bajuwaren. Lange Kapitel der frühen bayerischen Geschichte lassen sich nur noch mit dem Spaten des Archäologen rekonstruieren. Demnach kamen die ersten Menschen, die sich ein wenig im heutigen Bayern umsahen, natürlich nicht aus der Arche Noah, sondern aus Böhmen. Darauf deutet z. B. ein zwischen 150 000 und 200 000 Jahre alter Faustkeil aus Pösing im Bayerischen Wald hin, der von der Machart her völlig anderen Faustkeilen gleicht, die man in großer Zahl in der Gegend um Brünn gefunden hat. Das Werkzeug misst 15 mal 9,5 mal 5 cm und wurde aus einem honiggelben Quarzit-Stein hergestellt. Selbstverständlich nicht von einem Bayern, sondern von einem Neandertaler. Dichter besiedelt wurde der bayerische Raum freilich erst viel später: nämlich nach dem Ende der letzten Eiszeit um das Jahr 10 000 v. Chr., als die zurückweichenden Gletscher endlich das Voralpenland freigaben.

Weitere Jahrtausende zogen ins Land, bis schließlich die Kelten auftauchten, das erste große Kulturvolk, das im heutigen Bayern lebte und dem modernen Forscher immer noch so manches Rätsel aufgibt. Was vor allem daran liegt, dass man über die Kelten zwar einige zeitgenössische griechische und römische Schriftzeugnisse besitzt, diese aber sicher nicht immer ganz objektiv sind. Wohl beherrschten die Kelten auch selbst die griechische Schrift, doch sie weigerten sich beharrlich, sie praktisch anzuwenden. Der auf eine in Manching gefundene Tonscherbe gekritzelte Name »Boios« ist schon so ziemlich das Einzige, was uns die altkeltische Literatur zu bieten hat. Wer will, mag in dieser Schreibfaulheit bereits ein frühes Beispiel für die bis heute ziemlich ausgeprägte Sturheit des hiesigen Menschenschlags erblicken.

Nun denkt man bei den Kelten unwillkürlich an die Bretagne, an Irland, Schottland oder Wales. Aber dorthin sind die Kelten erst im Lauf der Zeit gelangt. Ihre ursprüngliche Heimat lag dagegen im heutigen Ostfrankreich, in der Nordschweiz, Süddeutschland, Österreich und Böhmen. Damit gehörte auch Bayern zum Entstehungsraum der keltischen Kultur, die sich irgendwann in der ersten Hälfte des ersten vorchristlichen Jahrtausends herauskristallisierte. Wie der griechische Geschichtsschreiber Diodor berichtet, sahen die Kelten ziemlich wild aus.

Das Haar ist nicht nur von Natur aus blond, sondern sie verstärken diese eigentümliche Farbe noch durch künstliche Behandlung. Sie waschen nämlich die Haare immerfort mit Kalkwasser und streichen es von der Stirn rückwärts gegen Scheitel und Nacken, so daß ihr Aussehen dem der Satyrn und Pane gleicht. Die Haare werden von dieser Behandlung immer dicker, so daß sie sich von einer Pferdemähne nicht mehr unterscheiden.

Ihre Edlen rasieren sich die Wangen, den Schnauzbart dagegen lassen sie lang wachsen, so daß der Mund ganz verdeckt ist und beim Essen wie beim Trinken als Seiher wirkt. Ihre Art, sich zu kleiden, ist sehr auffällig: Sie tragen farbige Röcke, die wiederum sehr bunt geblümt sind, und Hosen, die sie Braken nennen. Darüber werfen sie gestreifte Mäntel, die mit einer Spange befestigt sind, und zwar im Winter von dickem Stoff, im Sommer dünne, vielfach und sehr buntfarbig gewürfelt.

Den Kopf bedecken sie durch eherne Helme mit hochragenden Aufsätzen, weshalb sie außerordentlich groß erscheinen. Einige tragen nämlich angeschmiedete Hörner, andere die Köpfe von Vögeln oder vierfüßigen Tieren.

Die Archäologie bestätigt diese Angaben. Kein Wunder also, dass die Kelten für einen gesitteten Mittelmeeranrainer schon allein ihres abenteuerlichen Aufzuges wegen als ungehobelte Barbaren galten. Dabei wussten sie die Segnungen der Zivilisation durchaus zu schätzen. Deshalb knüpften sie seit etwa 600 v. Chr. Handelsbeziehungen zu den mediterranen Kulturen. Zunächst vor allem zur griechischen Kolonie Massilia, also dem heutigen Marseille, über das sie Kunst, Nippes, Bronzegeschirr, Keramik, Olivenöl, Wein, Korallen und andere Luxuswaren importierten. Ja, in einem Frauengrab bei Hundersingen an der oberen Donau aus dem späten 6. Jahrhundert v. Chr. wurden sogar Stickereien aus chinesischer Seide gefunden. Als sich herausstellte, dass sich mit den vermeintlichen Barbaren gute Geschäfte machen ließen, schalteten sich bald auch die Etrusker in den Handel ein und exportierten alle möglichen Erzeugnisse italischer Völker sowie der süditalienischen Griechenkolonien über die Alpen. Im Gegenzug lieferten die Kelten Salz, Tierhäute, Bernstein, Kupfer- und Eisenbarren, Holzwaren, Wolle und nicht zuletzt Sklaven in den Süden. Und auch das spätere Bayern verfügte über einen besonders geschätzten Handelsartikel: nämlich einen in der Passauer Gegend geförderten graphithaltigen Ton, aus dem sich feuerfestes keramisches Kochgeschirr herstellen ließ.

Bei aller Wertschätzung für fremdländischen Luxus waren die Kelten aber keineswegs nur passive Konsumenten. Denn als künstlerisch wie handwerklich begabtes und äußerst phantasiereiches Volk empfanden sie das Fremde vor allem auch als willkommene Anregung für ihre eigene Kultur. Sei es, dass sie die Importgüter nur ein wenig dem eigenen Geschmack anpassten, indem sie etwa so mancher griechischen Vase kurzerhand einen schmucken Goldrand verpassten. Sei es, dass sie aus den Vorlagen gleich etwas ganz Neues schufen. Ein schönes Beispiel dafür sind die keltischen Münzen, die so genannten *Regenbogenschüsselchen*. Kennen gelernt hatten die Kelten das Geld von den Griechen, und weil sie es offenbar für eine praktische Erfindung hielten, begannen sie bald, auch eigene Bronze-, Silber- und Goldstücke zu prägen. Wobei sie sich beim Münzfuß zwar strikt ans hellenische Vorbild hielten, die Münzbilder aber zu abstrakten Linien und Punkten auflösten.

Auf manchem Gebiet konnten Griechen, Etrusker und Römer ihrerseits von den Kelten lernen. So haben es die angeblichen Barbaren vor allem in der Glas- und Metallverarbeitung zu höchster Meisterschaft gebracht. Sie stellten wunderbaren Schmuck aus Glas, Gold, Silber und Bronze her. Eine keltische Beißzange, eine keltische Axt oder Sense oder ein keltischer Hammer unterscheiden sich kaum von heutigen Werkzeugen, und ohne die keltische Erfindung des hölzernen Daubenfasses hätte die antike Welt Flüssigkeiten wie Öl und Wein lediglich in zerbrechlichen Tonamphoren transportieren können. Ja, selbst in medizinischer Hinsicht konnten die Kelten mit der griechisch-römischen Zivilisation mehr als nur Schritt halten: Wie gut verheilte Operationsspuren beweisen, vermochten ihre Ärzte sogar chirurgische Eingriffe am geöffneten Schädel durchzuführen, ohne dass der Patient dabei starb. Kein Wunder: Ein im Münchener Stadtteil Obermenzing entdecktes Arztgrab aus dem 2. vorchristlichen Jahrhundert zeigt, dass sich viele Instrumente des altkeltischen Chirurgenbestecks – wie Skalpell, Wundschlinge oder Trepanationssäge – kaum von den heute gebräuchlichen unterscheiden. Und auch das Einkommen, das die keltischen Herren Doctores erzielten, muss in etwa mit dem eines modernen Facharztes vergleichbar gewesen sein. Denn die übrigen Grabbeigaben – vor allem die protzigen Prunkwaffen – künden noch heute äußerst eindrucksvoll vom überdurchschnittlich hohen Lebensstandard dieses frühen Vertreters der Obermenzinger Ärztezunft.

Die Kelten lebten in der Regel weit übers Land verstreut, die Adligen in auf Hügeln und Bergen errichteten Wehrburgen, das gemeine Volk in kleinen Dörfern oder auf weit auseinander gelegenen Einödhöfen. Größere Siedlungen kannten sie zunächst kaum, auch wenn einige der Adelsburgen im Lauf der Zeit zu bescheidenen Marktflecken ausgebaut wurden.

Doch dann erfasste die Kelten, noch vor Beginn des 6. vorchristlichen Jahrhunderts, eine regelrechte Völkerwanderungsbewegung. Von ihrer mitteleuropäischen Heimat brachen sie in alle Himmelsrichtungen auf. Zogen nach Spanien, besiedelten ab dem späten 5. Jahrhundert ganz Frankreich, die britischen Inseln, Slowenien, Ungarn und Teile Rumäniens und Bulgariens. 387 v. Chr. besetzten sie sogar vorübergehend Rom. Ein Jahrhundert später plünderten keltische Stämme Delphi, überschritten den Hellespont und ließen sich in Kleinasien nieder.

Auf ihren ausgedehnten Kriegs- und Beutezügen lernten die Kelten eine neue Siedlungsform kennen und schätzen: die Stadt. Und von Natur aus allem Neuen gegenüber aufgeschlossen, wollten sie so etwas jetzt natürlich auch in der alten Heimat haben. Also begannen sie dort seit dem frühen 2. Jahrhundert v. Chr. selbst Städte zu errichten. Gemäß der keltischen Mentalität passten sie freilich auch die Stadt ihren eigenen Vorstellungen an und schufen dadurch eine völlig neue Siedlungsform. Die Wissenschaftler nennen sie *oppidum*.

Eines der größten *oppida* überhaupt entstand in Manching bei Ingolstadt. Sein alter Name ist leider nicht überliefert. Wie es sich für eine antike Stadt gehörte, wurde das *oppidum* mit einem gewaltigen Mauerring umgeben. Anders als bei den südländischen Vorbildern bestand dieser freilich nicht aus aufeinander gesetzten Stein- oder Ziegelquadern, sondern aus einem so genannten *murus gallicus*, einer gallischen Mauer. Dabei handelte es sich um ein gewaltiges, sauber vernageltes Holzbalken-Rahmenwerk, das nach außen mit Kalksteinen verblendet und innen mit einem Erdwall aufgeschüttet wurde.

Der Manchinger Mauerring war über sieben Kilometer lang. Das bedeutet, dass das *oppidum* von der Fläche her genauso groß war wie Rom zur Zeit des Kaisers Augustus. Man hat ausgerechnet, dass für den Mauerbau 120 000 Kubikmeter Steine auf der Donau verschifft, 60 000 Bäume gefällt, 75 Tonnen bis zu 30 cm langer Eisennägel eingeschlagen und rund 130 000 Kubikmeter Erde bewegt werden mussten. Was schon allein logistisch eine gewaltige Leistung darstellte, wenn man bedenkt, dass man heute nur für den Transport der in Manching verarbeiteten Steine und der Erde 15 000 Güterwaggons bräuchte.

Von der Bevölkerungszahl her konnte sich Manching jedoch bei weitem nicht mit dem augusteischen Rom messen: Während die Tibermetropole rund eine Million Einwohner zählte, waren es in Manching gerade mal zehn- bis fünfzehntausend. Das kam daher, dass ein Gutteil der vom Mauerring umschlossenen Fläche nicht bebaut war, sondern als Acker- und Weideland genutzt wurde. Nur der Stadtkern war dichter besiedelt, ja, hier ging es sogar fast großstädtisch eng zu. Wand an Wand drängte sich da Wohnhaus an Wohnhaus, Werkstatt an Werkstatt. Dazu kamen noch allerlei Speichergebäude und große in den Boden eingelassene, holzverschalte Vorratsgruben. Die durchwegs nur eingeschossigen Gebäude waren strohgedeckt, die Wände aus Holz, Lehm oder Fachwerk hochgezogen.

Manching war vermutlich die Hauptstadt des in Südbayern ansässigen keltischen Volkes der Vindeliker, das sich aus den Teilstämmen der Brigantier um Bregenz, der Estionen um Kempten, der Likatier am Lech und der östlich davon siedelnden Cattenaten, Cosuaneten und Rucinaten zusammensetzte. Als

Hauptort besaß das große *oppidum* natürlich eine eigene Münzstätte. Und mindestens ebenso wichtig wie das Handwerk war der Fernhandel, der über die beiden sich hier kreuzenden Handelsstraßen sowie auf der Donau abgewickelt wurde. Alles in allem muss es sich im Manchinger *oppidum* recht angenehm gelebt haben. Man wurde mit Luxuswaren aus aller Welt beliefert und brauchte sich dank der eigenen Landwirtschaft auch um die Versorgung mit Grundnahrungsmitteln keinerlei Sorgen zu machen.

Früher nahm man an, dass das *oppidum* von Manching im Jahr 15 v. Chr. von den Römern zerstört worden sei. Denn die in einigen Abfallgruben gefundenen, zum Teil übel zugerichteten Skelette von rund 400 Kelten schienen auf schwere Kampfhandlungen hinzudeuten. Genauere Untersuchungen ergaben jedoch, dass es sich hierbei nicht um Gefallene handelte, sondern um die bedauernswerten Opfer eines grausamen Kultritus, die von den Manchingern bereits ums Jahr 70 v. Chr. verstümmelt und teilweise vielleicht sogar verspeist worden sind. Da in Manching obendrein keinerlei Zerstörungs- oder Brandspuren nachzuweisen sind, deutet heute alles darauf hin, dass die Aufgabe der Hauptstadt der Vindeliker überhaupt nicht auf Kriegshandlungen zurückzuführen ist, sondern noch vor dem Einmarsch der römischen Truppen freiwillig erfolgte. Warum, lässt sich nicht mehr eindeutig klären. Aber viel spricht für die Annahme, dass es die Kelten einfach leid waren, ihr *oppidum* dauernd gegen Angriffe der jenseits der Donau siedelnden Germanen verteidigen zu müssen.

Nach dem neuesten Erkenntnisstand scheint die Unterwerfung der Vindeliker durch die römischen Legionen beim Alpenfeldzug des Jahres 15 v. Chr. überhaupt ohne größeres Blutvergießen vonstatten gegangen zu sein. Und auch nach der Unterwerfung haben sich die Vindeliker offenbar widerstandslos in die neuen Verhältnisse gefügt. Konnte der griechische Historiker Strabo doch erfreut notieren: *Seitdem zahlen sie nun schon dreiunddreißig Jahre lang in aller Ruhe ihre Tribute.*

So deutet alles darauf hin, dass sich die beiden Völker von Anfang an bestens miteinander arrangiert haben. Auf dem zwischen Schongau und Füssen gelegenen Auerberg bestand z. B. unmittelbar nach der römischen Landnahme eine Siedlung, in der römische und keltische Handwerker friedlich Hand in Hand gearbeitet haben müssen. Bald waren zwischen den Einheimischen und den neuen Herren im Land sogar so gut wie gar keine Unterschiede mehr festzustellen. Denn die römische Zivilisation übte auf die Kelten eine so unwiderstehliche Anziehungskraft aus, dass sie selbst die lateinische Sprache, römische Namen und Sitten annahmen. Spätestens im 2. Jahrhundert n. Chr. waren sie fast vollständig romanisiert. Nur die Architektur, die Lokaltracht und den Götterhimmel in den neuen römischen Garnisonen haben sie noch ein wenig mitbestimmt. Ja, ein paar Dinge konnten sie sogar bis auf den heutigen Tag hinüberretten. So vor allem einige Ortsnamen wie Kempten, das auf die keltische Bezeichnung *Cam-*

bodunum zurückgeht, oder ein paar Flussnamen wie Isar, Lech und Inn. Und sie haben sicher auch ein ordentliches Quäntchen zur bayerischen Volksmentalität beigesteuert.

Das bairisch Volk legt sich mehr auf den Ackerbau und das Viech, dan auf die Krieg; trinkt sehr, macht viel Kinder; ist etwas unfreuntlicher und ainmüetiger als die nit vil auß kommen. Der gemain Mann ist frei, tuet was er will, sitzt Tag und Nacht bei dem Wein, schreit, singt, Kart spielt. Große und überflüssige Hochzeit, Totenmahl und Kirchtag haben, ist ehrlich und unsträflich, raicht kainem zu Nachteil, kumpt kainem zu Übel.

So hat Aventin seine »Baiern« charakterisiert. Und ähnlich »urig« schilderten die antiken Autoren bereits das Wesen der Kelten. Diodor schrieb: *Ihre Stimmen klingen tief und allgemein rauh. Sie sind von kurzer Rede, sie sprechen in Rätseln und Andeutungen. Vieles drücken sie in Übertreibungen aus, wobei sie sich selber erhöhen und andere herabsetzen. Sie drohen gern, reden hochfahrend und theatralisch.* Strabo behauptete: *Das Volk ist hitzig, doch im Übrigen aufrichtig und nicht bösartig. Wenn man sie reizt, findet man sie gleich bereit zum Kampf, obgleich sie außer Kraft und Kühnheit keine Eigenschaften besitzen, die ihnen im Kampf förderlich wären.* Caesar notierte in bemerkenswertem Einklang mit Aventin: *Ihre Leichenbegräbnisse sind relativ prächtig und kostspielig.* Und er konstatierte sogar schon erstaunliche Parallelen zum modernen »Amigo-Wesen«: *(Bei den Kelten) gibt es nicht bloß in allen Stämmen, in allen Gauen und Bezirken, sondern auch fast in allen einzelnen Familien Parteien. An ihrer Spitze stehen immer diejenigen, die sich in der öffentlichen Meinung die meiste Geltung zu verschaffen wissen. Jedes Parteihaupt schützt seinen Anhang vor Bedrängnis durch Gewalt oder List; andernfalls verlöre es jedes Ansehen bei ihm.*

Wie man sieht, strotzten bereits die Kelten vor durchaus als barock zu bezeichnender Lebensfreude. Dafür, dass sich die bayerische Art trotzdem nicht aufs Derb-Sinnliche beschränkt, sorgte dann vor allem die nächste Generation in unserer langen Ahnenreihe. Denn die Römer setzten aufs keltische Fundament einen zivilisatorisch wie kulturell ein für alle Mal tragfähigen Überbau.

Zugegeben: Nur der Süden des heutigen Freistaates Bayern war Römerland. Und für ein Weltreich, dessen Schwerpunkt rund ums Mittelmeer lag, bildete die Provinz Rätien, auch wenn sie außer Südbayern noch Graubünden und Tirol einschloss, ein so unbedeutendes Anhängsel, dass die römischen Schriftsteller kaum eine einzige Zeile darauf zu verschwenden bereit waren. Darum bleibt es wieder einmal den Archäologen überlassen, diesen immerhin fast 500 Jahre langen Abschnitt unserer Geschichte zu rekonstruieren.

Der Militär- oder Verwaltungsdienst in unseren unwirtlichen Gefilden muss für einen sonnenverwöhnten Italiener, Griechen oder Spanier vermutlich alles andere als erstrebenswert gewesen sein. Deshalb kann es kaum verwundern, dass die Römer offenbar alles daran setzten, sich das Leben in Rätien so angenehm zu machen, wie es Dauerregen und Kälte nur eben erlaubten. Am komfortabelsten mag es dabei in Augsburg zugegangen sein, das unter dem lateinischen Namen *Augusta Vindelicum* als Provinzhauptstadt fungierte. Doch Augsburg bietet dem Archäologen leider nur ein recht frustrierendes Betätigungsfeld, weil dort die antiken Hinterlassenschaften bis zu 7 m unter der heutigen Stadt verschüttet sind. Dafür kommt man aber beispielsweise in Kempten, das für rätische Begriffe ebenfalls eine ansehnliche Stadt war, umso leichter an sie heran. So weiß man, dass Kempten zur Römerzeit über ein richtiges Forum verfügte und über 10 m breite Prachtstraßen mit Tempeln, Thermen, Läden, Kneipen und zweistöckigen Wohnhäusern aus Stein. Und selbst in den bescheidenen Zivilsiedlungen, die sich fächerförmig vor den Garnisonslagern ausbreiteten, war stets ein wenig vom imperialen Glanz der römischen Welt zu spüren. Dort lebten Handwerker, Wirte, Kleinhändler, entlassene Veteranen, Prostituierte und die Konkubinen und Kinder der in den Lagern stationierten Soldaten, die während ihrer 25-jährigen Dienstzeit offiziell keine Ehe eingehen durften.

Damit der Nah- und Fernverkehr in der neuen Provinz reibungslos abgewickelt werden konnte, legten die römischen Ingenieure ein eng geknüpftes Netz ausgezeichneter Straßen an, das nicht nur die Städte, Ortschaften und Lager in der Provinz miteinander verband, sondern auch Anschluss an das Straßennetz des Gesamtreiches hatte. So führte z. B. die unter Kaiser Claudius angelegte *Via Claudia Augusta* von Verona aus über Trient, Bozen, den Fernpass, Füssen und Epfach nach Augsburg.

Auf diesen Straßen hielt jetzt ein Kosmopolitismus Einzug, der die Weltoffenheit der Kelten noch bei weitem übertraf. Er kam vor allem mit den Besatzungstruppen, die aus allen Provinzen des Reiches bunt zusammengewürfelt waren. So war in Eining die III. britannische Reiterkohorte stationiert oder in Straubing die Kohorte der I. canathischen Bogenschützen. In Regensburg schob die II. Hilfskavallerie der Aquitanier Dienst und in Weißenburg die Reiterei der vom Niederrhein stammenden II. Bataver. Es gab Truppen aus Portugal und Dalmatien, aus Thrakien und Ägypten – und, wie im Allgäu gefundene Dromedarknochen belegen, wohl auch aus anderen Gegenden Nordafrikas. Zum Teil blieben die Einheiten jahrhundertelang in Rätien stationiert, wo sie immer wieder durch Einheimische oder Soldaten aus allen vier Himmelsrichtungen aufgefrischt wurden. Manche lagen nur kurzzeitig in rätischen Garnisonen, andere wurden immer wieder für begrenzte Zeit an die verschiedenen Kriegsschauplätze in allen möglichen Gegenden des Riesenreiches verlegt und dann wieder zurückbeordert. So herrschte ein ständiges Hin und Her von Menschen verschiedenster Herkunft, unterschiedlichster Kultur und Weltanschauung. Und nach der ehrenvollen Entlassung aus dem Militärdienst blieben Ungezählte davon im Land, um eine Taverne zu eröffnen, ein Handwerk auszuüben, ein Stück Boden zu bebauen oder ins Handelsgeschäft einzusteigen.

Denn der Handel blühte unter den Römern wie nie zuvor und nur selten danach. Zum einen versorgte er Rätien mit allem, was die damals bekannte Welt nur zu bieten hatte: mit Glas, Keramik, Eisenwaren und Goldschmiedearbeiten aller Art, mit Wein, Südfrüchten und Oliven, mit indischen Gewürzen, arabischem Weihrauch oder gallischen Textilien und vielem mehr. Ein geringer Teil dieser Güter blieb freilich gar nicht in Rätien selbst, sondern war für die freien Germanen jenseits der Donau- und Limesgrenze bestimmt, deren Oberschicht nach Luxuswaren aus dem Imperium geradezu süchtig war. Doch auch die Römer konnten von den Germanen einiges brauchen: kostbare Pelze etwa, Glaswaren, Bernstein, Honig, Bienenwachs, Blondhaar zur Perückenherstellung – und nicht zuletzt auch Landeskinder, viele als Soldaten, noch mehr als Sklaven. Meist zahlten die Römer dafür mit Tauschwaren, oft aber auch mit klingender Münze. Und so mancher Römer hat die »dummen Barbaren« dabei »sauber übers Ohr gehauen«, indem er sie kurzerhand mit Falschgeld entlohnte. Wobei die »Blüten« nicht selten von geradezu abenteuerlich schlechter Qualität waren. Im Badhaus des Kohortenlagers von Eining hat man z. B. eine komplette Falschmünzerwerkstatt gefunden, die Dinare aus der Regierungszeit Kaiser Getas einfach nachgoss, während die echten Münzen grundsätzlich geprägt waren.

Das beeindruckendste Bauwerk des römischen Bayern war der Rätische Limes. Über eine Länge von 166 km erstreckte er sich von Lorch im Westen bis nach Eining im Osten, von wo ab die Donau in östlicher Richtung die Funktion einer natürlichen Grenze zwischen dem Römerreich und den freien Germanen übernahm. Zunächst nur als Palisadenzaun errichtet, wurde er in den letzten Jahrzehnten des 2. Jahrhunderts zu einer gut 3 m hohen und 1,20 m breiten Steinmauer ausgebaut, deren Fugen rot nachgezogen waren, um dem Ganzen ein noch imponierenderes Aussehen zu verleihen. Alle 400–800 m erhob sich ein steinerner Wachturm, von dem aus sich ein größerer Grenzabschnitt überblicken ließ. Durch die Steinbauweise unterschied sich der Rätische deutlich vom Obergermanischen Limes, mit dem er bei Lorch zusammentraf. Denn der Letztere wurde nie zur Mauer umgebaut. Die Hauptaufgabe des Rätischen Limes war es, den Germanen Respekt vor der überlegenen Technik der römischen Ingenieurskunst einzuflößen. Selbst heute sind seine Reste ja noch so eindrucksvoll, dass sie im Volksmund ehrfürchtig »Teufelsmauer« genannt werden.

Aber der Limes bildete kein unüberwindliches Hindernis. Und er sollte das auch gar nicht, wie schon allein die hier und dort in ihn eingelassenen Limestore beweisen. Die Funktion der eigentlichen Grenzverteidigung erfüllten die im Schatten des Limes gelegenen Truppenkastelle und nicht der Grenzwall selbst. Lange Zeit hatten die Römer von den Germanen ohnehin nicht besonders viel zu befürchten. Mit den nördlich des Limes ansässigen Hermunduren lebte man laut Tacitus ja stets in bestem Einvernehmen.

Der Stamm der Hermunduren ist den Römern treu ergeben. Daher sind sie die einzigen Germanen, die nicht nur am Donauufer, sondern auch im Inneren unseres Landes und in der prächtigen Kolonie (Augsburg) der Provinz Rätien Handel treiben dürfen. Sie kommen allerorten und ohne Beaufsichtigung über die Grenze. Und während wir allen anderen Stämmen nur unsere Waffen und Feldlager zeigen, haben wir den Hermunduren unsere Häuser und Gutshöfe geöffnet; denn sie sind ja frei von Begehrlichkeit.

Doch seit den letzten Jahrzehnten des 2. Jahrhunderts tauchten dann plötzlich immer öfter Stämme am Limes auf, die sehr wohl begehrlich waren und plündernd, mordend und brandschatzend die Grenze überschritten. Das geschah erstmals in den Markomannenkriegen unter Kaiser Marc Aurel, aus denen man die Lehre zog, dass die bisherige Grenzsicherung durch Hilfstruppen nicht mehr genügte. Deshalb stellte man nun eine neue richtige Legion auf, die so genannte III. italische, und stationierte sie Anfang 179 im eigens dafür angelegten Legionshauptquartier *Castra Regina* – Regensburg. Die stolze Gründungsinschrift der Stadt, die Augsburg bald den Rang als wichtigster Ort Rätiens ablaufen sollte, ist erhalten:

Bronzevergoldeter Genius
(Römermuseum
Augsburg)

Kaiser Marcus Aurelius, Sohn des göttlichen Antoninus Pius, Enkel des göttlichen Hadrian, Urenkel des göttlichen Trajan, Ururenkel des göttlichen Nerva, und sein Sohn, der Kaiser Commodus, haben die Umwehrung mit Mauern und Türmen für die III. italische Legion machen lassen, unter der Leitung von Marcus Helvius Clemens Dextrianus, des kaiserlichen Legaten mit propraetorischer Gewalt dieser Legion.

Aber auch die neue Legion konnte den Frieden in der Provinz nicht dauerhaft sichern. Schuld daran war vor allem das germanische Volk der Alemannen, das im Jahr 213 zum ersten Mal gegen den Limes stürmte und sich dabei als so gefährlich erwies, dass Kaiser Caracalla höchstpersönlich aus Rom nach Rätien reisen musste, um die Abwehr zu organisieren. Obwohl der Herrscher damals einen glänzenden Sieg errang, sollten die Alemannen bis zum Zusammenbruch des Römischen Reiches keine Ruhe mehr geben.

So war es mit der Blütezeit der Provinz Rätien jetzt endgültig aus und vorbei. Ab der Mitte des 3. Jahrhunderts konstatieren die Archäologen eine Häufung von Brand- und Zerstörungsspuren sowie eine auffällige Zunahme von Schatzvergrabungen, durch die Kostbarkeiten wie Schmuck, Münzen und wertvolles Haushaltsgerät vor den vandalierenden Germanen gerettet werden sollten. Es fehlt auch nicht an makaberen Funden, die von barbarischen Massakern zeugen. So kam etwa bei den Ausgrabungsarbeiten an einem römischen Gutshof in Regensburg-Harting ein Brunnenschacht ans Licht, in dem sich die Skelette von 13 Personen befanden. Vor ihrer Ermordung müssen die Gutsbewohner grausam gefoltert worden sein. Dann wurde ihnen der Schädel eingeschlagen, manche wurden zusätzlich geköpft und alle Frauen skalpiert. Vermutlich war das Massaker ein grausamer Opferritus der siegreichen Barbaren.

Trotz der ständigen Germaneneinfälle konnten die Römer ihre Macht in Rätien noch zwei Jahrhunderte lang aufrechterhalten. Mitte des 3. Jahrhunderts waren sogar einmal alle Augen auf die Provinz gerichtet, weil dort Valerian zum Kaiser ausgerufen wurde. Auch sonst blieb Rätiens Geschick eng mit dem des Gesamtreiches verbunden. Es brannte zusehends an allen Ecken und Enden, Endzeitstimmung machte sich breit. Wie überall im Westen hielten jetzt auch in Rätien alle möglichen orientalischen Erlöser-Religionen Einzug wie der Mithras-Kult – und natürlich auch das Christentum. Und das Martyrium der hl. Afra, die in Augsburg ein Bordell betrieb, bevor sie bekehrt wurde, zeigt, dass auch unsere Breiten nicht vor den allgemeinen Christenverfolgungen verschont blieben, ehe der neue Glaube in der Spätantike schließlich zur Staatsreligion erhoben wurde.

So war es denn auch ein Gottesmann, der in der Zeit des Zusammenbruchs noch einmal einsam herausragte, wie der berühmte Fels in der Brandung, und zu retten versuchte, was nur zu retten war. Er hieß Severin und war ein Mönch aristokratischer Abstammung, den es aus irgendeiner östlichen Provinz über die Alpen verschlagen hatte, wo er sich in Noricum und Rätien nicht nur als Klostergründer und Glaubensbote hervortat, sondern auch als weltlicher Krisenmanager. Längst hatten sich die meisten Römer in ihre zum Teil obendrein verkleinerten Lager zurückgezogen, während sich auf dem flachen Land immer häufiger alemannische, rugische, herulische und thüringische Germanenhorden niederließen. In dieser verzweifelten Lage spendete der Heilige allenthalben

Trost, richtete die Verzagten wieder auf und trat den Invasoren mit so großer Unerschrockenheit gegenüber, dass er sogar deren Achtung gewann. Sein Schüler Eugipp berichtet über ein Treffen zwischen Severin und dem Alemannen-König Gibuld:

Dieser Herrscher kam einmal (nach Passau) gezogen mit dem Verlangen, den Heiligen zu sehen. Dieser verließ jedoch den Ort und ging ihm entgegen, damit er die Stadt nicht durch seinen Einmarsch bedrücke, und redete dann mit so fester Entschlossenheit auf den König ein, daß dieser vor ihm ganz heftig zu zittern anfing. Darauf machte Gibuld kehrt und bekannte vor seinen Truppen, daß ihn nie im Kampfe noch sonst in einer bedrohlichen Lage ein so furchtbares Schlottern befallen habe.

Severin hatte es freilich nicht nur als Krisenmanager, sondern auch als Heiliger nicht immer ganz leicht. Als er z. B. im hölzernen Kirchlein von Quintanis, einem Städtchen zwischen Passau und Straubing, den verstorbenen Presbyter Sylvinius wieder zum Leben erweckt haben soll, war ihm der keineswegs dankbar, sondern legte sich erneut zum Sterben nieder, indem er ihn tadelte: *Ich beschwöre dich beim Herrn, mich nicht länger hier festzuhalten und der ewigen Ruhe zu berauben, in deren Genuß ich mich schon sah.*

Kein Wunder: Angesichts der schlimmen Zeitläufte konnte ein sanfter, natürlicher Tod von den noch in Rätien lebenden Römern wohl nur als besondere Gnade und Erlösung empfunden werden. Zumal sich die Situation trotz Severins unermüdlichen Einsatzes nicht mehr zum Besseren wendete. Ums Jahr 475 musste der Heilige schließlich aufgeben. Er rief seine Passauer Schäflein zur Umsiedlung ins noch sichere Lorch auf, und sein Schüler Eugipp notierte in der Erinnerung: *Nach der Zerstörung der Ortschaften im oberen Donauraum übersiedelte die ganze Bevölkerung, die der warnenden Stimme des hl. Severin Gehör geschenkt hatte, in die Stadt Lauriacum.*

Doch auch dieser Schritt bedeutete nur eine kurzfristige Notlösung. Denn im Jahr 488 verfügte der Anführer der germanischen Skiren, Odoaker, der die Macht im ganzen Westteil des Römischen Reiches an sich gerissen hatte, die Rückkehr aller Romanen nach Italien; das Voralpenland war nicht mehr zu halten.

In diesem Augenblick scheint die Geschichte selbst etwas ratlos gewesen zu sein. Sie zog undurchdringliche Nebelschleier über das Land zwischen Donau und Alpen. Erst nach über einem halben Jahrhundert fand sie wieder zu ihrer gewohnten Entschlusskraft zurück. Und als sich die Nebel endlich hoben, gaben sie den Blick auf ein neues Land frei: Bayern. Die zeitgenössische Geschichtsschreibung hat diesem für uns doch sehr bedeutenden Umstand freilich keine besondere Beachtung geschenkt. So heißt es in der »Gotischen Geschichte« des Jordanis aus dem Jahr 551 nur ganz lapidar: *Das Land östlich der Schwaben gehört den Bayern.*

In der Mitte des 6. Jahrhunderts betreten wir also endlich erstmals echt bayerischen Boden. Trotzdem ist es schier zum Haare ausraufen: Kein Zeitgenosse hat es für wert befunden, zu überliefern, um wen es sich bei diesen *Baibari* – wie Jordanis die Ur-Bayern nannte – eigentlich genau gehandelt hat. Und die Tatsache, dass die *Baibari* bald auch noch *Baiowarii, Boii, Baiorii, Bagoarii, Baugaurii, Baarii* etc. pp. genannt wurden, macht die Sache nicht eben leichter. Erst im späten Mittelalter konnten sich die Autoren – bis auf die Schreibweise mit »i« oder »y« – unisono auf den Namen *Bayern* einigen.

Die modernen Historiker konnten sich wenigstens auf die einheitliche Bezeichnung *Bajuwaren* für die frühen Bayern verständigen. Und sie bieten auch eine gemeinsame Erklärung für diesen Namen an. Er bedeutet: »die Leute aus Böhmen«. Damit sind die Gemeinsamkeiten allerdings auch schon wieder erschöpft. Denn allein zur Klärung der Frage, wer diese Leute aus Böhmen nun genau waren, wurden ganze Bibliotheken mit den unterschiedlichsten Theorien zusammengeschrieben. Die Bajuwaren seien die Nachkommen der keltischen Bojer gewesen, liest man da; oder Nachfahren der Markomannen, die aus Böhmen herübergekommen seien; oder Abkömmlinge der Thüringer; oder der Alemannen; oder irgendwelcher anderen Germanen; oder ein germanisch-keltisches Mischvolk; oder …

Es ist sicher verständlich, dass man die Bayern aus verschiedenen lokalpatriotischen oder ideologischen Motiven heraus »völkisch« partout dingfest machen wollte, aber letztlich sind all diese Erklärungsversuche kaum brauchbarer als die Behauptung des Annoliedes, die Bayern seien weiland von Bord der Arche Noah gegangen. Denn wenn man einmal mehr den Boden unseres Landes als unbestechlichen Zeugen historischer Tatsachen befragt, gelangt man schnell zu einer ganz anderen, für viele wohl zunächst ziemlich ernüchternden Erkenntnis: Die Bajuwaren kamen von nirgendwoher als fertiger Stamm, sondern stellten ein reines Mischvolk dar, das sich aus all jenen Elementen zusammensetzte, die während der spätantiken und völkerwanderungszeitlichen Wirren mehr oder weniger zufällig ihre Zelte auf unserem Boden aufgeschlagen hatten. Darunter war eine Gruppe, die tatsächlich aus Böhmen kam und schließlich dem Stamm den Namen gab. Da waren aber auch Thüringer, Heruler und Rugier; Juthungen, Skiren und Naristen-Varisten; eine Hand voll Hunnen und Slawen; ein zahlenmäßig allem Anschein nach recht bedeutendes Kontingent von Alemannen. Und da waren nicht zuletzt die vielen Nachfahren der keltisch-romanischen Provinzbevölkerung, die Odoakers Evakuierungsbefehl nicht Folge geleistet hatten, sondern im Land geblieben waren.

Zwischen all den verschiedenen Bevölkerungsgruppen muss rasch ein erstaunlich friedlicher Verschmelzungsprozess eingesetzt haben. So gibt es in Altenerding bei München oder Säben bei Brixen Beispiele dafür, dass sich bereits ansässige Provinzialrömer und germanische Neuankömmlinge auf ein und demselben Friedhof brüderlich Seite an Seite bestatten ließen. Wie stark gerade das keltisch-romanische Element weiterhin im Lande blieb, beweisen nicht zuletzt auch die Schenkungsurkunden an bayerische Klöster, in denen selbst noch im 8. Jahrhundert in großer Zahl lateinische Personennamen auftauchen. Dabei handelte es sich keineswegs nur um unterworfene Hörige, Tributpflichtige und unbedeutende Hintersassen, sondern, wie etwa ein Geschlecht namens *Albina* veranschaulicht, durchaus auch um Adelige; also um ehemalige Provinzialrömer, die es geschafft hatten, sich auch unter den neuen Verhältnissen Macht und Ansehen zu bewahren. Und dass die Spuren der römischen Zivilisation nicht völlig getilgt waren, zeigt sich auch an den offenbar intakt gebliebenen internationalen Fernhandelsverbindungen, über die noch in bajuwarischer Zeit ausgesprochene Exotica, wie etwa indische Edelsteine, bis zu uns fanden. Oder auch am Beispiel Regensburgs, denn diese Stadt, die von den Agilolfingerherzögen bald zum Hauptsitz erkoren wurde, muss nach der Beschreibung Bischof Arbeos von Freising noch Ende des 8. Jahrhunderts einen typisch römischen Anblick geboten haben: *Die Stadt war uneinnehmbar aus Quadern gebaut, mit hochragenden Türmen und Brunnen reichlich versehen.*

Bleibt natürlich die Frage, wie es dazu kam, dass all die Elemente verschiedener Völker innerhalb relativ kurzer Zeit zu einem einheitlichen Stamm zusammenfanden. Nach Meinung mancher Historiker spricht einiges dafür, dass dies auf einen Wink von oben geschehen sei. Wobei sich als Initiatoren sowohl die Goten Theoderichs als auch die Franken anböten. Denn beiden musste äußerst daran gelegen sein, dass im exponiert an ihren jeweiligen Reichsgrenzen gelegenen Alpenraum und Voralpenland stabile Verhältnisse herrschten.

Dabei muss man sich stets vor Augen halten, dass sich Bayern damals nur sehr bedingt mit dem heutigen Freistaat deckte. Denn nur das Gebiet zwischen Lech und Inn, Alpen und Donau gehörte auch damals schon dazu; Schwaben und Franken noch lange nicht. Dafür umschloss das damalige Bayern auch Südtirol und weite Gebiete Österreichs, die es durch Auseinandersetzungen mit Slawen und Awaren überdies unablässig erweiterte – was einen ständigen Machtzuwachs für das neue Stammesherzogtum bedeutete.

Genau dieser Machtzuwachs führte dazu, dass die Rechnung, durch ein geeintes Bajuwarenvolk für Ruhe in unseren Breiten sorgen zu wollen, nur teilweise aufging. Bayern erwies sich nämlich immer wieder als unzuverlässiger Kantonist, der, wann immer sich die Zentralmacht schwach zeigte, eigene Wege gehen wollte. Wohl hatten die Merowingerkönige mit den Agilolfingern vermutlich ein fränkisches Adelsgeschlecht an die Spitze des jungen Stammesherzogtums gestellt. Das hinderte die Herzöge jedoch nicht daran, die Oberhoheit der fränkischen Verwandtschaft wiederholt in Frage zu stellen. Zwar bleibt die Quellenlage auch für die gesamte Agilolfingerzeit unbefriedigend, aber es scheint doch erwiesen, dass etwa Herzog Theodo I. zu Beginn des 8. Jahrhunderts eine ähnlich unabhängige Stellung anstrebte wie später Tassilo III. Und es ist auffällig, wie oft die Agilolfinger immer wieder in die Königsfamilie des oberitalienischen Langobardenreiches einheirateten, die zu den Franken traditionell eine regelrechte »Erbfeindschaft« unterhielt.

Vielleicht sollte mit der wohl auf königlich-fränkische Anregung in der Mitte des 8. Jahrhunderts erfolgten Aufzeichnung der berühmten *Lex Baiuvariorum*, des bayerischen Stammesrechts, ein Kompromiss zwischen dem fränkischen Oberherrschaftsanspruch und dem bayerischen Unabhängigkeitsstreben geschlossen werden. So könnte etwa die in § 3 gemachte Zusicherung, die Herrschaft über Bayern solle für immer in den Händen der Agilolfinger bleiben, Ausdruck der fränkischen Absicht sein, das ständig zum Separatismus neigende Herzogshaus durch die Garantie eines ewigen Herrschaftsanspruchs einigermaßen bei der Stange zu halten. Daneben zeigen die Bestimmungen der *Lex Baiuvariorum* aber natürlich auch auf recht amüsante Art und Weise, dass die frühen Bayern selbst trockenen Rechtsangelegenheiten eine durchaus deftig-würzige Note zu verleihen wussten. So etwa die folgende: *Wenn einer dem anderen (beim Fensterln) die Leiter oder ein anderes Steiggerät widerrechtlich umstößt und jener droben bleiben muss, was sie »in Verzweiflung bringen« nennen, so büße er mit 12 Schillingen.* Oder: *Wenn einer sein Besitztum einem anderen verkauft, so soll der Kauf nach empfangenem Preis durch Urkunde oder durch Zeugen als rechtskräftig bestätigt werden. Jener Zeuge soll am Ohr gezogen werden, denn so verlangt es euer Gesetz.*

W ie der Fall Tassilos III. zeigt, war dem Kompromiss zwischen Franken und Bayern freilich kein langer Erfolg beschieden. Mag sein, dass Tassilo sich wegen der über seine Mutter bestehenden Blutsverwandtschaft zu den Karolingern besonders sicher fühlte. Jedenfalls baute er seine königsgleiche Stellung zielstrebig aus. Er ließ sich von den Großen des Landes als *ruhmreichster Herr*, als *großmächtiger Tassilo* huldigen. Er verließ eigenmächtig 763 den Heereszug König Pippins gegen Aquitanien. Gemäß der Tradition seiner Vorfahren heiratete auch er eine langobardische Prinzessin. Und er dehnte die Grenzen seines Herzogtums ständig aus, wobei er nicht versäumte, seinen Einfluss auf die neu gewonnenen Gebiete kolonisierend und missionierend zu festigen. 769 gründete er mitten im damals noch slawischen Pustertal das Kloster Innichen als Basis für weiteres Ausgreifen – und acht Jahre später das besonders reich dotierte Kloster Kremsmünster als bayerischen Vorposten und herzogliche Residenz im Osten. Noch heute kann man dort ja seinen kostbaren Brautkelch bewundern, dessen umlaufende Inschrift den »tapferen Herzog Tassilo und Liutberga, die Jungfrau aus königlichem Geschlecht« geradezu panegyrisch preist, oder auch das später zu zwei Kerzenleuchtern umgearbeitete Zepter des Herzogs.

Tassilokelch (8. Jahrhundert)

Bei der Gründung Kremsmünsters stand Tassilo sonnengleich im Zenit seiner Macht – doch folgte bald der jähe Sturz. Denn im Frankenreich war mit Tassilos Vetter Karl dem Großen ein noch Machtbesessenerer zur Alleinherrschaft gelangt, der alle Träume von der bayerischen Selbstständigkeit entschlossen wieder zunichte machte. Erst zerschlug er das Langobardenreich, wodurch er den Bayernherzog des wichtigsten Verbündeten beraubte. Und dann setzte er die fränkischen Heere von Süden und Westen gegen Bayern selbst in Marsch. Da es zu allem Überfluss im bayerischen Hochadel eine starke frankenfreundliche Clique gab, die unablässig gegen den eigenen Herzog intrigierte, trat Tassilo, um den Kopf noch einmal aus der Schlinge zu ziehen, den »Gang nach Canossa« an. Sprich: zum Reichstag von Ingelheim. Es war ein Spiel mit höchstem Einsatz – und er verlor alles.

Letztlich entschied Tassilos Sturz auch über Bayerns künftiges Geschick, das seit damals untrennbar mit dem des Frankenreiches verknüpft war – und damit auch mit dem des sich langsam abzeichnenden Staatswesens der Deutschen. Gleichwohl hat Bayern seine Eigenart innerhalb des gemeinsamen Überbaus nie ganz verloren. Was unter anderem daran liegen mag, dass der aus so vielen verschiedenen Volkswurzeln entstandene Staat von jeher durch eine große Offenheit gegenüber fremden Einflüssen geprägt war. Einflüsse, die er stets schöpferisch der eigenen Identität dienstbar zu machen vermochte. Und vielleicht bedingt gerade diese Fähigkeit Bayerns schier unverwüstlich scheinende Vitalität.

Ingrid Leitner

Bete, arbeite, herrsche!
Bayern zwischen Byzanz und dem Frankenreich

Regensburg im Jahr 871. Der Slavenapostel Methodius, abgesandt von Byzanz und zugleich durch den Papst in Rom beauftragt, die heidnischen Mähren zu bekehren, ist bei einem Feldzug dem bayrischen König, Ludwig dem Deutschen, in die Hände gefallen. Nun steht Methodius als Angeklagter vor der Bischofssynode in Regensburg. – Methodius' Bruder Kyrillus war es, der das nach ihm benannte kyrillische Alphabet aus den Großbuchstaben des griechischen Alphabets entwickelt hat. Der Papst hatte das Slawische als Gottesdienstsprache anerkannt, denn er sah ein, dass dies der Missionierung der Slawen nützlich sein konnte. Und so zogen die beiden Brüder Kyrillus und Methodius lange Jahre durch slawische Länder. Ihre Bekehrungen waren so erfolgreich, dass man sie bald die »Slawenapostel« nannte. Bis Methodius ins Großmährische Reich kam, um zu missionieren. Da geriet er mit den Bayern in Konflikt, denn das Mährenreich grenzte an ihr Land, und da wollten sie selber missionieren. Deshalb setzten die bayrischen Prälaten den Abgesandten aus Byzanz einfach fest. Sie behaupteten, die heilige Messe dürfe nur in lateinischer Sprache gelesen werden, und schickten ihn mir nichts dir nichts ins Gefängnis! Der Papst in Rom bemühte sich zwar, den Slawenapostel frei zu bekommen. Aber es gelang ihm erst zwei Jahre später. So lange haben die Bayern Methodius festgehalten.

Orient und Okzident – Bayern und Byzanz

Hier prallen Gegensätze aufeinander. Es kommt zu Konflikten, zu Verstimmungen. Genauer gesagt: Ein starkes Bayern und ein machtbewusster Salzburger Erzbischof wollen das Nachbarland Mähren unter ihren Einfluss bringen, kirchlich und auch politisch. Deshalb sollen die byzantinischen Missionare vertrieben werden. Dass sie den Gottesdienst in slawischer und nicht in lateinischer Sprache feiern, ist dafür ein guter Vorwand. Dass der Papst dies ausdrücklich gestattet hat, kümmert die Bayern nicht!

Ob Methodius zwei oder zweieinhalb Jahre festsaß, ob er auf der Insel Reichenau im Bodensee gefangen gehalten wurde, weiß man nicht genau. Es ist jedoch wahrscheinlich. Und im Regensburger Kloster Sankt Emmeram hat sich bis heute eine kirchliche Handschrift bewahrt, die neben lateinischen Texten die ältesten slawischen Wörter enthält. Das Buch wurde Methodius wohl bei seiner Verhaftung abgenommen.

Obwohl die Streiterei zwischen den Bayern und dem Slawenapostel reichlich grob ausfällt, handelt es sich nur um einen lokalen Konflikt. Denn Byzanz im Osten und das Frankenreich im Westen verfolgen jeweils andere politische Ziele und liegen viel zu weit auseinander, um sich zu bekriegen. Nur an Süditalien haben beide Hälften der damaligen Welt ein lebhaftes Interesse, und daraus ergeben sich später in der Tat Spannungen. Wichtiger aber sind in diesem Zeitraum die friedlichen Begegnungen zwischen den beiden Großreichen: Denn vom 9. bis zum 11. Jahrhundert pflegte jeder fränkische König oder Kaiser hochoffizielle Beziehungen zu Byzanz.

Das byzantinische Reich mit der Hauptstadt Byzanz, oder Konstantinopel, das heutige Istanbul, hält sich zur damaligen Zeit für den Erben der Antike und den Hüter des christlichen Glaubens und nennt sich deshalb »das zweite Rom«. Verkehrs- und Gottesdienstsprache ist griechisch, man pflegt die hellenistische Kunst und entwickelt auf diesem Boden eine eigene, teils antik, teils orientalisch geprägte Kultur. Während der Westen, das Frankenreich, zwar das Lateinische, sonst aber wenig aus dem heidnisch-christlichen Mittelmeerraum aufgenommen hat.

Das zeigt sich beispielsweise in der bildenden Kunst, die der Westen gerne aus Byzanz importiert, weil er noch nicht in der Lage ist, Kunstwerke in ähnlich verfeinerter Qualität zu schaffen. Oder sich vom byzantinischen Kaiser schenken lässt, auch das. Zum Beispiel figürliche Darstellungen, die ja in der germanischen Kunst nicht üblich sind. Deshalb sind die kunstvoll geschnitzten Elfenbeinikonen aus Byzanz so begehrt. Man arbeitet sie im Westen in Buchdeckel ein. Und die westlichen Bildschnitzer übernehmen eifrig Komposition und Ikonographie aus Byzanz, und sei es auf dem Umweg über die irischen Mönche. Man kauft auch mit Vorliebe prachtvoll gewirkte byzantinische Seidenstoffe, die häufig zu liturgischen Gewändern verarbeitet werden, Stoffe, die sich trotz ihrer leicht verderblichen Beschaffenheit in großer Anzahl in den Schatzkammern bayerischer Klöster erhalten haben. Der berühmte Bischof Ulrich von Augsburg beispielsweise wurde in einem byzantinischen Seidengewand zu Grabe getragen.

Man versucht im Frankenreich aber auch Frauen aus dem byzantinischen Herrscherhaus als Königs- und Kaiserbräute heimzuholen. Es gibt 17 solcher Heiratsprojekte in dieser Zeit. Wobei die Brautschau in Byzanz wesentlich schwieriger ist als der Erwerb eines byzantinischen Prunkstoffes. Denn eine Porphyrogeneta, eine purpurgeborene Frau, also eine Angehörige des Kaiserhauses – und nur diese und hohe byzantinische Würdenträger dürfen purpurfarbene Kleider tragen – wird nicht so mir nichts dir nichts in den barbarischen Westen verheiratet. Erst Otto II. gelingt es 972 mit der byzantinischen Prinzessin Theophanu wenigstens eine Nichte des byzantinischen Kaisers als Ehefrau heimzuführen. Auch umgekehrt dreht sich einmal das Heiratskarussell: Eine bayrische Adelige, Bertha von Sulzbach, heiratet im frühen 12. Jahrhundert einen byzantinischen Kaiser.

Im Westen wird Theopanu dann übrigens wegen ihrer Luxusgewohnheiten getadelt. Für sie aber sind kostbare Kleider und aufwändiger Schmuck selbstverständlich, ja eine herrscherliche Verpflichtung. Wie überhaupt das vom sassanidisch-persischen, also orientalischen Prunk beeinflusste Byzanz nicht dem asketischen Ideal huldigt, ganz im Gegenteil.

Eine wesentliche Komponente der byzantinisch-christlichen Theologie ist der Abbild-Gedanke: Es gilt, die Herrlichkeit Christi und seiner himmlischen Heerscharen auf Erden wiederzugeben, das heißt möglichst authentisch sichtbar werden zu lassen. Dazu sind die kostbarsten Materialien gerade gut genug: die satten Farben des Goldemails, der helle Schmelz des Elfenbeins, der fein punzierte Silbergrund heiliger Bilder, der dunkel glühende Saft der Purpurschnecke, schimmernde Seidengewebe, Goldtapeten und Marmorintarsien, Edelsteingefäße und die leuchtenden Mosaiken, die die Wände byzantinischer Kirchen wie eine kostbare Haut überziehen, auf der Christus inmitten des himmlischen Hofstaats erscheint – überirdisches Gegenstück zum irdischen Kaiser.

Aber – Byzanz und seine Herrlichkeit hin oder her, was kümmert es die Bayern! Denn was den Machtanspruch und das Sendungsbewusstsein angeht, steht Bayern offenbar dem stolzen Byzanz in nichts nach. Vor allem im 9. Jahrhundert. 825 erhält Bayern seinen besonderen Stellenwert im Fränkischen Reich ausdrücklich zugesprochen: Es wird als Unterkönigtum dem Enkel Karls des Großen übergeben. Somit ist Bayern jetzt der Kern des Ostfränkischen Reiches. *Kaiser Ludwig der Fromme beruft einen Reichstag gen Aachen, macht seinen Sohn, König Lothar zum Kaiser, schicket ihn in Welschland gen Rom; verlieh das Königreich Bayern seinem Sohn Ludwig.* So berichtet der Geschichtsschreiber Aventinus. Und Ludwig der Deutsche machte sich mit seiner Ehefrau Emma auf den Weg in sein Königreich: ... *und zog der Bayerische König Ludwig mit seiner Hausfrau Hemma in Bayern und hauset gemeiniglich zu Regensburg.*

Regensburg ist kein neu aus dem Boden gestampfter Regierungssitz. Seit den Agilolfingern bereits fungiert die Stadt als Residenzstadt, die erste rechtsrheinische Residenz des Mittelalters. Schon Karl der Große hat von Regensburg aus Feldzüge geführt gegen die Awaren, ein asiatisches Reitervolk. Jetzt beginnt auch Salzburg als Grenzfestung eine Rolle zu spielen: Bayern reicht bis zur Enns, d. h. das ganze heutige Oberösterreich ist bayrisch.

Als die Awaren 822 aus der Geschichte verschwinden, taucht im Osten ein neuer slawischer Staat auf: eben das Großmährische Reich. *Es spielt natürlich schon eine Rolle, daß Bayern sich durch die sogenannte Ostkolonisation sehr stark erweitern konnte. Bis es dann sehr groß war innerhalb des Reiches, bis zur Teilung von 1156, als Barbarossa das Herzogtum Österreich abgetrennt hat; Österreich ist ja Kolonialbayern bis ins 12. Jahrhundert gewesen.* Die Aufgabe als Wachtposten an der östlichen, besonders unruhigen Grenze – so der Historiker Friedrich Prinz – trug also zur Bedeutung des bayrischen Königreiches innerhalb des fränkischen Reichsverbandes bei. Denn die Mähren wurden nicht nur zum Christentum bekehrt, sie sollten auch zu friedlichen Nachbarn gezähmt werden. Was Ende des 9. Jahrhunderts nach langen Kämpfen gelang.

An der Wende vom 9. zum 10. Jahrhundert erfolgten weitere Angriffswellen aus dem Osten: Die Ungarn, auch Madjaren genannt – wiederum ein Reitervolk – zerstörten das Mährische Reich, und auch Bayern war den unerwarteten Überfällen dieser kriegerischen Reiter zunächst nicht gewachsen. So überzogen die Ungarn das Land mit Schrecken und Tod.

Bayern wirkt in dieser Zeit aber auch als integrierende Kraft für die rechtsrheinischen Teile des Reiches. Ludwig der Deutsche regierte konstant und gewöhnte die germanischen Stämme rechts des Rheins jahrelang an ein gemeinsames politisches und militärisches Handeln. Dies bewährte sich auch, als die Karolinger von den Ottonen abgelöst wurden: Bayern war nun das Hauptland des Ostfränkischen Reiches und hielt dieses zusammen.

Bücherglanz und Hostienbäckerei – die bayrischen Klöster

Die Kirche war Reichskirche geworden. D. h. die Klöster waren dem fränkischen König oder Kaiser untertan, verpflichtet zu Diensten und Abgaben. Außerdem mussten die Äbte an den Hoftagen des Kaisers teilnehmen. Ihnen wurde häufig die hohe Diplomatie übertragen, und als Reichskanzler hatten sie politische Probleme zu lösen und Verwaltungsaufgaben zu erfüllen. Der wichtigste Dienst aber war wohl, mit dem Kaiser, wann immer der rief, in den Krieg zu ziehen, und das war meist einmal im Jahr! Dabei stellten die Klöster einen Großteil der Truppen und deren Ausrüstung. Man weiß heute, dass etwa zwei Drittel der kaiserlichen Truppen aus den Klöstern stammten. So waren Klöster oft schwergewichtiger als Bistümer, herrschten über riesige Ländereien und über die Mehrheit der Unfreien. Woher dieser Reichtum? Meist aus frommen Schenkungen, die im 8. und 9. Jahrhundert besonders häufig waren.

Durch den satten Wohlstand aber waren die Klöster nicht nur ein unübersehbarer politischer Faktor, sondern auch Träger der Kultur und Vorreiter in Sachen Fortschritt und Technik. Im Ackerbau führten sie den neueren Pflug ein und die Dreifelder-Wirtschaft. Auch in der Viehzucht waren sie wegweisend. Die Klöster organisierten die großen Rodungen, um neues Weideland und neue Siedlungsplätze zu gewinnen. Sie allein beherrschten die Buchkultur. Sie stellten Bücher her und sie bestimmten häufig auch, welche Werke antiker Schriftsteller, Dichter und Philosophen abgeschrieben und gelehrt wurden. In den Klöstern saßen die Goldschmiede und Künstler, welche die heiligen Schriften in Wunderwerke der Schmuck- und Buchkunst verwandelten, reich verziertes Altargerät lieferten und juwelengeschmückte Reliquienbehälter. Was wird wohl die Herstellung eines Buches gekostet haben? In Geld kann man das nicht ausdrücken, da die

Mönche keine Gehälter erhielten und die Materialien meist aus der eigenen Landwirtschaft kamen. Aber – das weiß man – für ein einziges Buch benötigte man die Bauchhaut von etwa 35 Schafen. Und die Mönche schrieben und malten viele Stunden pro Tag und mehrere Jahre, bis ein Band fertig war. Man kann sich also den enormen Materialwert – vom ideellen ganz zu schweigen – einer Klosterbibliothek vorstellen, wie Umberto Eco sie in seinem Roman »Der Name der Rose« beschreibt, und man kann sich denken, was es bedeutet, wenn eine solche Schatzkammer abbrennt.

Aber wie sahen die Reichsklöster überhaupt aus? Nach einer Architekturzeichnung aus dem 9. Jahrhundert, die den Plan des Klosters Sankt Gallen darstellt, darf man annehmen, dass alle damaligen Benediktinerklöster – und die hatten sich zu dieser Zeit durchgesetzt – ähnlich gestaltet waren. Der heilige Benedikt hatte sehr genaue Anweisungen gegeben, wie sein Leitspruch »Bete und arbeite« innerhalb der Klosterorganisation zu verwirklichen sei. Wichtig war ihm zweierlei: Das Kloster sollte autark sein, d. h. alles für das Klosterleben Notwendige sollte sich innerhalb der Klostermauern befinden oder erzeugen lassen. Gleichzeitig sollte das Kloster gegen die Unruhe und die Oberflächlichkeit der Außenwelt abgeschirmt sein. Ein weltabgewandter Ort, der gleichwohl so viel Welt in sich birgt wie nötig.

Das Kloster, ein riesiger Gutshof, eine kleine Stadt! Im Zentrum steht die Kirche und dicht dabei, auf der einen Seite, die Räume der Mönche; ein Esssaal und ein Schlafsaal, eine extra Küche, ein Badehaus und Toiletten gehören dazu. Auf der anderen Seite der Klosterkirche waren die Räume des Schulvorstehers, die Schreibschule und die Bibliothek. Außerdem gab es in beiden Bereichen Gästezimmer für geistliche Besucher. D. h. dieser »Klausur« genannte, abgeschlossene Bereich der Mönche oder Nonnen war für sich genommen bereits ein kleiner Kosmos.

Anschließend an die Apsis der Kirche im Osten lebten die Novizen, die Neulinge. Sie bildeten ebenfalls eine eigene Gemeinde, ein Kloster im Kleinen, denn sie hatten eine eigene Kirche, eine Schule und einen eigenen Kreuzgang, eine Küche und ein Bad. Die Novizen hatten absichtlich ein von den Mönchen abgetrenntes Bad, da die Homophilie verbreitet war, im Kloster aber bekämpft wurde. In diesem Bereich der Novizen lagen auch das Spital und der Friedhof, der übrigens mit Obstbäumen bepflanzt war, denn man musste im Klosterbezirk ja den Platz sinnvoll nutzen.

Der Abt hatte selbstverständlich sein eigenes Haus mit allem Drum und Dran. Denn er war der Herr, ein großer Herr – geistlich wie weltlich. Die Schule für die Erziehung adeliger Kinder war ebenfalls hier beim Abt angesiedelt, dazu ein Haus für vornehme Gäste, die Pferdeställe, ein Festsaal und eigene Küchen, da man von einem Abt erwartete, dass seine Feste reich und üppig sind.

Die Legende, die sich um den heiligen Emmeram von Regensburg rankt, berichtet von so einer ausufernden Gasterei, die auf eine besonders handfeste Weise endete. Als Kaiser Otto der Große Ende des 11. Jahrhunderts das Reichskloster Sankt Emmeram in Regensburg besuchte, hatte man alles aufgetischt, was Küche und Keller zu bieten hatten: zarte Wachteln und fette Schweinefüße, kleine Ferkelchen vom Spieß, würziges Wildbret und Karpfen aus dem Klosterteich, in feinen Kräutlein gesotten. Dazu Wein von den Hängen an der Donau und die süße Muskattraube aus Südtirol, Honigküchlein und welsche Nüsse. Als das Fest fortgeschritten war und die Gäste viel getrunken hatten, begannen sie frevlerische Reden zu führen. Wie der heilige Emmeram sich dabei anhören musste, dass er kein einziges Wunder bewirkt habe, wurde er so wütend, dass er aus der Wand herauslangte und dem Spötter eine so gewaltige Watschen verabreichte, dass dieser umfiel und wie tot liegen blieb. Nur der Abt konnte ihn wieder zum Leben erwecken.

Selbst auf die Gefahr hin, dass wir uns ebenfalls den Unmut des Heiligen zuziehen, wagen wir diese Ohrfeige doch zu bezweifeln und verweisen sie in das Gebiet der Heiligenlegende. Dass dahinter aber Kritik an den überschäumenden Gastereien in den Klöstern steht, ist ohne Zweifel. Denn diese Festmähler haben gelegentlich wohl die damaligen Grenzen des frommen Anstandes überschritten. – Was ebenfalls bereits im 9. Jahrhundert kritisiert wird, ist die Kleiderpracht der Äbte und Mönche und ihre luxuriösen Badefreuden. Denn vom asketischen Ideal des sich höchst sparsam waschenden, Bart tragenden Wüstenheiligen, der nur fastet und betet, war man inzwischen weit entfernt.

Zurück zum Aufbau eines Reichsklosters: Die Gebäudeteile, die für die Handwerker bestimmt waren, nahmen viel Raum ein, denn jedes Handwerk war vertreten, vom Schreiner, Zimmermann und Wagner, Schmied, Schuster, Gerber und Färber, vom Müller, Bäcker, Hostienbäcker, Metzger und Gemüsegärtner, Jäger, Förster, Imker bis zu den Goldschmiede- und Buchkünstlern. Und da das Kloster regelmäßig die Feldzüge des Kaisers mitmachen musste, waren auch die Soldaten, die Schwertfeger und Schildmacher dort untergebracht. Dazu Stallungen jeder Art, mit Stallknechten und Hirten. Und ganz außen, dicht an der Mauer, die um die gesamte Klosterstadt führte, lebten die niedrigen Bediensteten in kleinen Hütten.

Wohlhabend musste das Kloster sein, denn sonst hätte es dem Druck, den der weltliche Herrscher ausübte, nicht standgehalten. Manchmal trieben die Forderungen des Kaisers das Kloster auch an den Rand seiner Existenz – oder den Abt zur Weißglut.

Wie unverblümt die Begehrlichkeit des weltlichen Herrschers war, zeigt wieder das Beispiel Sankt Gallen, wo Kaiser Otto der Große kostbare Bücher einfach mitnahm, von denen er nur einige auf die dringende Bitte des Abtes wieder zurückgab. Nur einige, wohlgemerkt! So ein Kloster scheint unwiderstehlich gewesen zu sein, mit seinem Bücherglanz, der Herrlichkeit von Kelchen und Monstranzen, dem mystischen Halbdunkel der Kirchen und dem strahlenden Chorgesang!

Alpha und Omega – Dichtung vom Weltanfang und vom Ende der Welt!

Es ist erstaunlich, daß Bayern eine der Zentrallandschaften für die althochdeutsche Literatur gewesen ist. Geschrieben wurde sie in den Klöstern, und Bayern war, jetzt gesamteuropäisch gesehen, die dichteste und intensivste Klosterlandschaft, nur vergleichbar mit der Île de France. Diese Vielzahl von Klöstern ist eine Besonderheit Bayerns, Klöster, die ihre Schreibschulen und Bibliotheken hatten, in denen eben – Regensburg spielt da eine Rolle, Sankt Emmeram – auch Literatur geschrieben, aufgezeichnet wurde, althochdeutsche Literatur. (Friedrich Prinz)

Da erfuhr ich unter den Menschen als der Wunder größtes ... So beginnt das so genannte Wessobrunner Gebet, eine Dichtung, die die Erschaffung der Welt aus Gottes Hand beschreibt. Es stammt wahrscheinlich schon aus dem späten 8. Jahrhundert und wurde im frühen 9. Jahrhundert niedergeschrieben – vielleicht in Benediktbeuren. Genau genommen geht es beim Wessobrunner Gebet um die Entstehung des Kosmos aus dem Chaos. Aber erhalten sind leider nur diese ersten Zeilen.

Da erfuhr ich unter den Menschen als der Wunder größtes, daß es die Erde nicht gab und nicht den Himmel, es gab nicht Baum noch Berg noch irgendeine Blume, es schien nicht die Sonne, es leuchtete weder der Mond noch das glänzende Meer. Als da nichts war, ohne Anfang und Ende, in ungemessener Zeit, war da doch der eine allmächtige Gott, der Wesen freigebigstes, und es waren bei ihm auch viele herrliche Geister. Und es war der heilige Gott.

Vom anderen Pol des christlichen Weltbildes, vom Weltuntergang, handelt das Muspilli-Lied. Es entstand ebenfalls sehr früh – eine eindrucksvolle Apokalypse, eine Vision vom Jüngsten Gericht.

Wenn des Elias Blut zur Erde tropft, dann aufbrennen die Berge, kein Baum hält stand, nirgends auf der Erde; die Bäche vertrocknen, das Moor saugt sich auf, in der Flamme verglüht der Himmel, der Mond fällt herab, der Erdkreis brennt, kein Stein hält stand, dann kommt der Tag des Gerichts ins Land, kommt, mit dem Feuer die Menschen zu suchen ...

Auch das Muspilli-Lied wurde in Altbayern verfasst, am Hofe Ludwigs des Deutschen. – Und ein für Bayern besonders interessantes Epos ist das Hildebrandlied. Es ist die einzige weltliche Dichtung, die aus dieser Zeit erhalten ist. Das Lied ist aus einem südlichen Sagenkreis eingewandert, nicht aus dem Norden.

Ich hörte (glaubwürdig) berichten, daß zwei Krieger, Hildebrand und Hadubrand, (allein) zwischen ihren beiden Heeren, aufeinanderstießen. Zwei Leute von gleichem Blut, Vater und Sohn, rückten da ihre Rüstung zurecht, sie strafften ihre Panzerhemden und gürteten ihre Schwerter über die Eisenringe, die

Männer, als sie zu diesem Kampf ritten. Hildebrand, Heribrands Sohn, begann die Rede – er war der Ältere, auch der Erfahrenere –, mit wenigen Worten fragte er, von welchen Leuten im Volk der Vater des anderen sei, »oder (sag mir,) zu welchem Geschlecht du zählst. Wenn du mir nur einen (Namen) nennst, weiß ich schon, wer die andern sind, die Angehörigen im Stammesverband. Ich kenne das ganze Volk.« Hadubrand, Hildebrands Sohn, antwortete: »Es haben mir unsere Leute gesagt, alte und erfahrene, die schon früher lebten, daß mein Vater Hildebrand heiße. Mein Name ist Hadubrand. Einst ist mein Vater nach Osten gezogen, auf der Flucht vor Odoakers Haß, zusammen mit Theoderich und vielen seiner Krieger.«

Der Fundort des Hildebrandliedes ist Fulda. In einem Buch, das unter anderem die Weisheiten Salomons enthält, sind auf der ersten und auf der letzten Seite 68 Stabreime eingetragen; Bücher und Papier waren Luxusartikel, deshalb nutzte man jedes Blatt. Der Inhalt: Zwei Männer, die verschiedenen Herren die Treue geschworen haben, stehen einander auf dem Schlachtfeld gegenüber. Es entspinnt sich ein Dialog, Rede und Gegenrede, die dem Leser zeigen, dass es sich um Vater und Sohn handelt. Das Gespräch gerät allmählich zur Auseinandersetzung.

»Ich rufe Gott vom Himmel«, sprach Hildebrand da, »zum Zeugen an, daß du bisher noch nicht einen so nah Verwandten zum Gegner gewählt hast.« Darauf löste er Ringe vom Arm, aus Kaisergold geschmiedet, wie sie ihm der König, der Herrscher der Hunnen, geschenkt hatte: »Das schenke ich dir aus Freundschaft.«

Hadubrand, Hildebrands Sohn, entgegnete aber: »Ein Mann soll (solche) Gaben mit dem Speer aufnehmen: Spitze gegen Spitze! Alter Hunne, du bist überaus listig; wiegst mich mit deinen Worten in Sicherheit, um mich dann (um so besser) mit deinem Speer zu treffen. Du bist schon so alt, und doch bist du immer (noch) voll Hinterlist. – Ich weiß es von Seefahrern, die westwärts übers Meer (gekommen sind), daß ein Kampf mir meinen Vater genommen hat: tot ist Hildebrand, der Sohn Heribrands!«

Nachdem die hitzige Rede zwischen Vater und Sohn auf ihrem Höhepunkt angelangt ist, kommt es zum Kampf. *Da ließen sie zunächst die Eschenlanzen gegeneinander rasen, mit einem so harten Stoß, daß sie sich fest in die Schilde gruben. Darauf ließen sie ihre laut dröhnenden Schilde selbst aufeinanderprallen. Sie schlugen voll Ingrimm auf die weißen Schilde ein, bis ihnen das Lindenholz zu Spänen zerfiel, von den Waffen zerschlagen …* Hier bricht die Dichtung leider ab. Aber man muss aus dem Vergleich mit späteren Versionen schließen, dass der Vater den Sohn tötet.

Das Hildebrandlied gehört in den gotischen oder langobardischen Sagenkreis um Dietrich von Bern. Es verbreitete sich von Italien aus nach Bayern; der Text verrät einen deutlich bayrischen Einfluss. Dann wurde es nach Fulda weitergegeben und gelangte schließlich in den altsächsischen Sprachraum. Zwischen den Klöstern Fulda, das bayrisch besetzt war, und Regensburg, das im 8. Jahrhundert das Erbe von Freising angetreten hatte, gab es einen lebhaften literarischen Austausch. Auf diesem Weg könnte das Lied weitergewandert sein. Wie auch immer, es ist ein unvergleichliches literarisches Zeugnis aus einer fernen Zeit, einer Zeit, in der man Heldenleben besonders zugetan war. Denn nicht nur Karl der Große hat diese Epen gesammelt, auch in den Klöstern des 9. bis 11. Jahrhunderts liebte man die Helden, die siegen oder untergehen, aber immer ihre heroische Größe bewahren! Gelegentlich beschäftigten sich die Mönche so fleißig mit diesen heidnischen Recken, dass sie ermahnt wurden, sich doch besser christlicher Lektüre zuzuwenden!

Herren, Knechte und Sklaven – Menschenleben, damals

An die Menschen in diesem Zeitraum, an ihre Gefühle und Gedanken, Vorlieben, Ängste und Wünsche kommen wir kaum heran. Dazu gibt es keine Dokumente. Wie aber lebten, arbeiteten und wer waren sie? Grob gesagt: Die wenigsten waren frei, das waren die Herren, die meisten waren unfrei, das waren die Hörigen.

Eine kleine Übersicht, zusammengestellt aus Abgabelisten, Klosterchroniken und Schenkungsurkunden: Ende des 9. Jahrhunderts war die Gesellschaftsstruktur in Bayern ähnlich wie im gesamten Frankenreich. Fast 90 Prozent der Menschen lebten im Umkreis eines Grundherren – eines weltlichen oder geistlichen – und arbeiteten in der Landwirtschaft. Diese Menschen wurden als Hörige bezeichnet. Sie lebten und arbeiteten abhängig. Sie leisteten Frondienste und entrichteten Abgaben. Die Grundherren, zu denen vor allem auch die Hochstifte und Großklöster des Frankenreiches gehörten, waren damit Lebensraum und Lebensmittelpunkt für die überwiegende Mehrheit der Bevölkerung.

Ein Beispiel: Zu den großen Grundherren Ende des 8. Jahrhunderts gehörte das Hochstift Salzburg. Es besaß 1613 Bauernstellen – das waren Bauernhäuser mit den dazugehörigen Feldern –, die von 17 Meierhöfen aus geleitet wurden. Die Hörigen, die im Kloster selber arbeiteten, sind dabei noch gar nicht mitgezählt.

Die Adeligen saßen auf ihren Herrensitzen und ihren Burgen und bearbeiteten ihren Boden häufig selber, zumindest im 9. Jahrhundert noch. Allerdings ebenfalls unterstützt von einer Reihe mehr oder weniger unfreier Arbeiter und Handwerker.

Städte gab es noch nicht in Bayern. Und die Dörfer waren meist nur kleine Ansiedlungen, bewohnt von Unfreien, die auf dem Herrenhof arbeiteten.

Die große Gruppe der Hörigen war in sich reich gestaffelt. Die unterste Schicht bildeten Menschen, die nichts besaßen, weder Grund und Boden noch irgendwelche bewegliche Habe – kein Bett, keinen Tisch und keinen Löffel. Ihre Besitzer konnten sie nach Belieben verkaufen oder auch blutig bestrafen für irgendein wirkliches oder eingebildetes Vergehen. Selbst diejenigen, die eine Bauernstelle mit einem Bauernhaus zugeteilt bekommen hatten, oft weitgehend selbstverantwortlich arbeiteten und einen Teil ihres Ernteertrages selber verwenden durften, konnten verkauft oder an ein Kloster verschenkt werden. Dass der Grundherr auch festlegte, ob sie heiraten dürfen oder nicht, war selbstverständlich. Er konnte Ehegatten auch wieder trennen. Kamen Kinder zur Welt, so waren sie Nachschub von Arbeitskräften für den Grundherren.

Man darf sich diese Abhängigkeit aber nicht unbedingt so vorstellen wie in einem Hollywoodfilm, der uns die grausam misshandelten Sklaven im Altertum vorführt oder die gequälten Leibeigenen des Zaren. Denn in der Karolingerzeit, im 9. Jahrhundert, gehörte der Unfreie zur Hausgemeinschaft. Und da das Leben rau war und jede Arbeitskraft gebraucht wurde, blieb wenig Raum für Schikanen. Echte Sklaven gab es auch. Das waren meist Kriegsgefangene. Wobei auch Klöster Sklaven kauften. Menschenhandel galt demnach nicht als unchristlich.

Aus den Abgabelisten – auch wenn sie häufig erst aus dem 13. Jahrhundert stammen – wissen wir, was erzeugt und was gegessen wurde. An erster Stelle steht das Getreide fürs tägliche Brot. Der wichtigste Fleischlieferant ist das Schwein. Man unterscheidet zwischen Mast-, Speck- und mittelgroßen Schweinen. Es gibt aber auch spezielle Schweine, aus denen Wurst gemacht wird, und Spanferkel. Das lässt vermuten, dass die Menschen damals besonders zartes Fleisch auch schon zu schätzen wussten! Außerdem werden Gänse und Hühner verspeist und Fische aus Flüssen und Seen und aus eigenen Fischteichen. Auch wenn die Abgabelisten zu dieser Zeit noch kein Obst und kein Gemüse nennen, so darf man annehmen, dass Gemüse für die Ernährung eine große Rolle spielte, vor allem Bohnen, Erbsen, Rüben und Karotten. Aus karolingischen Quellen wissen wir, dass die Bierproduktion enorm war, und Bier zu den wichtigsten Abgabeverpflichtungen gehörte. Wein gab es damals zum Beispiel auch im Donautal. Meist kam er jedoch aus Südtirol.

Das Hofgesinde wohnte in Hütten, die um das Herrenhaus herum oder an der Klostermauer aufgestellt waren. Knechte und Mägde waren oft in den Ställen beim Vieh untergebracht. Erst später, als sich hoch spezialisierte Handwerker herausgebildet hatten, war es möglich, sich mit seiner Hütte etwas entfernt vom Herrenhaus niederzulassen. Müller lebten natürlich in ihrer Mühle und die Förster in einer waldnahen Behausung – schon deshalb, weil sie ja auch Jagd- und Waldaufseher waren. Das waren privilegierte Tätigkeiten spezialisierter Handwerker.

Ein besonders wichtiges Aufgabengebiet des Försters war die Überwachung der großen Rodungen. Die Landnahme ist ja eines der Kennzeichen dieses Zeitraums. Der Förster war es, der festlegte, wo und wann gerodet wurde, wie groß die neue Ackerfläche sein musste. Er leitete die Rodungsarbeiten und hatte dafür zu sorgen, dass die Baumstämme zur Weiterverarbeitung abtransportiert wurden. Dazu musste er etwas von der Arbeit des Hufschmieds verstehen, denn er setzte auch die Pferdegespanne ein, mit denen die Stämme aus dem Wald gezogen wurden. Außerdem bestimmte der Förster, wann Reisig im Wald geholt wurde, wer Beeren, Schwammerl, Eicheln für die Schweine sammeln und vor allem, wann der Honig der wilden Bienen aus den Stöcken genommen werden durfte. Denn der so genannte »Bienengärtner«, der Imker, der die Bienenvölker in eigens aufgestellten Stöcken betreut, wurde erst etwas später zum Beruf.

Ein privilegierter Hofbediensteter – etwa ein Koch – erhielt durchschnittlich sieben Brote und drei Stücke Fleisch pro Woche. Das war sehr viel. Denn andere hatten oft kaum Anspruch auf den täglichen Wecken Brot. Und sie bekamen nicht einmal von den Innereien der Schlachttiere etwas zugeteilt. Somit war das System der Hofbediensteten und unfreien Handwerker mit ihren Pflichten und Entlohnungen reich abgestuft und genau geregelt.

Generell kann man sagen, dass die Unfreien über die Jahrhunderte gesehen einen langsamen Aufstieg erlebten, der sich vor allem in einer mehr oder weniger geregelten Gerichtsbarkeit zeigt: Die Menschen waren nicht mehr der Willkür des Grundherrn ausgesetzt. Nun urteilte ein Dorfgericht über sie oder eine andere übergeordnete Instanz. Deshalb fanden sie jetzt häufig Richter, die neutraler und wohlwollender waren. Außerdem nimmt im 9. bis 11. Jahrhundert die wirtschaftliche und handwerkliche Spezialisierung zu. Die Zerstückelung des Landes setzt sich fort: Immer mehr Menschen bearbeiten selbstverantwortlich ein Stück Land, egal, ob es ihnen gehört oder nicht.

Kaiserdom und Sternenmantel – Kaiser Heinrich II. und das Bistum Bamberg

Als die Ottonen die Karolinger ablösten, blieb Bayern fest in den Reichsverband eingebunden. 955 schlug Kaiser Otto I. die Ungarn bei Augsburg. Es gelang, diesen Volksstamm sesshaft zu machen, und Bayern dehnte seinen Machtbereich über das Leithagebirge nach Osten aus. Ein halbes Jahrhundert danach, nach dem Tode Kaiser Ottos III., wurde der bayrische Herzog Heinrich IV. zum König des Frankenreiches gewählt. Nun änderte sich Wesentliches. Bayern wurde Königsland. Das heißt, dass der fränkische König und spätere Kaiser Heinrich II. Bayern selber regierte. Außerdem schwächte er das Land durch reiche Landschenkungen an sein geliebtes Stift Bamberg. Beides trug dazu bei, dass Bayern enger an das Reich gebunden wurde als je zuvor – und damit einen Großteil seiner Eigenständigkeit verlor. Gleichzeitig wurde aus dem ostfränkischen Reich das deutsche Reich, von nun an wird es in den Quellen »Regnum Teutonicorum« genannt.

Im Jahre 1002 war Kaiser Otto III. plötzlich an der Malaria gestorben. Er war erst 22 Jahre alt gewesen. Mit großem Trauer-Gefolge und unter dem Geleit seiner Truppen brachte man seine Leiche von Verona aus über die Alpen ins bayrische Polling. Mit heftigen Bezeigungen seiner Trauer empfing der bayrische Heinrich den so plötzlich verstorbenen Kaiser. Trotz der Trauer aber war er klug genug, die Weichen für die Zukunft zu stellen: Er beschwor – toter Kaiser hin oder her – sofort die wichtigen Leute des kaiserlichen Gefolges, ihn, Heinrich, zum König zu wählen. Und – er brachte die Reichsinsignien an sich: Krone, Szepter und Schwert.

Die heilige Lanze fehlte. Und jetzt folgte der zweite Teil des Handstreiches, der Heinrich zum fränkischen König machte: Er ließ den Kölner Erzbischof, zu dem die Lanze vorausgeschickt war, festsetzen und zwang ihn, sie herauszugeben. Nun fehlte ihm keine der Reichsinsignien mehr. Er war sozusagen prädestiniert, die Herrschaft zu übernehmen. Dieses handgreifliche Bravourstück und die Überredungskunst des Bayern überzeugten die hohen Herren im Reich, ihn noch im selben Jahr zum König zu wählen.

Im Jahre 1014, auf seiner zweiten Romreise, wurde König Heinrich dann feierlich zum Kaiser gesalbt: Kaiser Heinrich II. Aber Heinrich II. wollte mehr. Er war ein hoch gebildeter Mann, ein Liebhaber von Kunst und Luxus und ein Bücherfreund. Theologisch interessiert und trotz seiner rabiaten Machtpolitik sicherlich ein frommer Mensch war ihm die Reichsklosterreform, die über Trier Sankt Emmeram erreichte, ein Anliegen. Er gründete Klöster, Schulen und Schreibschulen, aus denen bedeutende Männer hervorgingen: der spätere Papst Clemens II. oder Eberhard, der erste Bischof von Bamberg, der zugleich sein Reichskanzler war. Heinrich II. stabilisierte das Reichskirchensystem systematisch. Jeden frei werdenden Abtstuhl besetzte er sofort mit einem Mann seiner Wahl. So waren die Klöster eng an ihn gebunden, aber er förderte und beschenkte sie auch in reichem Maße.

Ein besonderes Anliegen war ihm die Gründung des Bistums Bamberg. Dazu führte er zähe Verhandlungen mit den Nachbarbischöfen. Denn die mussten ja etwas von ihrem Besitz abgeben und der Neugründung zustimmen. Er animierte eifrig zu Schenkungen und sammelte im ganzen Reich Bücher, die der Schatzkammer Bambergs einverleibt wurden. Darunter offenbar auch einige der Bücher, die Otto der Große aus dem Kloster Sankt Gallen mitgenommen und nicht mehr zurückgegeben hatte! *Als nun der König Heinrich allerorts aus anderen Kirchen das, was zur Ausstattung und zum Glanze des von ihm gegründeten Hochstiftes nötig war, aufs eifrigste zusammenholte, beraubte er durch seine Forderungen viele Orte, bis er seine Kirche über alles Maß bereichert hatte.* Im Auftrag des Königs habe beispielsweise der Konstanzer Bischof dem Kloster Petershausen für Bamberg silberne Geräte und kostbare Pergamente mit Gewalt abgenommen; nur Weniges habe man rechtzeitig verstecken können.

Im Jahre 1007 war es so weit. Das Bistum Bamberg war gegründet, der Dom nach kurzer Bauzeit 1012 eingeweiht. Er hat sowohl im Osten als auch im Westen eine Apsis, das heißt ein erhöhtes Halbrund für Altar und Chor. Das war bei den byzantinischen Kirchenbauten in Nordafrika üblich, in Deutschland aber einmalig. Die Schatzkammer des Domes war so reich ausgestattet wie keine andere in Bayern – und sie ist es heute noch! *Hier glänzt silberne Last zusammen mit Bergen von Gold, stellet zum Edelgestein sich die schimmernde Seide.* Da waren auch 12 Bücher, die Golddeckel trugen, verziert mit großen Edelsteinen, sechs waren mit Gemmen geschmückt und weitere neun Bücher hatten Silbereinbände. Zu den schönsten Stücken gehören das Evangeliar Ottos III. und das Perikopenbuch Heinrichs II.

Das Perikopenbuch ziert eine Reihe byzantinischer Emailplättchen in leuchtenden Farben mit feinen Goldlinien. Das Evangeliar trägt in der Mitte des Golddeckels ein filigranes Elfenbeinrelief, das den Tod Mariens darstellt, ebenfalls eine Arbeit aus Byzanz. Einige der Edelsteine, die den Deckel schmücken, sind antike Stücke. Und auch die so genannte Morgengabe der Kaiserin Kunigunde war ein byzantinisches Kreuz. Man griff immer wieder nach der Kunst, die aus dem Osten kam: Die Regierungsperiode Heinrichs II. war generell wohl eine Zeit enger Beziehungen zu Byzanz.

Was die Kaiserin Kunigunde betrifft, so wurde sie vor allem durch zwei Dinge bekannt: durch die Kinderlosigkeit des Paares, die man einer Abnormität ihres Körpers zuschrieb, wobei keiner untersucht hat, ob nicht vielleicht Heinrich keine Kinder zeugen konnte; außerdem wurde Kunigunde durch das Gottesurteil berühmt, dem sie sich der spätmittelalterlichen Legende nach unterziehen musste. Kunigunde war der ehelichen Untreue beschuldigt worden. Sie leugnete jede Schuld. Nun wollte man Gott

Evangeliar aus dem Bamberger Domschatz (Taufe Christi/Elfenbein-Schnitzarbeit)

entscheiden lassen, ob sie die Wahrheit spräche oder nicht. Sie musste mit nackten Füßen über glühende Pflugscharen schreiten. Sie tat es, blieb unverletzt und ihre Unschuld war bewiesen! Eine fromme, die Fantasie anregende Legende: Der Bildhauer Tilman Riemenschneider hat im frühen 16. Jahrhundert den Sarg des

Kaiserpaares mit Bildern geschmückt, die diese Geschichte illustrieren. Er steht bis heute im Bamberger Dom.

Wenn auch die politischen Entscheidungen Heinrichs II. für Bayern nicht immer vorteilhaft waren, so öffnete sich das Land gleichwohl allen kulturellen Strömungen aus Ost, West und Süd und erlebte – auch durch Heinrichs Stiftungen und Gründungen – eine Zeit der Fülle und geistiger Regsamkeit. Seine Nachfolger hatten keine so glückliche Hand mehr. Kaiser Heinrich IV. etwa und sein Streit mit dem Papst um die Macht über Kirche und Staat – bekannt als Investiturstreit –, der gehört bereits zu einem ganz anderen Kapitel, in eine Geschichte voll Unsicherheit und Bürgerkrieg …

Kunigunde als Witwe, Heinrich als Kaiser (spätgotische Schnitzfiguren)

Rüdiger Offergeld

Mittelalterliche Machtspiele
Von Heinrich dem Löwen zu Otto I. von Wittelsbach

Im April 1803 machte der Oberbibliothekar an der Münchner Hof- und Centralbibliothek, Johann Christoph von Aretin, in der Klosterbibliothek von Benediktbeuern eine aufregende Entdeckung. Es war die Zeit der Säkularisation, in der viele klösterliche Bibliotheken aufgelöst und von staatlichen Beamten nach München geschafft wurden. Aretin fand eine zunächst unscheinbare Handschriftsammlung mit einer ungenauen Aufschrift: *Eine Sammlung von poetischen und prosaischen Satyren, meistens gegen den päpstlichen Stuhl.* Diese Sammlung von 318 Liedern stammte aus dem frühen 13. Jahrhundert, und man könnte annehmen, dass ein Bibliothekar sich über einen so kostbaren und seltenen Fund gefreut hätte. Denn er hätte einen Blick tun können ins ferne Mittelalter, in die Zeit des Welfenherzogs Heinrich des Löwen und des ersten Wittelsbachischen Herzogs Otto I. Das tat er aber nicht; denn die Bemerkung auf dem Einband – »meistens gegen den päpstlichen Stuhl« – hielt ihn von einer genaueren Lektüre ab. Herr von Aretin war ein frommer Mann.

Erst dreißig Jahre später schaute sich Johann Andreas Schmeller das Manuskript genauer an, das in der Münchner Hofbibliothek unter der Signatur »Clm 4660« aufbewahrt wurde. Er wollte es für den Druck vorbereiten. Aber auch er hatte seine liebe Not mit den Texten. In seinem Tagebuch vermerkte er am 12. April 1846: *Viele unerwartete Mühe macht mir die Correctur des in Stuttgart unter der Presse liegenden Codex Buranus. Ich kann soviel durchaus Sinnloses unmöglich in die Welt hinauslassen.*

Das angeblich »Sinnlose«, das er nicht drucken wollte, waren frische und frohe, freche und frivole Lieder, die so gar nicht der Vorstellung von klösterlicher Askese entsprachen. In dem Liederbüchlein aus Benediktbeuern wird mit viel Witz und Laune von Liebesfreud und Liebesleid, von Bestechlichkeit und eitlem Treiben erzählt, und vom Glück, das seine Lose willkürlich unter den Menschen verteilt. Die Autoren haben sich ihre Lieder von überallher besorgt, sie umgedichtet oder auch ganz neue hinzugefügt und dabei alle Sprachen durcheinandergewirbelt, zum Beispiel in dem bekannten Gedicht von der verführten Jungfrau: *Ich war ein Kind so wohlerzogen …*

Ich was ein chint so wolgetan, / virgo dum florebam,
do brist mich div werlt al, / omnibus placebam.
Hoe et Hoe! / Maledicantur tilie / iuxta viam posite!

Ich wolde an die wissen gan, / flores adunare
da woldee mich ein ungetan / ibi deflorare.
Hoy et oe ...

So beginnen viele Liebesgeschichten, und oft enden sie auch so. Es ging also das hübsche Kind, die erblühende Jungfrau, hinaus auf die Wiese, um einen Blumenstrauß zu pflücken. Doch es kam ein dreister junger Mann, ein *ungetan*, der ihr an Ort und Stelle die Unschuld rauben wollte. – Es waren vor allem fahrende Kleriker, die »Goliarden«, die in den Süden Frankreichs zogen, zur hohen Schule der provenzalischen Minnedichtung. Ganz ungeniert luden sie sich abends bei Prälaten und Pfarrern zu Gast und zahlten dafür mit dem Gold ihrer Lieder, die von Fernweh und Heimatsehnsucht, Frühling und Liebe, aber auch von roher Gier, Würfelspiel und Trinksucht erzählten. Die Sprache, in der sie sangen, war zunächst Latein, kein strenges, ciceronisches Schullatein, sondern ein leichtes, umgangssprachliches Latein. In Tirol oder Kärnten entstanden und in Benediktbeuern gefunden, sind die »Carmina Burana« eine »internationale« Liedersammlung voller Überraschungen. Neben derbspaßigen Liedern ein zartes romanisches Rondo, das der Dichter kunstvoll ins Mittelhochdeutsche übertragen hat.

Süezer rosevarwer munt, / chum und mache mich gesund,
chum und mache mich gesund, / süezer rosevarwer munt.

Das war eine neue, unerhört frivole, aber auch liebevoll intime Sprache, die sich ganz deutlich absetzte von der geistlichen Dichtung frommer Mönche, in der das Lob Gottes besungen, das Elend der Welt beklagt und vor den Schrecken des Todes gewarnt wurde. Diese Handschrift mit den 318 Liebes-, Fress- und Saufliedern, die Johann Andreas Schmeller als Erster unter dem Titel »Carmina Burana« veröffentlichte, gibt einen Einblick in die Seele der mittelalterlichen Menschen. So mögen sie gefühlt und geredet haben. Es waren ihre Lieder und Verse, die das bunte Volk der fahrenden Sänger und Spielleute von Kloster zu Kloster, von Burghof zu Burghof, von Schänke zu Schänke trug. Die Menschen wollten leben und lieben und den Tod am liebsten vergessen. Das war früher nicht anders als heute. – Viel von dieser prachtvollen Lebensfülle spürt man in Carl Orffs Vertonung der »Carmina Burana«. Orff hat sie mit seiner Musik weltberühmt gemacht.

Regensburg war der große Musenhof des 12. Jahrhunderts und ein Zentrum der mittelhochdeutschen Literatur. Hier sammelten sich Dichter und Sänger. Es war die Zeit der Welfen, die von einer glänzenden Herrscherfigur, Heinrich dem Löwen, überstrahlt wurde. Zeitgenossen nannten ihn »einen harten und wilden Charakter«, der »unter allen Menschen wohl der übermütigste und grausamste« war. Doch wie rau seine Natur auch gewesen sein mag, der Bayernherzog war ein Freund der schönen Künste. Das nicht ganz uneigennützig. Die Künstler sollten den Herrscher und sein Haus verklären und ihm die Aura der göttlichen Auserwähltheit geben. Geschichtsschreiber hatten den Auftrag, die Dynastie tief in der Tradition zu verankern. Wann immer sie konnten, suchten die Herrscher eine unmittelbare genealogische Beziehung zur klassisch-römischen Welt um zu zeigen, dass sie zum Kaisertum nicht nur befähigt, sondern auch berufen sind; denn das römische Kaisertum war immer noch das Maß aller Herrschaft, an dem sich die deutschen Fürsten des Mittelalters orientierten.

Hier in der Herzogstadt Regensburg schrieb eine ganze Schule geistlicher Dichter eine »Kaiserchronik« zum Ruhme der bayerisch-welfischen Herrlichkeit. Diese »Kaiserchronik« ist ein verwirrendes Buch mit über 17 000 Versen. Es gilt als das erste deutsch geschriebene Geschichtswerk überhaupt. Viele Sagen, Legenden und Berichte von Kaisern und Päpsten, von Heiligen und Märtyrern werden darin miteinander verwoben. Die deutsch-römische Lebenswelt wird als Einheit gesehen und aus ihr heraus eine lückenlose Kaiserfolge von Cäsar und Augustus *unze an disen hiutigen tac*, bis zu dem Welfenherrscher erstellt. Die Kaiserchronik feiert die Übertragung des Imperium Christianum, des christlichen Reiches, von den Römern über die Franken auf die Deutschen und preist die großen Gestalten der Geschichte dieses Reiches. Stolz erzählt sie etwa von der Schlacht am Haselbrunnen, wo Herzog Adelger den Römern das Etschland abgewinnt und seinen Speer in die Erde stößt.

Alse der kunic erslagen wart, / der herzog stachet sinen scaft
ze dem hesilinen brunnen: / daz lant han ich gwunnen
den Beiern ze eren, / diu marke diene in iemer mere ...

Zur gleichen Zeit, nach der Mitte des 12. Jahrhunderts, entstanden hier in Regensburg am Hofe Heinrichs des Löwen neben mittelhochdeutscher Lyrik auch Versuche einer mittelhochdeutschen Epik. Es war eine Zeit, in der ein Machtkampf zwischen Kaiser und Papst, die großen kirchenpolitischen Reformen und der Aufbruch zu den Kreuzzügen die Menschen in ihrem Innersten erregten. Etwas von dieser geistigen Unruhe ist zu spüren im Rolandslied des Pfaffen Konrad. Seine Dichtung steht noch im Schatten der französischen, ist dem Werk des Chrétien de Troyes nachgebildet und kann sich in der Eleganz der Sprache und dem Kunstvollen der Form noch nicht mit diesem messen. Doch ihm gelingt es, den Gehalt des Werkes zu vertiefen. Konrads Rolandslied spiegelt recht genau die Zeit der Kreuzzugsbegeisterung wider. Aus Roland, dem Kämpfer für die Ehre Frankreichs, wird der Held eines Kreuzzuges, der die Christenheit retten will.

Das Jahr 1070 war ein ganz besonderes Jahr für die bayerische Geschichte gewesen. In diesem Jahr hatte Heinrich IV. dem Grafen Welf I. das bayerische Herzogtum übertragen und mit ihm, wie die Zeitgenossen meinten, ... *die glänzendste und am höchsten geachtete Würde im Reich.* Doch der Aufstieg des Welfenhauses in Bayern verlief nicht ohne Unebenheiten. Er wurde mehrfach unterbrochen, bis er mit Heinrich dem Löwen zu einem glanzvollen Höhepunkt und Ende kam.

Die Welfen waren ursprünglich ein reichsfränkisches, später ein süddeutsches Adelsgeschlecht mit einem italienischen Zweig. Schon im 8. Jahrhundert hatten sie im schwäbischen und bayerischen Voralpenland und in Kärnten Fuß gefasst, später, nach dem Verlust der Herzogswürde Heinrichs des Löwen und mit dem Aufstieg der Wittelsbacher, verlagerte sich ihr Machtzentrum nach Niedersachsen mit Braunschweig als Mittelpunkt.

Schon im 9. Jahrhundert nahmen die Welfen eine überragende Stellung in der europäischen Adelswelt ein. 819 wurde Judith, eine Welfentochter, die zweite Gemahlin Kaiser Ludwigs des Frommen. Sie war schön und politisch durchsetzungsfähig und vermochte ihren Sohn auf Kosten der älteren Söhne Ludwigs auf den Herrscherthron in Westfrankenreich zu setzen. Welfen waren später Könige von Burgund und herrschten im italienischen Tuszien, der heutigen Toskana.

Streng genommen war Welf I., der erste Bayernherzog, kein »echter« Bayer. Seine Mutter war zwar Welfin, sein Vater aber Italiener, Markgraf Azzo von Este. Immer wieder sollte in der Welfenfamilie das italienische Erbe durchschlagen, rein äußerlich in der kleinen Gestalt und dem dunklen Haar, wesensmäßig in der unbeugsamen Härte und dem oft römischen Stolz. Die Welfen öffneten Bayern das Tor nach Italien.

Als Welf I. das Herzogtum 1070 von Heinrich IV., damals noch König, übertragen bekommen hatte, begann gerade der Machtkampf zwischen dem deutschen Kaisertum und der römischen Kirche. Es war die Zeit des Investiturstreites, in der die Herrschaft des Kaisers über die Reichskirche, das Recht, Bischöfe in ihr Amt einzusetzen, zu »investieren«, vom Papsttum vehement bestritten wurde. In den folgenden Jahrzehnten war es für Bayern und das Deutsche Reich immer wieder von Bedeutung, auf welche Seite sich die deutschen Fürsten stellten, auf die Seite des Kaisers oder auf die des Papstes.

Die Welfen waren kaisertreu und wurden dafür mit dem Herzogtum Bayern belohnt. Als sie sich in der Person Heinrichs des Löwen hundert Jahre später gegen den Kaiser stellten, verloren sie es wieder. Es sollte die Stunde des Aufstiegs der Wittelsbacher werden.

Ihre größte Machtentfaltung besaßen die Welfen um die Mitte des 12. Jahrhunderts. Sie waren im Besitz der Herzogtümer Sachsen und Bayern und der italienische Grafschaft Tuszien, was ihnen eine nahezu unangreifbare Macht im Reich gab. Zwei Ereignisse ließen diese Machtstellung jedoch innerhalb weniger

Jahre drastisch zusammenschrumpfen. Dieser plötzliche Machtverlust war dann auch für die weitere Entwicklung Bayerns von Bedeutung.

1167, auf Kaiser Friedrich Barbarossas Romzug, verlor Welf VI. seinen Sohn und Erben; er starb an der Malaria. Daraufhin tat Welf VI. etwas, womit niemand rechnete und was das gesamte Machtgefüge im Reich durcheinander wirbelte: Er verkaufte zunächst seine sämtlichen Besitzungen in Italien, danach auch seine großen Besitztümer in Schwaben an den Kaiser, was für diesen einen gewaltigen Machtzuwachs bedeutete. Vor allem die strategisch wichtigen Pässe über die Alpen waren fortan unter der Kontrolle des Kaisers. Der enorme Kaufpreis musste in bar bezahlt werden. Dem Kaiser fiel das nicht allzu schwer. Er finanzierte seinen Gebietszuwachs aus den Steuern der wirtschaftlich florierenden oberitalienischen Städte. Welf VI., befreit von der Last des Regierens, reiste fortan von Hof zu Hof durch Europa und machte sich ein schönes Leben. Sucht man einen Vergleich für diese im Mittelalter ganz ungewöhnliche Lebensentscheidung, dann fällt einem der Dandy des 19. Jahrhunderts ein, der, gebildet und reich, nicht arbeitete und, leicht melancholisch, sich allein mit den angenehmen Seiten des Lebens beschäftigte.

Ein zweiter wichtiger Grund für den territorialen Machtverlust der Welfen war die Trennung Bayerns von seiner Ostmark. Neben den Welfen waren die Babenberger ein weiteres bedeutendes Adelsgeschlecht in Bayern. Sie hatten seit dem 10. Jahrhundert an der Ostgrenze Bayerns ein starkes Territorium mit Burgen und Ministerialen, eine Art hofeigenes Verwaltungssystem aufgebaut, das bis 1156 noch zu Bayern gehörte. Immer wieder war es zu kriegerischen Auseinandersetzungen zwischen den Welfen und Babenbergern gekommen, bis Kaiser Friedrich Barbarossa den Streit zwischen den Adelsgeschlechtern endgültig schlichtete. Auf dem Regensburger Reichstag im September 1156, der auf der Wiese von Barbing, dicht vor der Stadt, abgehalten wurde, verzichtete Heinrich Jasomirgott aus dem Hause Babenberg auf das Herzogtum Bayern. Die Markgrafschaft Österreich wurde von Bayern gelöst und ihrerseits zum Herzogtum erhoben. – Bischof Otto von Freising, der bedeutendste Geschichtsschreiber des deutschen Mittelalters, selbst ein Babenberger, war Augenzeuge dieses feierlichen lehnsrechtlichen Rituals im Jahre 1156.

Mitte September kamen dann die Fürsten in Regensburg zusammen und warteten einige Tage auf die Ankunft des Kaisers. Als der Kaiser sich dann im Feldlager mit seinem Oheim (Herzog Heinrich Jasomirgott) getroffen hatte – jener blieb nämlich zwei deutsche Meilen entfernt im Zeltlager – und alle Vornehmen und Großen herbeigeeilt waren, wurde der Beschluß verkündet, der schon lange im geheimen bestanden hatte. Die wichtigsten Punkte dieser Einigung waren, wie ich mich erinnere, folgende: Heinrich der Ältere (der Babenberger) gab die Herzogsgewalt in Bayern durch sieben Fahnen zurück. Sie wurde dem jüngeren Heinrich (dem Löwen) übergeben, und dieser gab durch zwei Fahnen die Ostmark mit den seit alters her dazugehörigen Grafschaften zurück. Dann machte Barbarossa aus dieser Mark und den Grafschaften ... aufgrund eines Beschlusses der Fürsten ein Herzogtum und übertrug es mit zwei Fahnen nicht nur dem Babenberger selbst, sondern auch seiner Gemahlin ...

Das neue Herzogtum Österreich der Babenberger verwehrte von nun an die Ausdehnung Bayerns nach Osten. Hier auf dem Reichstag zu Regensburg wurden die Grundlagen gelegt, dass Bayern in der folgenden Zeit nie mehr über das Maß einer Mittelmacht hinauswachsen konnte. Ganz im Gegensatz dazu konnte Österreich ab dem 13. Jahrhundert, unter den Habsburgern, zu einer bedeutenden europäischen Großmacht aufsteigen.

Heinrich der Löwe hatte die machtpolitischen Grenzen Bayerns nach Westen und nach Osten genau erkannt und baute dafür systematisch seine Macht in Norddeutschland und in Sachsen aus. Er wurde so der mächtigste Fürst im Reich. Als Herzog von Sachsen eroberte er Mecklenburg und halb Pommern, stiftete neue Bistümer, gründete Städte und unterstützte tatkräftig Handel und Verkehr. Eine bedeutsame Finanzierungsquelle für seine Expansion im Norden Deutschlands war der Salzhandel in Bayern. Seine herzogliche Macht setzte er vor allem für die Kontrolle der großen süddeutschen Fernstraßen mit ihrem umfangreichen Warenverkehr ein.

In den Augen der Zeitgenossen erweckte Heinrich den Eindruck, er betrachte Bayern als Kernland seiner Herrschaft. In Wirklichkeit hat er Bayern weithin sich selbst überlassen. Nur insgesamt sieben Mal weilte er – jedes Mal für kurze Zeit – in Bayern, und sein Stellvertreter, der Pfalzgraf, besaß nicht die Autorität, immer und überall den Landfrieden durchzusetzen. Dennoch, Heinrich der Löwe war einer der entschiedensten Vertreter des Territorialprinzips, bestrebt, die öffentliche Gewalt innerhalb seines Herrschaftsbereichs auf Kosten der geistlichen und weltlichen Großen des Landes, der Bischöfe und Grafen, in seine Hände zu bringen. So gesehen war er ein »moderner« Herrscher. Er war bemüht, die Zerstückelung des Landes in die vielen kleinen Machtzentren der Grafen, Vogte und Bischöfe aufzuheben. Sein Herzogtum begriff er als zusammenhängendes Territorium mit einem Machtzentrum: Regensburg. Diesem territorialen Streben, vor allem der »Salz- und Verkehrspolitik« Heinrichs des Löwen, verdankt München seine Entstehung.

Salz war im Mittelalter ein begehrter Rohstoff. Es diente zum Würzen und vor allem auch als Konservierungsmittel. In der Römerzeit wurde das Salz an der Adria gewonnen. Die Bajuwaren bauten dann später die Salzvorkommen im eigenen Land ab, rund um Salzburg und Bad Reichenhall. Die Salz-Produktionsstätten erlebten einen raschen wirtschaftlichen Aufschwung. Von hier aus entwickelte sich ein umfangreicher Salzhandel. Salz wurde nach Österreich und Böhmen exportiert. Eine Handelslinie ging an der Donau entlang, eine andere quer durch Oberbayern nach Regensburg. Die großen Salzstädel links und rechts der Regensburger Steinernen Brücke geben eine Vorstellung von der Bedeutung des Rohstoffes.

Heinrich besaß die bedeutsamen Salzpfannen von Reichenhall und im Salzburger Land. Dazu sicherte er die Salzstraße, die quer durchs Land lief, bis hinüber zum Lech und den verbliebenen Welfenbesitzungen in Oberschwaben. Nur in Oberföhring, wo diese Salzstraße über die Isar führte, hatten seit alters her die Bischöfe von Freising Markt und Zollstätte und wollten keinen Schritt weichen. Das war auch verständlich. Die Zollstätte war für sie eine außerordentlich gute Einnahmequelle. Für Heinrich den Löwen bedeutete dieser Widerstand Krieg. Im Jahr 1158 wurde Föhring niedergebrannt, seine Münze und seine Brücke zerstört. Danach verlegte er die Brücke und damit die Salzstraße nach dem eine Stunde oberhalb gelegenen herzoglichen Dorf Mönchen, wo er sofort auch einen Markt, eine Münze und eine Zollstätte einrichtete. Das war die Geburtsstunde Münchens. Im frühen 16. Jahrhundert erinnert Bayerns berühmter Historiker Aventinus an dieses Ereignis.

Herzog Heinrich, der zwölfte in Bayern Herzog (Heinrich der Löwe) hat die Stadt Mönchen gebauwet auf das Kloster von Schäftlarn Grund. Darumb man es die Stadt Mönchen hat genennet und führet ein Mönch für ihr Wappen. Damals war der Salzhandels Niederlag zu Pfering underhalb Mönchen, ging die Straß von Reichenhall durch Wasserburg, gehört dem Stift Freising zu. Herzog Heinrich verbrennet die Stadt Pfering, brach die Brücke über die Isar ab, legt Maut und Zoll, die Straß und allen Handel in seine Stadt Mönchen. Die hat in kurzer Zeit dermaßen (zugenommen), daß ihr kein Fürstenstadt gleich ist.

Den zwischen dem Herzog und dem Bischof von Freising schwelenden Streit beendete Kaiser Friedrich Barbarossa, Vetter des einen und Neffe des anderen, auf dem Reichstag zu Augsburg am 14. Juni 1158 mit einem klug abgewogenen Schiedsspruch. Markt, Brücke und Münze in Föhring blieben aufgehoben, dafür erhielt der Bischof ein Drittel der Zoll- und Münzeinkünfte des Herzogs aus dem neuen Markt in München. Der kluge Schiedsspruch des Kaisers enthielt einen stillen Interessenausgleich zwischen einem norddeutsch-welfischen und einem süddeutsch-staufischen Einflussgebiet. Das Machtgleichgewicht im Reich hat für drei Jahrzehnte eine »Fülle des Friedens« mit sich gebracht, wie die Jahrbücher der bayerischen Klöster in dieser Zeit dankbar vermerken.

Nach dem Sturz Heinrichs des Löwen 1180 kassierte vermutlich der Freisinger Bischof wieder eine Zeit lang den gesamten Zoll, doch gelang es den Wittelsbacher Herzögen, sich mit den Bischöfen auf eine feste Jahreszahlung aus dem Münchner Marktzoll zu einigen, nämlich zehn Pfund Münchner Pfennige, deren Wert im Laufe der Zeit immer mehr sank. 1353 überließen die Wittelsbacher ihren Münchner Bürgern gegen festen Jahreszins »auf ewige Zeiten« Marktzoll und Stadtwaage in eigener Regie, natürlich mit der Auflage, die jährliche Abgabe zu übernehmen. – 450 Jahre zahlten die Münchner nach Freising, bis zur Einverleibung des Hochstifts Freising in den bayerischen Staat. Damit hörte die Zahlung aber keineswegs auf, sondern nun ließ sich der bayerische Staat als Rechtsnachfolger von München jährlich 25 Gulden und 8 Kreuzer entrichten. Das waren nach Gründung des Bismarck'schen Reiches 43 Mark und 10 Pfennige. Diese Zahlung erlebte auch noch den Untergang der bayerischen Monarchie. Erst als sie nach der Inflation von 1923 auf den Bruchteil eines Pfennigs herabgesunken war, wurde sie eingestellt.

Auf dem Höhepunkt seiner Macht war Heinrich der Löwe zeitweise Vizekönig und neben Kaiser Barbarossa der mächtigste Mann im Reich gewesen. Er war vielleicht der begabteste Herrscher seiner Zeit. Neben dem Ausbau und der Sicherung der Verkehrswege waren Stadtgründungen ein besonderes Kennzeichen seiner Territorialpolitik. Nicht nur München gründete er in Bayern, auch Landsberg am Lech und Schongau und die Klöster Rottenbuch und Steingaden. Im Herzogtum Sachsen waren es Schwerin, Lübeck und Braunschweig.

Heinrichs überragendes politisches Talent, sein Machtbewusstsein und sein Stolz waren die Voraussetzungen für seine großen Erfolge im Reich. Sie waren aber auch die Gründe seines schnellen Niedergangs. In einer entscheidenden Situation fehlten ihm das politische Augenmaß und die gebotene politische Zurückhaltung. Heinrich der Löwe verweigerte dem Kaiser, seinem Lehnsherrn, die erbetene Waffenhilfe in Oberitalien; der Kaiser erlitt deshalb 1180 bei Legnano unweit von Mailand eine vernichtende Niederlage. Das war ein offener Rechtsbruch Heinrichs, der zum Bruch mit Friedrich Barbarossa führte.

Heinrichs Verweigerung der Lehenshilfe in Oberitalien stand am Ende der Spannungen zwischen Welfen und Staufern. Sie bedeutete ihren Höhepunkt nach langen Jahren des stillen Interessenausgleichs, der schließlich nicht mehr aufrecht erhalten werden konnte. Jetzt stand die Einheit des Reiches auf dem Spiel. Jahrelang hatte Heinrich der Löwe dem Kaiser im Reich den Rücken freigehalten und dabei seine Macht im Reich auf dessen Kosten unaufhörlich ausgebaut. Das Herzogtum Bayern war da ein Mittel zum Zweck. Das hat man in Bayern sehr wohl gespürt. Es gibt denn auch keine bayerische Quelle, in der etwa Klage über Heinrichs Sturz geführt wird. Die Welfen haben in Bayern ihre Chance gehabt und sie haben sie verspielt. Sie verschwanden aus Bayern. An ihre Stelle trat ein neues Geschlecht, die Wittelsbacher. Sie sollten sorgfältiger mit der einmal erworbenen Macht umgehen und über viele Jahrhunderte die allein bestimmende Fürstenfamilie Bayerns bleiben.

Geschichte bleibt immer lebendig. Sie wirkt bis in die Gegenwart hinein und sie kann manipuliert und missbraucht werden. So geschah es mit der Geschichte Heinrichs des Löwen. Vor dem Ersten Weltkrieg erfuhr er seine Wiedergeburt als deutschnationaler Held im Kampf gegen das hassenswerte Slawentum. Ein Beispiel für einen solchen propagandistischen Missbrauch einer großen Gestalt der deutschen Geschichte ist die Predigt eines Pfarrers im Dom zu Braunschweig 1915, im Ersten Weltkrieg.

Um eines Helden Standbild sammeln wir uns in einer Heldenzeit. Wohl ziemt es uns, in diesen Tagen des Mannes zu gedenken, der einst mit gewaltiger Kraft einen Wall schuf gegen den Feind von Osten, einen Schutzwall für das Deutschtum wider das Slawentum. Wie muß es jedem Braunschweiger das Herz bewegen, wenn er in den Landen, die Heinrich durch zielbewußte Arbeit eingedeutscht hat, auf seine Spuren trifft ... Und wenn wir an die Feinde denken in Nord und West und Süd, die sich mit dem Slawentum vereinten im Haß gegen uns, wenn wir daran denken, daß sie alle in 16 Kriegsmonaten nichts gegen uns vermochten, so erfüllt demütiger Dank gegen Gott, den Herrn, unsere Seele ...

Nach der Machtübernahme der Nationalsozialisten 1933 geriet Heinrich der Löwe endgültig zu einer nationalen Heldengestalt. Die völkisch-nationalistische Propaganda mit ihrem rassistischen Vokabular gründete sich auf die schon im 19. Jahrhundert verbreitete Vorstellung, Heinrich der Löwe hätte so etwas wie eine mittelalterlichen Ostpolitik betrieben. Eine solche Annahme ist zwar unsinnig, diente aber den deutschen Kriegszielen im Osten. Der Herzog von Bayern und Sachsen wurde kurzerhand zum geistig-politischen Ahnherrn der Nationalsozialisten erklärt. In ihrer Propaganda konnten sie dann behaupten, sie brächten nur zu Ende, was der Löwe vor mehr als 800 Jahren begonnen hätte. So redeten die Nazis vor dem Krieg.

Als 1939 der Zweite Weltkrieg ausbrach und deutlich wurde, dass Nazi-Deutschland ganz Europa unterwerfen wollte, änderte sich die ideologische Einstellung zu Heinrich dem Löwen. Die Art und Weise, wie sie sich änderte, entbehrt nicht komischer Züge. Jetzt wurde das mittelalterliche Kaiserreich als europäische Ordnungsmacht verstanden, so wie man sich selbst gern verstehen wollte. An der Spitze dieses Reiches stand Kaiser Friedrich Barbarossa, mit dem sich Hitler im Stillen verglich. Heinrich der Löwe aber war der Gegner des Kaisers. Als nationale Heldenfigur war er noch zu gebrauchen, als europäische nicht mehr. Innerhalb kürzester Zeit verlor Heinrich seine ideologische Wertschätzung. Jetzt war Kaiser Friedrich Barbarossa der Held, den man für eine imperialistische Politik missbrauchen konnte. Der Überfall auf die Sowjetunion im Juni 1941 geschah deshalb auch ganz absichtsvoll unter dem Decknamen »Unternehmen Barbarossa«. Heinrichs Widersacher, Kaiser Friedrich Barbarossa, avancierte zur Zentralfigur nationalsozialistischer Weltmachtpolitik. – Die völlige Abkehr von Heinrich dem Löwen lässt sich aus einer geringschätzigen Bemerkung Hitlers im Juli 1942 schließen, in der er Heinrich als »Kleinsiedler« bezeichnete, der mit seiner Ostexpansion nur seine Hausmacht habe stärken wollen. Ein lächerliches Wort des Führers, und der große bayerische Herzog Heinrich der Löwe wurde als nicht mehr »verwendungsfähig« an die Geschichte zurückgegeben.

Wir sind Europa überschrieb Prinz Konstantin von Bayern, der einzige Journalist unter den Wittelsbachern, einmal eine Artikelserie über die großen europäischen Adelsfamilien. Richtig an dieser selbstbewussten Bemerkung ist, dass die Aristokratie über ein Jahrtausend bis zum Ausbruch des Ersten Weltkrieges die Politik, den Lebensstil, die Kunstanschauungen und den Geschmack in den unterschiedlichsten europäischen Ländern geprägt hat. In Adelskreisen sprach man nicht über Europa, es war eine selbstverständliche Realität. Die selbstbewusste Auffassung eines Wittelsbachers mag zunächst befremdlich klingen. In demokratischen Gesellschaften ist die Einstellung dem Adel gegenüber eher von Skepsis geprägt. Eine demokratische Gesellschaft verteilt Anerkennung nach den Prinzipien Leistung und Wahl, nicht nach denen der Herkunft und des Vermögens. So sollte es wenigstens sein. Es ist deshalb auch nicht ganz unverständlich, wenn die politische und kulturelle Bedeutung der europäischen Adelsfamilien an Wertschätzung verloren hat.

Der Adel heiratete über die Stammes- und Landesgrenzen hinweg und knüpfte so weitläufige Familienbande. Man sprach häufig die gleiche Sprache, las die gleiche Literatur und begeisterte sich für die gleiche Kunst und Architektur. Innerhalb der Verwandtschaft schliffen sich die Provinzialismen der regionalen Herkunft zwangsläufig ab. Es entwickelten sich vom Mittelalter an ein gemeinsamer Lebensstil und eine Lebensart, die überall in Europa Gültigkeit besaßen und die danach auch von allen anderen Gesellschaftsschichten nachgeahmt wurden. Die Idee des edlen Ritters im Mittelalter zum Beispiel wurde getragen von der allgemeinen Vorstellung der Schönheit des Betragens, der seelischen Anmut und des tapferen Gemüts. Dass diese schöne Vornehmheit, auf die sich die Adelswelt seit dem Mittelalter als gemeinsame Grundhaltung verständigt hatte, Kriege nicht verhinderte, darf darüber nicht vergessen werden. Doch auch die blutigsten Konflikte setzten nicht die Formen der Höflichkeit untereinander außer Kraft, Formen, aus denen sich später die moderne Diplomatie entwickeln sollte. Auch eine blutige Schlacht wurde als Turnier verstanden, vor dessen Beginn man miteinander aß und trank und nach dessen Ende man sich wieder gesellig vereinte.

Die adelige Welt zog die bürgerlich-handwerkliche in ihre Sphäre. Maler und Architekten, Dichter und Musiker hatten die Aufgabe, das adelige Ethos vornehmer Sittlichkeit zu veranschaulichen. Sie halfen, den »guten Geschmack« zu einer gesamteuropäischen Kraft zu entwickeln, die alle Grenzen, Regionen und Besonderheiten überwand. Wer den jeweils vornehmen Stil beherrschte, war überall willkommen, der Bayer in der Provence, der Franzose in Schwaben, der Sachse in der Toskana.

Das größte Verdienst an der Formung dieser gemeinsamen europäischen »Sprache« der schönen Vornehmheit und der guten Sitten hatte die Dichtung. Im süddeutschen Raum gab es um das Jahr 1200 eine Fülle genialer Lyriker. Einer der dichterischen Höhepunkte dieser Zeit ist das Nibelungenlied, eines der größten Werke der deutschen Literatur überhaupt. Es entstand im Umkreis des bischöflichen Hofes zu Passau. Das Nibelungenlied ist ein höfischer Roman. Höfisch-ritterliches Verhalten, Zucht und Maß, adelige Schönheit und Pracht der Erscheinung beherrschen das ganze Gedicht. Diese berühmten 2 376 Strophen erzählen die Geschichte Siegfrieds. Auf kunstvolle Weise hat sie der unbekannte Dichter mit jener anderen alten Legende verflochten, die vom Untergang der burgundischen Krieger am Hofe Etzels berichtet. Richard Wagner bearbeitete den Stoff und vertonte ihn im »Ring des Nibelungen«, beginnend mit dem »Rheingold« und endend mit der »Götterdämmerung« im alles vernichtenden Brand von Walhall.

So war mit Leid geendet / die frohe Festlichkeit,
wie immer ja der Freude / am letzten Ende folgt das Leid.
Ich kann euch nicht bescheiden, / was später nun geschah,
als daß man Frau'n und Ritter / dort beweinen sah
mitsamt den edlen Knappen / der liebe Freunde Tod.
Hier hat die Maer ein Ende: / Das ist der Nibelungen Not.

Die Dichter des Mittelalters entwickelten in Bayern zum ersten Mal die deutsche Sprache zu einem Werkzeug von hoher Vollkommenheit, die eine Wiedergabe tiefer seelischer Empfindungen ermöglichte. Es war eine ganz besondere Form des Minnesangs; die Literaturwissenschaftler sprechen vom so genannten »donauländischen Minnesang«. Dieser lehnte sich zwar stark an den provenzalische Minnesang an, doch er besang nicht die Liebe zu einer hohen, stilisierten, meist adeligen Herrin, sondern die wirkliche Liebe zwischen Mann und Frau. Der Kürnberger, er stammte aus der Gegend um Linz, schrieb so ein unsterbliches Liebeslied, das mit den gefühlvollen Versen beginnt:

Mannessische Liederhandschrift

49

Swenne ich stan aleine in minem hemede
und ich an dich gedenke, ritter edele,
so erblühet sich min varwe, als der rose in touwe tuot
und gewinnet das herze vil mangen trurigen muot.

Mit Walter von der Vogelweide erreicht die deutsche Lyrik im Mittelalter ihren Höhepunkt. Berühmt ist sein Liebesgedicht »Under der linden«, ein Lied aus dem frühen 13. Jahrhundert.

Under der linden
an der heide,
da unse zweier bette was,
da mugt ir vinden
schone beide
gebrochen bluomen und gras.
Vor dem walde in einem tal,
tandaradei,
schone sang die nahtegal …

Walter war einer der vielen die Sänger, die durch die Lande reisten und angewiesen waren auf die Gunst der Großen, des Adels und des Klerus. Am Ende seines Lebens stellte er sein Dichten ganz in den Dienst des Kaisers Friedrich II. Als besonderen Gunsterweis schenkte der ihm um 1220 ein kleines Lehensgut, wohl jenen »Hof, genannt zu der Vogelweide« bei Würzburg. Der Dichter, inzwischen ein Mann von etwa 50 Jahren, hatte nun eine Heimat. Das Ende des Wanderlebens wurde im Gedicht gefeiert.

Ich han min lehen, al die werlt, ich han min lehen!
Nu enfürhte ich niht den hornunc an die zehen,
und will alle boese herren dester minre flehen.
Der edel künec, der milte künec hat mich beraten,
daz ich den sumer luft und in dem winter hitze han …

Walter von der Vogelweide besang nicht nur die Frauen – *si wundervol gemachet wip* – und die Liebe zu ihnen auf eine für diese Zeit unvergleichliche Weise, sondern er gab auch der Melancholie und der Schwermut des Alters eine neue, unverwechselbare Sprache.

Owe, war sint verswunden alliu miniu jar!
Ist mir min leben getroumet, oder ist es war?
Daz ich ie wande ez waere, was das allez iht?
Dar nach han ich geslafen und en weiz es niht …

Ludwig Uhland hat das Gedicht übersetzt.

O weh! Wohin verschwanden alle meine Jahre?
Ist mein Leben mir geträumt oder ist es wahr?
Das ich stets wähnte, daß es wäre, war das nicht?
Danach habe ich geschlafen, und so weiß ichs nicht …

Wie hoch Walter von der Vogelweide im Mittelalter geschätzt wurde, zeigt ein Sprüchlein, das der Bamberger Schuldirektor Hugo von Trimberg um 1300 in seinem Lehrgedicht »Der Renner« niederschrieb.

Herr Walther von der Vogelweid',
wer den vergäß, der tät mir leid.
Er war nicht reich an Geld und Gut,
doch an Verstand und hohem Mut.

Eine späte Huldigung erfährt der größte Dichter des Minnesangs durch Richard Wagners Musikdrama »Die Meistersinger von Nürnberg«. Darin antwortet der junge Ritter Walther von Stolzing auf die Frage nach seinem Lehrmeister:

Am stillen Herd in Winterszeit,
wann Burg und Hof mir eingeschneit,
wie einst der Lenz so lieblich lacht'
und wie er bald wohl neu erwacht,
ein altes Buch, vom Ahn vermacht,
gab das mir oft zu lesen:
Herr Walther von der Vogelweid',
das ist mein Meister gewesen.

Und der Bariton des klugen Hans Sachs bestätigt anerkennend: *Ein guter Meister.*

A m 16. September 1180 belehnte Kaiser Friedrich Barbarossa den bayerischen Pfalzgrafen Otto von Wittelsbach an Stelle des abgesetzten Heinrichs des Löwen mit dem Herzogtum Bayern. – Aventinus, Bayerns Historiker des 16. Jahrhunderts, schreibt in seiner Chronik: *Da Keyser Friedrich Herzog Heinrichen den zwölften aus Bayern vertrieben hett, verlieh er das Herzogthumb Bayern Otto, Landgraffen von Wittelspach und Pfalzgraffen von Scheyern, als man zehlet von Christi unsers Herrn Geburt eintausendeinhundertachzig zu Regenspurg im Heumonat an Herrn Heinrichs des heiligen Keyers Tag …*

Wer war dieser Herzog Otto, der als treuester Gefolgsmann des Kaisers einen steilen Aufstieg erlebte? Seinen ersten großen Auftritt auf der Bühne der Politik hatte er auf dem Reichstag zu Besançon im Oktober 1157. Es wäre beinahe sein letzter gewesen.

Der Geschichtsschreiber Rahewin, der die Barbarossa-Biographie des Bischofs Otto von Freising weiterführte, berichtet: *Als man dies nun zusammenfaßte und unter den Großen des Reiches Lärm und Tumult über eine so ungewöhnliche Botschaft mehr und mehr anschwoll, soll einer der Legaten, als fügte er zum Feuer noch das Schwert hinzu, gesagt haben: Von wem hat Barbarossa denn das Kaisertum, wenn er es nicht vom Herrn Papst hat? Wegen dieses Wortes stieg der Zorn so an, daß einer von ihnen, nämlich der Pfalzgraf Otto von Bayern, beinahe mit gezücktem Schwert den Nacken des Legaten bedroht haben soll. Friedrich aber machte das Gewicht seiner Anwesenheit geltend und beschwichtigte so den Tumult.*

Aventinus schildert die gleiche Szene im 16. Jahrhundert noch drastischer: *... und da der Bapst und der Keyser uneinig waren, des Bapstes Boten vor dem Keyser stolz und trotzlich sagten, das Reich wäre Lehen vom Bapst, thet Landgraf Otten solcher Stolz des Bapstes und Schmach des Keysers gar wehe, wollt' mit dem Schwerdt, sos er bloß vor dem Keyser hielt, die bäpstliche Botschaft erstochen haben, meynet, die gantze Teutsche Nation war geschmeht und geschändt, daß der Keyser, der mannlichste Held, aller Krieger Vatter und Herr, eines ohnmächtigen Pfaffen Lehensmann seyn sollt ...*

Außerordentlich ungnädig schreibt Bischof Otto von Freising in seiner Weltchronik über Herzog Otto I. und seine Familie: *... Aber der Pfalzgraf Otto, des treubrüchigen, unbotmäßigen Vaters sehr ähnliche Sohn, übertrifft alle seine Vorfahren an Bösartigkeit und drangsaliert bis zum heutigen Tag unablässig die Kirchen Gottes. So ist seltsamerweise fast die gesamte Nachkommenschaft, ich weiß nicht nach welchem Götlichen Ratschluß, in verkehrtem Sinne hingegeben, so daß man in ihr keinen oder doch nur ganz wenige beiderlei Geschlechts, welches Ranges oder Standes auch immer, findet, die sich nicht in offener Gewalttätigkeit austoben oder völlig verblendet, jedes kirchlichen oder weltlichen Ranges unwürdig, sich dem Diebstahl oder Straßenraub ergeben und ein elendes Bettlerdasein fristen.*

In der Chronik des Wittelsbachischen Hausklosters Scheyern fällt das Urteil verständlicherweise nur günstig aus: *... der Pfalzgraf Otto, ein vom Glück begünstigter und sehr kluger Mann, verdient sich auf rühmliche Art das Herzogtum Bayern, weil er damals als Krieger und Ratgeber groß war.*

Was aber konnte dem sonst so abgeklärten und nüchternen Freisinger Bischof und Geschichtsschreiber solchen Ärger bereitet haben, dass er sich nicht scheute, Otto I. und seiner gesamten Familie ein solch verheerendes historisches Zeugnis auszustellen? Der Grund dafür ist schnell gefunden. Der Bischof gehörte dem Adelsgeschlecht der österreichischen Babenberger an, die zwar durch den Entscheid Kaiser Friedrichs 1156 in den Herzogstand erhoben worden waren, dabei aber ihren Anspruch auf Bayern aufgeben mussten. Das hatte ihn und viele andere auch offensichtlich arg gekränkt. Die Ressentiments zwischen Bayern und Österreichern über die Jahrhunderte hinweg haben hier eine ihrer Wurzeln.

In den Jahren zwischen 1180 und 1300 fielen für die bayerische Geschichte epochemachende Entscheidungen. Es ist die historische Leistung der frühen Wittelsbachischen Herzöge, dass sie dem Verfall des Landes Einhalt geboten haben. Sie schufen über Generationen einen Staat, der durch Jahrhunderte ein Garant der Rechtsordnung und des inneren Friedens war. Heinrich der Löwe hatte mit dieser Politik begonnen. Die Wittelsbacher führten sie klug weiter. Zug um Zug entstand der Territorialstaat. Voraussetzung für diese Entwicklung war das schwache Königtum nach dem Tod Heinrichs VI., das die Territorien auf Kosten des Reiches erstarken ließ, nicht zuletzt Bayern.

Zum Machtzugewinn der Wittelsbacher gehörte ihre kluge Heiratspolitik. Herzog Otto II., der »Erlauchte«, verheiratete seine Tochter Elisabeth mit König Konrad IV., dem Sohn Kaiser Friedrichs. Der junge Konradin, der letzte männliche Staufer, starb in Neapel auf dem Schafott. Das war das Ende des staufischen Geschlechts – und damit endete auch die Geschichte der Staufer in Bayern. Das konradinische Erbe in der Oberpfalz und am Lechrain fiel den Wittelsbachern zu. Fortan zählten sie zu den großen Fürstenfamilien im Reich.

Otto II., er regierte bis 1253, war ein begabter Politiker und führte wiederum das fort, was schon Heinrich der Löwe so erfolgreich begonnen hatte. Er gründete Städte, um seine Hausmacht zu stärken, wie zum Beispiel Landshut, Landau an der Isar, Dingolfing oder Friedberg bei Augsburg, typisch Wittelsbachische Städte mit geräumigen Markt- und Stapelplätzen in der Mitte, um die sich Bürgerhäuser reihen. Die Städte mit ihren Kaufleuten und Handwerkern hatten einen hohen wirtschaftlichen Nutzen, waren gleichzeitig aber auch volkreiche Festungen und entwickelten sich so zu Zentren der fürstlichen Landesherrschaft.

Schließlich kam zur politischen Begabung der frühen Wittelsbachischen Herzöge noch eine gehörige Portion Glück. Im 13. Jahrhundert starben eine Reihe reicher bayerischer Adelsgeschlechter aus, darunter etwa die Bogner, die Wasserburger und die mächtigen Andechser. Ihr Land und Gut erbten die Wittelsbacher, und in den Fällen, in denen sie nicht die rechtmäßigen Erben waren, halfen sie mit Gewalt nach. Die erworbenen Gebiete aber verliehen sie nicht wieder, sondern behielten sie, ganz im Sinne einer starken Territorialpolitik, in eigener Verwaltung, schützten sie militärisch und förderten sie wirtschaftlich, zum Wohle des eigenen Hauses und des Landes Bayern.

Der Tanhufer?

Tannhäuser war zu jener Zeit einer der berühmtesten Minnesänger. Der Babenberger Hof in Wien verwöhnte ihn, schenkte ihm Haus und Hof und viel Geld. Tannhäuser, den Richard Wagner in seiner gleichnamigen Oper unsterblich gemacht hat, zog von Wien aus an den Wittelsbacher Hof zu Herzog Otto II. nach Landshut. Dem Dichter ging der zweifelhafte Ruf voraus, ein ungezügelter Liebhaber der Frauen und des Weines zu sein. Das störte den Herzog gar nicht. Der Dichter dankte es ihm und fand für ihn genau die schmeichelhaften Verse, die der nur allzu gern hörte.

Mannessische Liederhandschrift

Der aus Baiern kann sich mit Königen vergleichen.
Niemals habe ich einen Fürsten gesehen, der so freigiebig,
so reich und so wahrhaft rühmenswert gewesen sei.
Heia, Tannhäuser, zeige dich immer bei ihm, und sei beständig!
Dann wirst du dich bei den jungen Herrschaften beliebt machen,
und deine Not wird vielleicht ein Ende haben.

Doch alles Dichten half nicht. Der Herzog ließ ihn wieder ziehen. In ganz Deutschland finden sich seine Spuren. Eine alte Legende erzählt, dass die Liebesgöttin Venus den umtriebigen Frauenhelden im Hörselberg im Thüringer Wald für immer an sich gekettet habe. Richard Wagner lässt seinen Tannhäuser im »Venusberg« der Liebe Lust und der Liebe Leid im Übermaß erleben.

Susanne Kirner

Ein bayerischer Adler auf dem deutschen Kaiserthron
Leben und Zeit Ludwigs des Bayern

S chärfe deinen Verstand, Schreiber: Schwere Arbeit wartet deiner, willst du den langen und langsamen Flug des Adlers schildern, der sich töricht und weise zugleich, achtlos und sorgenvoll zeigte, der träge und ungestüm, traurig und heiter in einem, Kleinmut mit Tapferkeit verbindend und selbst im Unglück vom Glück nicht verlassen noch zum Himmel aufstieg, als ihm die Flügel schon versengt waren.

So das Urteil des Straßburger Chronisten Matthias von Neuenburg aus der Mitte des 14. Jahrhunderts über Ludwig den Bayern. Ein Urteil, das bis heute Bestand hat. Das Leben des Wittelsbachers war geprägt von Zwiespalt und Auseinandersetzung. Seit 1314 König, seit 1328 Kaiser, war Ludwig der Bayer der von seinem Volk hochverehrte, viel geliebte Herrscher. Der Förderer der Städte und ihres Bürgertums. Der kluge Gesetzgeber. Der gläubige Mensch, der in Acht und Bann leben musste, weil der Politiker Ludwig sich aufgrund machttaktischer Überlegungen mit dem Papsttum anlegte. Der gar nicht so revolutionäre Kopf, der die Revoluzzer seiner Zeit, franziskanische Rebellen, um sich scharte. Die Symbolfigur für den letzten großen Konflikt zwischen Imperium und Sacerdotium, zwischen weltlicher und geistlicher Machtvollkommenheit, zwischen Reich und Kirche. Eine der bedeutendsten, vielschichtigsten Persönlichkeiten der deutschen Geschichte auf dem Königs- und Kaiserthron.

Ludwig der Bayer kämpfte an vielen Fronten, um seine Hausmacht, um die Kaiserkrone und gegen den Papst. Diese Auseinandersetzungen bestimmten sein Leben. Bestanden hat er sie nur zum Teil erfolgreich.

Er war von schlankem und hohem Wuchs, hatte rötliches, schütteres Haar, sein Antlitz weckte dank seiner lebhaften Farbe den Anschein dauernden Lächelns. Er hatte große helle Augen, eine spitze, sich herabneigende Nase, ein glattes Kinn. Und er war gegen niemanden streng oder mißmutig, sondern bescheiden, umgänglich und gutmütig wie jemand, der von jedermann geliebt und nicht gefürchtet werden wollte. Ein freundliches Bild, das der Chronist Alberto Mussato von Ludwig zeichnet. Ein realistisches Bild, dem man umso mehr glauben darf, als Mussato Ludwig wegen dessen antipäpstlicher Politik nicht sehr gewogen war.

Ein langes Kapitel widmet auch der berühmte Geschichtsschreiber Aventinus in seiner Baierischen Chronik dem Leben und der Person Ludwigs des Bayern. Er begleitet alle Stationen des Wittelsbachers. *Er ist merklich vor anderen Fürsten, die dieselbige Zeit im Reich waren, geschickt gewesen, der lateinischen Sprache vor anderen Fürsten wohl kundig, hat viele vornehmlich in der heiligen Schrift und in den Rechten gelehrte Leute, Teutsche, Wälsche, Engländer am Hofe gehabt und nach derselben Rat gehandelt.*

Geschichtsschreiber und Zeitgenossen, sie alle überliefern das Bild einer facettenreichen Herrscherpersönlichkeit. Sie bewunderten und bestaunten den Wittelsbacher. Sein Volk liebte ihn. Auch der Konflikt des persönlich frommen Kaisers mit dem Papsttum konnte das positive Urteil kaum beeinträchtigen.

L udwig wurde 1283 geboren. Seine Eltern waren Herzog Ludwig II., der Strenge, und Mechthild, eine Tochter König Rudolfs I. von Habsburg. Nach dem Tod seines Vaters schickte die Mutter den Knaben zur Erziehung an den Habsburger Hof in Wien; Mechthild hatte großen Einfluss auf die ersten politischen Schritte ihres Sohnes. – Ludwigs Krach mit dem älteren Bruder Rudolf war vorgezeichnet, denn gemeinsam erbten die Brüder Oberbayern und die Rheinpfalz. Ludwig war zu diesem Zeitpunkt erst elf Jahre alt, und so standen seine Chancen schlecht, seine Ansprüche durchzusetzen. Während Rudolf alles daran setzte, Ludwig von der Macht fern zu halten.

Er ist nit mächtig gewesen und hat nur das Oberland innegehabt, Wasserburg, München, Ingolstadt; die Pfalz am Rhein besaß sein Bruder Rudolf; das Niederland, Landshut, Burghausen, Cham, Straubing, der Wald hatten eigene besondere Fürsten.

Geschickte Familienpolitik war es, die Ludwig den ersten Schritt an die Macht ebnete. Als Vormund über die noch unmündigen Herzöge Heinrich XIV., Otto IV. und Heinrich XV. konnte er seinen Einflussbereich nach Niederbayern ausweiten. Die Verwandtschaft aus der niederbayerischen Linie des Wittelsbachischen Hauses hatte ihn mit dieser Aufgabe betraut, doch nachdem Vormundschaft gleich Regentschaft hieß, geriet Ludwig bald mit einem Teil des niederbayerischen Adels in Konflikt, der lieber die Habsburger an der Macht sehen wollte.

Der Kampf um die Vormundschaft allerdings war schnell entschieden. Ludwig gelang es in der Schlacht bei Gammelsdorf, ein bis in die Nähe von Freising vorgedrungenes österreichisches Heer vernichtend zu schlagen. Mit diesem Sieg hatte der junge Wittelsbacher vieles gewonnen: das Fortbestehen seiner Regentschaft, den Respekt seiner Zeitgenossen, Freunde wie Feinde sowie die Grundlage für seine künftige politische Karriere. Dieser Erfolg machte klar, wer in der vordersten Reihe der Thronkandidaten stand: Ludwig, nicht sein Konkurrent und Vetter, der Jugendgefährte aus Wiener Zeiten, Friedrich der Schöne, der die Österreicher in die Niederlage von Gammelsdorf geführt hatte.

Herzog Friedrich aus Österreich bemühte sich sehr um das Reich, das nun wohl vierzehn Monate ohne ein Haupt verwaist gewesen war. Man beschuldigte die Kurfürsten, daß sie Hinterlist gebrauchten und ihren Nutzen suchten etc. mit so langer Verzögerung der Wahl eines Hauptes des heiligen römischen Reiches.

Der Kampf der beiden Thronbewerber um die Herrschaft im Römischen Reich zog sich über mehr als sieben Jahre hin. Es war ein ständiges Hin und Her, mit Sengen und Brennen, Leuteschinden und Lösegelderpressen. Die Fraktionen waren klar. Auf Seiten Friedrichs des Schönen stand der größte Teil der Herren und Städte in Schwaben und im Elsass samt dem Erzbischof von Köln und Ludwigs Bruder Herzog Rudolf I.; Ludwig fand hauptsächlich Unterstützung in Franken und in der Wetterau. Zu ihm standen auch die Reichsstädte Regensburg, Augsburg, Worms, Oppenheim, Speyer, Aachen, Köln und Lübeck. Dazu hatte er die Sympathien der Erzbischöfe von Mainz und Trier sowie König Johanns von Böhmen.

Und worum stritt man eigentlich? Um Macht, um Ansehen, um Land oder Geld? Um all das zusammen. Das Römische Reich übertraf in seiner Ausdehnung alle anderen europäischen Staaten der damaligen Zeit. Es umfasste nicht nur den deutschen Sprachraum, sondern auch das Königreich Böhmen und die niederrheinisch-lothringischen Gebiete, außerdem Teile Burgunds sowie Ober- und Mittelitaliens.

Der römische König besaß das Recht, über all diese Gebiete zu herrschen, die Macht allerdings, diese Ansprüche in der Realität auch durchzusetzen, die fehlte ihm längst. Die musste er sich erst erstreiten. Die aufstrebenden Nationalstaaten Frankreich und England verdienten weit mehr das Prädikat »europäische Großmacht« als das Römische Reich. So rangen Friedrich und Ludwig im Grunde lediglich um die Regierungsbefugnisse in Teilen Deutschlands.

Ludwig der Bayer

Friedrich konnte aufgrund familiärer Beziehungen Unterstützung aus dem Ausland erwarten und zudem auf Unterstützung durch seine Brüder hoffen. Auch dürften seine Einkünfte aus dem Herzogtum Österreich und den im schwäbisch-schweizerischen Raum gelegenen vorderösterreichischen Besitzungen mindestens ebenso hoch gewesen sein wie jene, auf die Ludwig der Bayer zurückgreifen konnte. Der konnte gut mithalten. Es gelang ihm, den böhmischen und niederbayerischen Adel auf seiner Seite zu halten, allen Abwerbeversuchen der Habsburger zum Trotz. So war auch für seinen finanziellen und militärischen Rückhalt gesorgt. Die Pattsituation war da, die politischen Gewichte in etwa gleich verteilt, die Kandidaten einander ebenbürtig. Und es kam zu einer verhängnisvollen Doppelwahl.

Unterdessen kam Herzog Friedrich von Österreich mitsamt Erzbischof Heinrich von Köln, seinem Schwager und mit Pfalzgraf Rudolf am Rhein, König Ludwigs leiblichem Bruder, nit mehr denn mit zwanzig Pferden heimlich gen Bonn, vier Meilen oberhalb Köln, und ward allda in Sankt Cassii Kirche zum König gekrönt von obgenannten Erzbischof.

Am 19. Oktober 1314 wurde Friedrich der Schöne von Österreich und einen Tag später, am 20. Oktober, Herzog Ludwig von Bayern zum König gewählt. Beide empfingen am 27. November, dem Katharinentag, die kirchliche Weihe und Krönung: Friedrich der Schöne durch den Kölner Erzbischof zu Bonn, Ludwig der Bayer durch den Mainzer Erzbischof zu Aachen. Beide, Ludwig und Friedrich nannten sich nun römische Könige und beide erhoben den Anspruch auf die Herrschaft im Römischen Reich. Ein Krieg um die Krone war damit unausweichlich. Doch die Auseinandersetzung stürzte das Land nicht in einen Bürgerkrieg. Der Thronstreit glich eher einer regional begrenzten schwäbisch-bayerischen Adelsfehde.

Es war am 28. September 1322, als Ludwig auf den Feldern bei Ampfing die Entscheidung suchte. Wieder einmal bewies er taktisches Geschick, reizte den Vetter zum Kampf, bevor dessen von Schwaben und von Österreich heranziehende Truppen sich zu einem habsburgischen Heer vereinen konnten. Die Kämpfe begannen am frühen Morgen und dauerten bis in die Abendstunden. Bis Mittag schien das Kriegsglück auf Seiten der Österreicher, doch dann wendete das zähe bayerische Fußvolk das Blatt. Sie brachten den Vormarsch der Habsburgischen zum Stehen, und als zu vorgerückter Stunde der Burggraf von Nürnberg mit ausgeruhten Soldaten die Österreicher im Rücken und in den Flanken angriff, war das Schicksal des habsburgischen Heers besiegelt.

Die Österreicher waren umgeben von ihren Feinden, mußten sich vorne und hinten wehren und gingen also fast darnieder. Da solches die 500 Böhmen, so sich zuvor ergeben hatten, sahen, griffen die auch wieder zu der Wehr und taten großen Schaden. Nach dem kam Friedrichs Volk aus der Ordnung. Die Ungarischen ergriffen am ersten die Flucht und kamen fast alle um. König Friedrich wehrte sich lang und redlich, aber Albrecht Rindsmaul, der tat ihm so Zwang und Drang, daß er sich ihm ergab. Friedrich der Schöne wurde gefangen genommen. Er musste seine Waffen dem Burggrafen von Nürnberg übergeben, der ihn zu Ludwig geleitete. Mit den Worten – *Herr Vetter ich sehe euch gern* – soll ihn der Sieger begrüßt haben, um ihn dann auf der Burg Trausnitz festzusetzen.

Nachdem König Ludwig solchen großen Sieg erlangt hatte und sein Volk, das den ganzen Tag gestritten und sich abgemüht hatte, schleimig, durstig und hungrig war, befahl er, daß man auf der Wallstatt das Volk mit Essen und Trinken labte. Der Küchenmeister sagte er hätte nichts denn Eier. Da antwortete der König Ludwig: Jedermann ein Ei, dem frommen Schweppermann zwei.

58

Ludwig war nun sehr an einer Aussöhnung mit seiner habsburgischen Verwandtschaft gelegen, denn ohne gesicherte Hausmacht war ihm der Griff nach der Kaiserkrone unmöglich. Auch in diesem Punkt erwies er sich als geschickter Verhandlungsführer. In der so genannten Trausnitzer Sühne vom 13. März 1325 erreichte Ludwig den Verzicht Österreichs auf das Königtum und einen festen Bund zwischen Habsburg und Wittelsbach. Der stand allerdings nur auf dem Papier, da Friedrichs Brüder, vor allem Herzog Leopold, den Vertrag nicht annahmen. So suchte Ludwig durch eine Teilung der Reichsherrschaft Frieden mit den unliebsamen österreichischen Verwandten, doch erst der Tod Herzog Leopolds im Februar 1326 verschaffte ihm über zwei Jahrzehnte hinweg die unbestrittene Königsmacht im Reich.

Ludwig, ein Mann, der an vielen Fronten zu kämpfen hatte. Ein Zwist, der ihn all die Anfangsjahre im Ringen um die Königsmacht begleitete, war eben auch die Auseinandersetzung mit seinem Bruder Rudolf, die erst mit Rudolfs Tod ein Ende nahm. Die Beziehung der beiden war stets eine recht wechselvolle, da Rudolf, bedrängt von Ludwig, sich mit Habsburg verbündet hatte. So recht wusste er wohl nie, auf wessen Seite er sich schlagen sollte, und kämpfte, obwohl er zeitweise ganz auf die Herrschaft über Bayern verzichtete, dann doch wieder gegen Ludwig. Diesem unwürdigen Spiel setzte der König zunächst große Geduld und Zähigkeit entgegen, reagierte aber auch mit großer Härte und schaffte es im Hausvertrag von Pavia 1329, sich das reiche Niederbayern und die Pfalz zu sichern. Damit stand der geschlossene Block Wittelsbachischer Hausmacht, den Ludwig später mit geschickter Heirats- und Erbpolitik noch um Brandenburg, Tirol und Holland erweiterte.

Ludwig der Bayer profilierte sich als glänzender Territorialpolitiker, der damit ganz automatisch als Machtfaktor auf der europäischen Bühne wahrgenommen und ernst genommen wurde. Seine Herrschaftsfülle ließ ihn zum Konkurrenten für all jene werden, die ihre eigenen Ansprüche durch ihn gefährdet sahen und diese gewahrt wissen wollten. Damit war die Konfrontation Ludwigs als einer zentralen Figur und eines wichtigen Repräsentanten der weltlichen Herrschaft mit der kirchlichen Macht unausweichlich geworden. Ein Automatismus war in Gang gesetzt, den Ludwig nicht aufhalten konnte.

Wer viel hat, der hätte gerne mehr und fürchtet immer,
er komme um das Seine, das er hat.

Die Beziehungen zwischen den Wittelsbachern und dem Papsttum waren in Ludwigs Anfangsjahren noch neutral und unbelastet. Im Gezerre um die Königskrone favorisierte der Papst keinen der Bewerber, wohl in der Hoffnung, die Deutschen so von Italien fern halten zu können, wohin die Kurie aus dem Exil in Avignon wieder zurückkehren wollte. Doch mit dem Sieg Ludwigs über Friedrich den Schönen änderte sich die politische Lage, denn Ludwig unterstützte die Gegner des Papsttums in Italien. Vergeblich hoffte darum der Münchner Hof, dass Johann XXII. den Sieger im Thronstreit als römischen König anerkennen würde. Der Papst verweigerte Ludwig die Approbation, um die politischen Interessen der Kurie in Italien nicht zu gefährden.

Gerade in dieser geistlichen Absegnung der weltlichen Königswahl lag ein Kern der Auseinandersetzung, obwohl der Anspruch Johanns XXII. auf diese Ausübung des so genannten päpstlichen Reichsvikariats umstritten war. Ein Teil der Rechtsgelehrten vertrat die Auffassung, dass der von den Kurfürsten Erwählte bereits aufgrund der rechtsgültig vollzogenen Wahl die Herrschaft im gesamten Römischen Reich ausüben dürfe, ein anderer war der Meinung, dass der zum König Gewählte erst die Zustimmung des Papstes zu seiner Wahl, die päpstliche Approbation, einholen müsse, der Papst es also letztlich sei, der dem Kandidaten die Erlaubnis zur Übernahme der Reichsregierung erteile. Und eine dritte Gruppe von Juristen billigte dem noch nicht approbierten König das Recht auf die Ausübung seiner königlichen Gewalt allein in Deutschland zu. Für die Übernahme der Regierung in den anderen Reichsteilen wollte sie den päpstlichen Segen sehen.

Das Nein des Papstes war für Ludwig nicht hinnehmbar, Zwangsmaßnahmen gegen Avignon aber nicht denkbar. So ging der Bayer einen riskanten Weg, den der Provokation. Um Johann zu reizen, verfolgte er eine Politik, die kirchlichen Interessen zuwider lief. Er unternahm den Versuch, die Rechtsprechung der geistlichen Gerichte zu behindern. Besitzungen des Magdeburger Erzstifts wurden widerrechtlich als Lehen an den Markgrafen von Brandenburg vergeben, und Ludwig sandte königliche Truppen nach Italien, die einen Sieg des päpstlichen Heeres über die Herren von Mailand verhinderten. Nadelstiche, die schmerzten. Doch Ludwig stellte sich mit Johann XXII. ein starker Gegenspieler in den Weg.

Daß er ein überaus listiger, verschlagener und gelehrter, auch geschickter Mann ist gewesen; er hat mehr Geld denn je ein Papst vor ihm beieinander gehabt. Er ist mit den Barfüßern uneins gewesen, hat dieselben Ketzer und Esel gescholten und ihrer viele, Mann und Weib, verbrennen lassen; er hat die Laienschwestern auch nit dulden wollen und hat sie gezwungen zu dem ehelichen Stand. Er hat viele Bischöfe ohne Willen und über Dank der Domherren eingesetzt, nämlich zu Freising, Bamberg und anderswo mehr. Und sind erstmals dieser Zeit die Inkorporationen der Pfarren und Absenzen in Brauch gekommen, ist die Hospitalität, die Gast und Kostfreiung, abgekommen. Desgleichen sind die Weihbischöfe und gestiftete eigene Messen mit Gewalt aufgekommen; was vorher gemeiniglich an die Armen, ist hinfüran meist an die Zier der Kirchen gewendet worden.

Das Ziel, das Ludwig verfolgte, war klar. Ihm war an einer endgültigen Klärung des Streits um die Rechtsfolgen der Königswahl und die Notwendigkeit der päpstlichen Approbation gelegen, um seine landesherrliche Stellung nochmals zu festigen. Dazu brauchte er die Anklage durch den Papst. Im Lauf des nachfolgenden Verfahrens mussten die Juristen dann ja Stellung zu diesen Fragen beziehen.

Das Kalkül Ludwigs ging auf. Johann, gereizt durch die Provokation des Königs, stellte nun seinerseits die Herrschaft Ludwigs grundsätzlich in Frage und eröffnete am 23. Oktober 1323 den Prozess gegen Ludwig wegen Anmaßung der Königs- und Kaiserwürde. Er forderte den Wittelsbacher auf, den königlichen Titel abzulegen und auf die Ausübung der königlichen Herrschaft im gesamten Römischen Reich zu verzichten, solange er von Seiten des Apostolischen Stuhls nicht approbiert sei. Als Frist für den Machtverzicht legte er drei Monate fest. Gleichzeitig zitierte er Ludwig unter Androhung des Kirchenbannes und weiterer geistlicher Strafen vor das päpstliche Gericht, damit er sich für seine angeblichen Untaten verantworte. Außerdem verbot der Papst allen – unter Androhung von Bann und Interdikt –, Ludwig, dem Bavarus, wie er ihn geringschätzig nannte, Gehorsam zu leisten.

Der von den Teutschen Erwählte hat keine Gewalt und soll sich auch des Namens des römischen Fürsten, Königs und Kaisers nit bedienen, er werde dem zuvor von dem Statthalter Gottes, dem heiligen Vater dem Papst, zugelassen und bestätigt. Zum andern, dieweil das Reich und Kaisertum ledig ist und weder König noch Kaiser hat, steht dasselbige in Gewalt und Verwaltung des obersten Hauptes der Christenheit, des heiligen Vaters des Papstes, von dem es denn Lehen ist.

Gerade an diesem Punkt zeigt sich wieder die unlösbare Verstrickung Ludwigs in die Sachzwänge der Politik. Der persönlich fromme König sah nicht in der Kirche und ihrer Botschaft seine Gegner, sondern im Papsttum. Ludwig war weder antiklerikal und schon gar keine kulturkämpferische Figur, vielmehr schlitterte er aufgrund innenpolitischer Zwänge in diesen Konflikt. Die von ihm angestrebte sichere Hausmacht, die Unterstützung durch Stände und Fürsten, kostete ihren Preis.

Darum aus Befehl der Stände des Reiches ist Kaiser Ludwig wider Willen und Gunst des Papstes gen Rom gezogen und hat sich allda weihen lassen ohne Willen und Wissen des Papstes, um mit der Tat anzuzeigen, daß die Krönung des Papstes nit von Nöten sei einem Kaiser und das heilige römische Reich durchaus nit von dem Papst Lehen sei, wie denn die Stände des Reiches damals gemeiniglich beschlossen haben wider den Papst. Auch die Gelehrten derselben Zeit hielten den Papst fast alle für einen Erzketzer, darinnen der Antichrist verborgen läge.

Ludwig stellte sich dem Verfahren. Zwar gab er zunächst Papst und Kardinälen zu verstehen, dass er durchaus an einer gütlichen Einigung interessiert sei, legte aber auch Rechtsmittel gegen die Klage ein. Er bestritt die Strafbarkeit der ihm zu Last gelegten Handlungen und lehnte den Papst wegen Befangenheit ab. Ein allgemeines Konzil oder wenigstens das Kardinalskollegium sollte als neutrales Gremium über die Stichhaltigkeit seiner Argumente urteilen. Doch eine Verständigung war nicht mehr möglich, der Streit eskalierte. Johann XXII. reagierte.

Flehentlich bitten wir die göttliche Macht, daß sie die Raserei Ludwigs zerschmettere, seinen Hochmut niederdrücke und auslösche, ihn selbst mit der Stärke ihrer Rechten niederstrecke und in die Hände seiner Feinde gebe ... Am 23. März 1324 verhängte der Papst den Bann über den König und seine geistlichen Anhänger wegen Ausübung der Reichsgewalt und hartnäckigen Verweilens im Ungehorsam gegen die Befehle der Kirche. Dazu drohte er ihm für den Fall weiteren Widerstands mit der Aberkennung aller Rechte, die er bislang mit der Wahl zum römischen König besaß.

Das Urteil Johanns XXII. war rechtskräftig und konnte nur durch den Papst selbst oder einen seiner Nachfolger aufgehoben werden. Sicher war auch, dass der Papst seine Drohung, er werde die Wahl des Jahres 1314 im Rahmen des kirchlichen Strafprozesses annullieren, schnellstmöglich wahr machen würde. Darauf entschloss sich Ludwig zu einem Schritt, der ihm künftig jeglichen Ausgleich mit dem Papsttum unmöglich machen sollte. Hatte er schon Johann XXII. als Schützer und Gehilfen ketzerischer Bosheit angegriffen und als Instanz für die Schlichtung des Streits ein Generalkonzil vorgeschlagen, so nahm er jetzt unter dem Einfluss der franziskanischen Opposition gegen Avignon die Armutsfrage als Waffe auf, das zentrale Thema seiner Zeit, das ganz ursächlich mit der Finanzpolitik des Papstes zusammenhing.

Kernpunkt der Auseinandersetzung war die päpstliche Entscheidung auf dem Konzil von Vienne 1323, dass die Annahme, Christus und die Apostel seien arm gewesen, von nun ab als Ketzerei gelten sollte. Auch wenn immer wieder daran gezweifelt wurde, ob Ludwig tatsächlich Wort für Wort über den Inhalt der Gegenschrift informiert war und diesen abgesegnet hat, so drückt dieses Dokument doch den grundsätzlichen Willen und die Interessenlage Ludwigs aus. Damit erhält der Streit eine neue Dimension. Der König nimmt Partei in einem europäischen Geisteskampf.

Der Streit entzündete sich allgemein an der Frage nach dem Zustand des Papsttums in seiner babylonischen Gefangenschaft in Avignon, im Detail an der Frage nach den finanziellen Praktiken der päpstlichen Amtsinhaber. Mit Ludwigs Parteinahme für die Minoriten und deren Lehre wurde die schon lange schwelende Diskussion aus theologisch-philosophischen Zirkeln in die Öffentlichkeit getragen. Verzweifelt versuchte die Kirche in den Jahren des Exils in Avignon wenigstens ihre materielle Selbstständigkeit zu wahren, um der Bevormundung, ja Beherrschung durch die französischen Könige möglichst zu entgehen. Man betrieb auch aus einer Art Selbstschutz eine exzessive Finanzpolitik. Mit Papst Johann stand nun ein Finanzgenie an der Kirchenspitze. Seine geradezu virtuose Finanzpolitik mit ihrem ausgeklügelten System von hohen Geldleistungen, etwa bei der Vergabe kirchlicher Ämter, ließ die Kurie ganz automatisch auf einen Konflikt mit den radikalsten Verfechtern des Armutsideals, mit den Bettelorden, besonders mit den Franziskanern zusteuern.

Armut nach dem Vorbild der Apostel war das Ideal dieser Zeit, das natürlich die Loslösung der Kirche aus ihren vielschichtigen Verstrickungen in Politik und Wirtschaft unumgänglich machte. Hier die franziskanische Armutsbewegung, dort die auf Geld angewiesene, Geld hortende und eintreibende Papstkirche, zwei Welten und zwei Dogmen, die nie zu vereinbaren waren und die das Konzil von Vienne mit einem radikalen Schnitt aus der Welt zu schaffen suchte: durch die Verurteilung der extremen Armutsforderung der Minoriten als Häresie. Damit wächst Ludwig eine neue, ganz aktive Rolle in diesem ursprünglich theologischen Streit zu. Er wird zum Schutzherrn für die Verfolgten. Er wächst in diese Rolle hinein, allein begründet durch seine Gegnerschaft zum Papst.

In Ludwigs Umgebung hatte man gehofft, Johann XXII. werde nach der ausdrücklichen Parteinahme Ludwigs zugunsten der Minoriten ein Generalkonzil einberufen. Doch täuschten sich Ludwigs Ratgeber in der Person des Papstes. Dieser war sich der möglichen Konsequenzen wohl bewusst. Aus dem Ankläger Johann konnte schnell der Angeklagte Johann werden, und ein Konzil, das über eine Irrlehre entscheiden sollte, konnte plötzlich zum Tribunal ausarten.

Es begann eine Zeit wechselhaften Hin und Hers, diplomatischer Unternehmungen und militärischer Aktionen. Der König wetterte gegen den Papst, die päpstlichen Truppen fochten gegen die königlichen Heere. Depeschen der Unterhändler wanderten von Avignon nach München und wieder zurück von München nach Avignon. Eine Entscheidung fiel nicht.

Doch der Kampf gegen Avignon wurde nicht nur mit dem Schwert, sondern auch mit der Feder geführt. Schon 1323 tauchten die ersten italienischen Barfüßer in München auf. In der Stadt versammelte sich nach und nach eine geistige Elite. Noch nie zuvor hatten sich so viele prominente Gäste aus ganz Europa zusammengefunden. Die Professoren Johannes von Jandun und Marsilius von Padua waren die Ersten, die in München Zuflucht suchten und zu Ratgebern des Königs wurden. *Und die oben genannten alle haben viel wider den Papst geschrieben, Bücher, deren ein Teil gedruckt ist, ein Teil noch in den Stiftern liegt. Da solches Papst Johann vernahm, ward er erst recht zornig, verbot den Gottesdienst, daß man weder lese noch singe und die Kirchen versperrte und ließ die Schriften obgenannter Gelehrter verbrennen.*

In seinem Hauptwerk mit dem Titel »Defensor pacis«, Verteidiger des Friedens, vertritt Marsilius, der in früheren Jahren an der Universität Paris lehrte, Thesen, die Ludwig deckungsgleich mit den Intentionen seiner Politik erscheinen mussten. *Allein der Gemeinschaft der Gläubigen, die Laien und Geistliche umfaßt, komme die Gesetzgebungsgewalt zu. Der Kaiser als oberster Repräsentant dieser Gemeinschaft habe Frieden und Einheit zu gewährleisten und für den Vollzug der Gesetze zu sorgen. Dabei komme ihm auch die Aufsicht über die Kirche, das Recht der Einsetzung der Priester und die Verfügung über das Kirchengut zu.* Mit dieser Lehre von der Unterordnung der geistlichen Gewalt unter die staatliche Macht geriet Marsilius automatisch in Konflikt mit der Kurie, er wurde als Ketzer verurteilt, bot sich aber ebenso automatisch als Parteigänger Ludwigs an. So war es weniger der revolutionäre Geist Ludwigs, der die großen Denker seiner Zeit zu seinen Gefährten werden ließ, sondern vielmehr stifteten der Zeitgeist und die politische Entwicklung diese Allianzen.

An der Spitze all der kirchenpolitischen Opponenten, die sich dem König und dem Haus Wittelsbach als geistige Büchsenspanner antrugen, stand der abgesetzte Ordensgeneral der Minoriten, Michael von Cesena, ein harter, kompromissloser Kämpfer in der Armutsfrage. Gemeinsam mit ihm floh der Franziskaner William von Occam vor den päpstlichen Häschern aus Avignon. Auch er suchte und fand Schutz und Unterschlupf am Wittelsbachischen Hof. Sein bedeutendster Gegner, der Regensburger Domherr Konrad von Megenberg, hat den Engländer in einem apokalyptischen Bild mit dem Schwanz des Drachens verglichen, der ein Drittel der Sterne des Himmels, nämlich die Leuchten der Universitäten, mit sich gerissen habe. Vor allem seine Gesellschaftslehre war es, die Occam in Konflikt mit der Kurie gebracht hatte. Er unterschied klar zwischen dem geistlichen Primat göttlichen Rechts und der historisch gewachsenen und damit angreifbaren kirchlichen Herrschaft. Wie tief Occam sich Ludwig dem Bayern verbunden gefühlt haben muss, bezeugt sein Bekenntnis *O imperator, defende me gladio et ego defendam te verbo!* (O Kaiser, verteidige mich mit dem Schwert und ich will dich mit dem Wort verteidigen!)

Das soll aber nicht darüber hinwegtäuschen, dass es eben eher der Zufall war, der all die Intellektuellen und politisch versierten Ordensmänner an den Hof des gebannten Wittelsbachers geführt hat. Sie einte vor allem eines: ihr Kampf gegen den Papst. Und so entstand in München ein antipäpstliches Propagandazentrum, das eine Art geistigen Planungsstab für den Herrscher bildete.

Radikal waren die Papstkritiker im Franziskanerkloster und in der benachbarten Herzogs- und Königsburg. Nichts Geringeres als Simonie warf man Johann XXII. vor. Der Kauf geistlicher Ämter galt seit dem 11. Jahrhundert als schweres Vergehen. Damals richtete sich dieser Vorwurf vor allem gegen den deutschen König, der, ohne den Papst zu fragen, seine Reichsbischöfe eingesetzt hatte und von ihnen hohe Abgaben, Reichsdienst und Gehorsam verlangt hatte. Nun fand der Papst selbst sich in der Rolle des Angeklagten. Nicht ganz zu Unrecht übrigens, denn auch er vergab geistliche Würden gegen hohe, vorweg zu entrichtende Zahlungen, die dann nicht mehr als eine Anwartschaft auf ein lukratives Amt begründeten. War der Bewerber erfolgreich, musste er ein zweites Mal in die Kurienkasse mehr als nur einen kleinen Obolus entrichten.

In seiner leidenschaftlichen Streitschrift gegen die Papstkirche von Avignon geißelt Marsilius von Padua diese als eine Räuberhöhle und klagt das finanzgewaltige Papsttum als den eigentlichen Hort der Ketzerei und des Abfalls von der wahren Kirche Christi an. Gewidmet hat Marsilius seinen »Defensor pacis« Ludwig, eine Gunstbezeugung der besonderen Art, die den Herrscher noch mehr als bisher an seinen Rat binden sollte.

Aus dem Trieb zur Verbreitung der Wahrheit, aus glühender Liebe zu Vaterland und Brüdern, aus Mitleid mit den Unterdrückten und zu deren Schutz, aus dem Wunsche die Unterdrücker und die, die das erlauben, von dem Abweg des Irrtums zurückzurufen habe ich im folgenden die Hauptergebnisse meines Nachdenkens niedergeschrieben; ganz besonders auch im Blick auf Dich, der Du als Diener Gottes diesem Werk endgültige Erfüllung geben wirst, hochberühmter Ludwig, Römischer Kaiser. Dir ist ja aus altem, geradezu ganz besonderem Recht des Blutes und ebenso infolge Deiner einzigartigen, heldenhaften Natur und Deiner herrlichen Tatkraft eingeboren und gesichert der Trieb, die Ketzer auszurotten, die Wahrheit des rechten Glaubens und jede wissenschaftliche Lehre zu fördern und zu erhalten, die Laster auszutilgen. Im Blick auf Dich habe ich diese Hauptergebnisse nach einer Zeit sorgfältiger und angespannter Forschung niedergeschrieben in der Überzeugung, aus ihnen könne eine Art Hilfe erwachsen für Deine wachsame Majestät.

Der Papst war für Marsilius die Ursache allen Übels, das Haupthindernis für den Frieden in der Welt. Nichts konnte Ludwig willkommener sein als diese wortgewaltige und geistreiche Unterstützung, die seinen Kampf und seine politische Zielsetzung auch für die öffentliche Meinung, für Fürsten, Stände und Bürger nachvollziehbar machte. Der propagandistischen Untermauerung und Vorbereitung folgte bald der Krieg.

Ende 1326 waren die Wittelsbacher gerüstet. Ludwig hatte sich nochmals der Unterstützung Friedrichs des Schönen versichert und zog dann nach Trient, um sich mit den ghibellinischen Herren und Städten über deren militärische und finanzielle Dienste zu einigen. Ohne große Kämpfe erreichte Ludwig mit kleinem Gefolge, begleitet aber von Marsilius von Padua, dem Chefideologen des Wittelsbachers, Mailand. *Und es ward Kaiser Ludwig am heiligen Pfingsttag nach der alten Gewohnheit zu Mailand gekrönt mit der eisernen Krone von Herrn Guido Malapetra, Erzbischof daselbst.*

Sie überschritten den Po bei Cremona. Pisas Widerstand wurde mit Gewalt gebrochen, es öffnete nach mehrwöchiger Belagerung die Tore. Und am 7. Januar 1328 konnte Ludwig unter dem Jubel des Volkes in Rom einziehen. *Und kam also Ludwig mit guter Ruhe ohne männiglichs Widerstand gen Rom. Allda ward er von den Geistlichen, Kardinälen, Bischöfen, dem Rat und der Gemeinde zu Rom herrlich mit aller Pracht und Zier als ein römischer Kaiser empfangen.*

Als Ludwig und seine Gemahlin am Morgen des 17. Januar 1328 durch den römischen Stadtpräfekten und die Mitglieder des städtischen Rates nach St. Peter zur Kaiserkrönung geleitet wurden, erwartete sie nicht ein Papst, sondern der Repräsentant des römischen Volkes, Sciarra Colonna. Aus seiner Hand empfing Ludwig das kaiserliche Diadem. So war er ein weltlicher römischer Kaiser, gekrönt durch Beschluss des römischen Volkes, eine neue Bedrohung für den Papst und seinen Anspruch, den Kaiser zu krönen oder gar zu kreieren.

Avignon reagierte prompt und mit aller Härte auf die Ereignisse in Rom. Da der Bayer der Ladung an den päpstlichen Hof nicht gefolgt war, wurde er als Ketzer verurteilt, die Kaiserkrönung als nichtig verworfen.

Auch Ludwig reagierte rasch und holte zum Gegenschlag aus. Am 18. April verkündete er auf den Stufen von St. Peter die Absetzung Johanns XXII., *weil er hartnäckig Rom fernbleibe, weil er Krieg und Rebellion gegen das Reich anstifte und Irrlehren verfechte.* Der Kaiser erklärte Johann zum *mystischen Antichristen, der sich Papst nennt.* Am 1. Mai ernannte Ludwig Johann von Jandun aus kaiserlicher Machtvollkommenheit zum Bischof von Ferrara, und noch im gleichen Monat wurde der fromme, aber weltfremde Minorit Petrus von Corvara vom römischen Volk zum Papst gewählt, der letzte kaiserliche Gegenpapst des Mittelalters. – Unverkennbar bei alldem der Einfluss des Marsilius. In allen Maßnahmen und Dekreten zeigte sich seine Handschrift. Der Paduaner stand im Zenit seiner Macht.

Dem kirchenpolitischen Ziel, den Papst zur Einberufung eines Generalkonzils zu verleiten, war man damit allerdings keinen Schritt näher gekommen. Die Ausgangslage war unverändert. Auch ein Konzil hätte keine härteren Strafen verhängen können, und die Gefahr, dass es zuletzt auch über ihn, den Papst selbst, richten könnte, war nach wie vor nicht gebannt. Zu diesem Misserfolg kamen bald auch militärische Komplikationen. Feindliche Truppen verwüsteten die Umgebung Roms. In Ludwigs Heer brach eine Epidemie aus. Die Stimmung in der Stadt schlug um, weil Kaiser und Gegenpapst den Römern hohe Steuern auferlegt hatten. Und so war Ludwig schon Anfang August wegen drohenden Aufruhrs gezwungen, die Heilige Stadt zu verlassen.

Auch wenn der Kaiser in Pisa ein letztes Mal auf den Rat Marsilius' vertrauend die Absetzungssentenz gegen Johann wegen Häresie und Majestätsverbrechen erneuerte, konnte nichts darüber hinwegtäuschen, dass sein Italienzug in einem Fiasko geendet und seine Politik der extremen Konfrontation mit dem Papsttum in Avignon gescheitert war. Zudem kamen beunruhigende Nachrichten aus der Heimat, die auf einen schleichenden Machtverlust Ludwigs hindeuteten. So verhandelte ein Abgesandter Johanns XXII. von Köln aus mit den Kurfürsten über die Wahl eines neuen Königs. Als dann bald nach der Jahreswende – der Hof überwinterte in Trient – der Tod Friedrichs des Schönen gemeldet wurde, machte sich Ludwig sofort auf den Heimweg.

Der Rückzug Ludwigs glich einer Flucht. Doch auf dem Marsch durch das Gebirge bewies der gebannte Kaiser wieder einmal seine trotzige Frömmigkeit. Er gründete das Kloster Ettal. Ludwig verfolgte mit dieser Stiftung, wie mit seiner gesamten Klosterpolitik, zwei Ziele: zum einen den Beweis seiner privaten Gläubigkeit anzutreten, und zum anderen den Ausbau seiner Landesherrschaft im Voralpenraum voranzutreiben. Doch der Kaiser wollte nicht selbst der Stifter sein, die Gottesmutter Maria sollte es sein, die Frau Stifterin, deren marmornes Bild er aus Pisa mit im Reisegepäck trug. Damit präsentierte sich Ludwig als Werkzeug der Gottesmutter und umging so die Genehmigung für sein Tun durch den Papst.

Die Gründungslegende berichtet: *Ein Mönch sei Ludwig in Rom erschienen. Dieser versprach ihm die Unterstützung in einer bedrängnisvollen Situation, wenn er Gott und seiner Mutter einen Dienst tue. Der Mönch habe Ludwig zugleich diese Marmorstatue übergeben, mit dem Hinweis, Ludwig werde den Platz für das Kloster noch erfahren. Nach Betreten seiner Heimat sei dann das Pferd des Kaisers in Ampferang bei einer großen Tanne nicht mehr zum Weitergehen zu bewegen gewesen.*

Ludwig hatte hier am 28. April 1330 das Marienbildnis abgestellt und den Grundstein für das Kloster gelegt. Dabei wählte er eine ungewöhnliche Konstruktion für seine Stiftung: Benediktiner und Ritter sollten unter einem Dach dort leben. Die neue Ordensregel sah eine Gemeinschaft von 20 Benediktinermönchen vor mit einem Abt an der Spitze, 12 Rittern mit ihren Frauen, dazu einen Meister mit seiner Gemahlin und sechs Ritterwitwen. Die Leitung des Klosters sollte bei den Rittern und nicht bei den Mönchen liegen. Die Benediktiner waren für das geistliche Leben zuständig, während der Meister die Geschäftsleitung des Klosters innehaben sollte.

Die Klosterpolitik Ludwigs beinhaltete vor allem drei wichtige Punkte: die Ausdehnung der landesherrlichen Schutzherrschaft über alle Klöster und Stifte des Territoriums, die Verleihung der niederen Gerichtsbarkeit und die Übertragung von Reichsrechten und Besitzungen kraft königlicher oder kaiserlicher Autorität. Zusammengenommen bedeutete dies nichts anderes als den Ausbau seiner landesherrlichen Macht. Darum war Ludwig der Bayer ein großzügiger Förderer der Klöster im Land. Bekannte Namen sind mit ihm verbunden: so die drei Reichsabteien Tegernsee, Benediktbeuern und Ebersberg. Ihnen erteilte er besondere Privilegien und unterstellte sie direkt seiner landesherrlichen Gerichtsbarkeit. Scheyern, Seligenthal und Fürstenfeld wurden als Wittelsbachische Hausklöster Grablegen der Dynastie. Und schon zu seinen Königszeiten hatte Ludwig das Dominikanerinnenkloster von Adlersberg bei Regensburg gestiftet.

Die Verehrung der Mönche und Nonnen war dem Kaiser sicher. Sie hielten zu ihm, auch nachdem er vom Papst in Acht und Bann gesetzt worden war, und bildeten so einen festen Unterbau für Ludwigs Macht. *Die Geistlichen, Mönche und Klosterjungfrauen die loben ihn sehr, halten ihn für den allerchristlichsten, gottesfürchtigsten und demütigen Kaiser, setzen ihn in den Himmel, bezeugen solches mit besonderen Wunderzeichen und Gesichten, zeigen sein Messer, Tischtücher und anderes dergleichen mehr als Heiltum.*

Nach seinem Romzug zurück in der Heimat gelang es Ludwig auf dem Gebiet erfolgreich zu sein, das er immer mit großer Bravour beherrschte: durch Verträge und eine geschickte Heiratspolitik die Wittelsbachische Hausmacht weiter auszubauen. *Der Kaiser machte einen allgemeinen Frieden im ganzen Reich, der in langer Zeit nit gewesen war; denselben mußte jedermann beschwören. Weiter gab der Kaiser Maß dem Adel und Andern und verbot den Überfluß in Kleidern in Essen und Trinken.* Den Frieden im Reich gewährleistete der nach Friedrichs Tod erneuerte Bund mit den Habsburgern, da Ludwig mit den Brüdern des ehemaligen Mitkönigs einen Beistandspakt schloss mit dem Versprechen der Österreicher, ihm gegen alle Feinde in Deutschland helfen zu wollen. Der Preis dafür waren Reichspfandschaften und die Bestätigung ihrer Besitzungen.

Keinen Erfolg hatte Ludwig bei seinen Versuchen, einen Ausgleich mit der Kurie zu erreichen. Johann war nicht bereit, sich mit dem langjährigen Gegner auszusöhnen. Unter Johanns Nachfolger, dem frommen Zisterzienser Benedikt XII., schien sich zunächst das Blatt zu wenden, denn der neue Papst betrachtete sich als Vater aller Christen und fühlte sich geradezu verpflichtet, den Streit zwischen Ludwig und dem Apostolischen Stuhl beizulegen. Doch die Aussöhnung mit dem Wittelsbacher scheiterte am Widerstand der französischen Regierung. Benedikt konnte dem Druck des Königs nichts entgegensetzen, beugte sich den Wünschen Philipps VI. und brachte die Verhandlungen mit der Forderung, Ludwig müsse als Zeichen seiner Bußfertigkeit auf sämtliche Herrschaftsansprüche verzichten, zum Scheitern. Der erhoffte Friedensschluss blieb also aus, und so konnte Ludwig auch nicht auf päpstliche Unterstützung bei einem Vorhaben rechnen, das die letzte ständige Bedrohung Wittelsbachischer Macht aus der Welt schaffen sollte, die böhmisch-luxemburgische Besatzungsmacht in Tirol.

Die reiche, kinderlose Erbin Tirols, Margarethe Maultausch, verheiratet mit einem Luxemburger, hatte ein Auge auf den Kaisersohn Ludwig den Brandenburger geworfen und mit Ludwigs und des Tiroler Adels Hilfe den Gatten verjagt. Nachdem die Annullierung der Ehe durch den Papst nicht zu erwarten war, erklärte Ludwig aus kaiserlicher Machtvollkommenheit, gestützt auf Rechtsgutachten seiner Berater Marsilius von Padua und William von Occam, die erste Heirat der Tirolerin für ungültig, damit die zweite Hochzeit wie geplant gefeiert werden konnte.

Das Haus Wittelsbach befand sich damit auf dem Höhepunkt seiner Macht. Doch das Ansehen Ludwigs schwand mehr und mehr. *Seitdem begann der gute Ruf des Kaisers in den Nasen der Fürsten zu stinken.* Die deutschen Fürsten, die immer hinter Ludwig gestanden hatten, wandten sich aus Sorge über Bayerns territoriale Expansion von ihm ab, nicht ohne sich bereits nach einem neuen Kandidaten umgeschaut zu haben: dem Luxemburger Karl IV. Mit dessen Wahl zum Gegenkönig im Juli 1346, vom Papst unterstützt, begann der politische Abstieg Ludwigs des Bayern. Dieser nahm auch die neue Herausforderung an, stellte sich dem Kampf, doch entschieden war noch nichts, als Ludwig am 11. Oktober 1347 überraschend auf der Jagd bei Fürstenfeldbruck einem Schlaganfall erlag.

Gleich auch dieses Jahr starb Kaiser Ludwig am Gejaid bei Fürstenfeld, dem Kloster, bei dem Dorf Puch auf einer Wiese, die noch immer nach ihm die Kaiserwiese heißt, am elften Tag im Weinmonat. Er hat gelebt dreiundsechzig Jahre und regiert dreiunddreißig minder einer Woche. Der Leib ward geführt zuerst gen Fürstenfeld in das Kloster, da sein Vater und seine Mutter begraben liegen, nachmals am dritten Tag gen München und allda gelegt in Unser Frauen Kirchen, da man noch sein marmelsteinenes Grab sieht und zeigt.

Kaisergrab Ludwigs des Bayern im Münchner Liebfrauendom

69

Das Volk trauerte um Ludwig. Der leutselige und lebensfrohe Fürst war sehr beliebt. Die Bayern hielten trotz päpstlichem Bann und kirchlichem Interdikt unverbrüchlich zu ihm. Für sie war er ein Landesherr im besten Sinn des Wortes. Als Gesetzgeber und mit seiner zukunftsträchtigen Stadtentwicklungspolitik hat Ludwig tiefe Spuren in der bayerischen Geschichte hinterlassen.

Seine erste Residenzstadt war Nürnberg mit seiner mächtigen Burg, das er mit 34 Privilegien bedachte, die die militärische und finanzielle Unterstützung seiner Bürger sicherten. Seiner späteren Hauptresidenz München verhalf Ludwig zu einem ungeahnten Aufschwung. Er stellte die Stadt unter seinen besonderen Schutz, förderte Handel und Gewerbe. 1444 wusste der Stadtschreiber Rosenbusch zu berichten, dass sie, die Münchner *bey Kayser Ludwigen von Bayern am maisten aufkömen und die außer Stat bey ihm von neuen Dingen gepaut worden, wann er hat große Lieb zu der Stat gehabt.*

Doch Ludwig sorgte für alle Städte in seinem Herrschaftsbereich, ließ Straßen sichern und förderte Verkehr und Handel durch Landfrieden und den Abschluss von Städtebündnissen. Für das Bürgertum und sein erstarkendes Selbstbewusstsein hatte diese vorausschauende Politik eine enorme Bedeutung, denn die blühenden Städte wurden zu Zentren für Wirtschaft und Verwaltung, boten Schutz vor Feinden und schlossen das Territorium fester zusammen. Als Landesvater bemühte Ludwig sich auch, das Behörden- und Gerichtswesen seines Reiches zu ordnen. Er gilt als Initiator des Oberbayerischen Landrechts, das, von ihm in Auftrag gegeben, dann durch seine Söhne veröffentlicht worden ist.

Schärfe deinen Verstand, Schreiber: Schwere Arbeit wartet deiner, willst du den langen und langsamen Flug des Adlers schildern, der noch zum Himmel aufstieg, als ihm die Flügel schon versenkt waren.

Der bayerische Adler auf dem Kaiserthron schwang sich tatsächlich noch in die Lüfte, während ihm die Flügel schon versengt waren, so wechselvoll war die Lebensgeschichte Ludwigs des Bayern zwischen Siegen und Niederlagen. Er zählt zu den bedeutendsten Herrscherfiguren in der deutschen Geschichte, wenn auch in seiner Person der Machtkampf zwischen weltlicher und geistlicher Macht einen letzten Höhepunkt erlebte.

Henrike Leonhardt

Hohe Zinnen – finstere Verliese
Die Machtpolitik der Wittelsbacher im späten Mittelalter

D as späte Mittelalter ... die Jahre zwischen »noch« und »schon« auf dem
Weg in die Neuzeit ... Gegensätze ... Zerrissenheit ... Zerrissenheit und
Gegensätze, die sich widerspiegeln in den Menschen – in den Menschenleben
jener Zeit.

Zum Beispiel – die drei Enkel Kaiser Ludwigs des Bayern – Stephan, Friedrich,
Johannes: *Het ein ietlicher ein besundere art, herzog Steffan was ain kriegs-*
man, herzog Fritz pflag der witz, herzog Hans wartet der pais aus. Ein blenden-
der Ritter, ein gewitzter Politiker, ein Falkner und Jäger ohne staatsmännische
Ambitionen.

Ein gemeinsamer, ererbter Charakterzug kennzeichnete die drei aber doch,
außer ihrer kostspieligen Liebe zu den schönen Frauen – ihre aufbrausende Un-
beherrschtheit. Erstaunlich, dass es ihnen nach dem Tod ihres Vaters Stephan II.
(1375) gelang, das Land 17 Jahre hindurch trotz ständiger Reibereien gemeinsam
zu regieren *in aller ainigkeit unvertailt* – bis der Jüngste endlich das verschwen-
derische Treiben der Brüder und ihre politischen Machtspiele nicht mehr hinnehmen wollte und seinen liederlichen Bruder Stephan aus der Alten Feste in
München vertrieb.

Stefan Pfalzgraf bei Rein, herzog in Bayern (...) was ein frölicher man und
liebhaber der weyber, aine klein person des leybs, aber des herzens und gemüt
vast gross, er war alzeyt mit seinem wesen kostlich und wol erpuczt in seinen
klayderen. Urid das nennt in yederman Kneyssl.

Dass »Kneissl« nach Grimms Deutschem Wörterbuch auch »knauserig« be-
deuten kann, trifft – wie ein weiterer Chronist bestätigt – auf diesen »Kneissl«
gewiss nicht zu. *Herzog Stefan ward genannt der gietig. er dienet geren schö-*
nen frauen, rait geren zu den turnierhöfen und machet grosse schuld. Schulden, über die sich noch die Enkel streiten werden!

Ehe aus dem Bruderzwist ein Bruderkrieg werden konnte, vollzog die »Land-
schaft«, das Gremium der Landstände (Vertreter von Adel, Prälaten, Städten und
Märkten), durch Auslosen die Teilung Bayerns. Als wäre das alles – Land und
Leute, Berge, Seen, Städte, Dörfer – nichts als Privatbesitz: Stephan III. erhielt
Bayern-Ingolstadt, Friedrich regierte Bayern-Landshut, Johannes II. Bayern-
München. *Und dise tailung ist gescheen, als war von Christi, unsers lieben her-*
ren gepurt 1392 jar am ainundzwainzigsten tag im Wintermôn.

Über 100 Jahre lang, bis 1508, wird die Drei-Herzog-Regierung die Geschichte
Bayerns und die Geschicke der Bayern bestimmen. Dass jeder Sohn eines Wittels-

bachers erbberechtigt war, das musste Neid und Hass und Streit bringen und war teuer. Kein Mittel der Machtdemonstration und des gegenseitigen Übertrumpfens ließen die Herzöge aus – prächtige Bauten, neue Residenzen, Kunst, Prunk, Protz, glänzende Eheverbindungen, Kriegszüge, Brandschatzung und Gewalt.

Noch lebt man im Mittelalter und benutzt gleichzeitig doch schon die Erkenntnisse, Erfindungen und Fertigkeiten der Neuzeit. Meister Berthold Schwartz zum Beispiel war ein Barfüßer »und großer Künstler der heimlichen Kunst, der Alchemie und dergleichen mehr«, *der die gaist künnen zwingen und pannen* und der gleichzeitig eine moderne Fernwaffe, nämlich die Büchse und das Pulver erfunden hat, *die nachmals durch ander gebessert sein worden und bei unsern zeiten auf das höchst komen sein.* Das Kriegen war nun leichter geworden und schneller und weniger »ritterlich«, die Panzer wurden sinnlos, nur noch in Turnieren kämpfte Mann gegen Mann – unter dem Beifall der Damen. Jetzt brauchte man teure Söldner zum Kämpfen und ein Fußvolk – zum Verheizen. Und die gebildeten Bürger ergötzten sich nun an gedruckten Abenteuer- und Ritterromanen. Und schon machten den Bürgern die starken Zünfte Bildung und Macht streitig. Bald kommt die Zeit der letzten Ritter.

Ein Jahrhundert wird betrachtet; doch fällt das Schlaglicht nur auf wenige herausragende Geschehnisse und Personen. Das Alltägliche dagegen, das Leben der kleinen Leute ist für Chronisten und Bildermaler nicht erinnerungswürdig und kaum erwähnenswert gewesen. Und doch, wer genau liest und die Ruhe findet, ein spätgotisches Tafelbild eingehend zu betrachten, der wird – am Rande oder im kaum beleuchteten, dunklen Hintergrund der zentralen Ereignisse – Alltagsszenen oder Naturdarstellungen entdecken, die eine Vorstellung vom Denken und Handeln in jener Zeit vermitteln.

Diser zeit hat auch ain ganze nacht der himel brunnen und ein pfâuenschwanz und cometen hat man in den lüften gesehn, die haben die künftigen aufruer im glauben und unter den fürsten, geistlichen, und weltlichen, bedeut.

Die beiden älteren der drei Wittelsbacher Teilherzöge, Stephan und Friedrich, heirateten in Verfolgung ihrer oberitalienischen Ambitionen zwei Töchter des – so reichen wie einflussreichen – Mailänder Stadtfürsten Barnabó Visconti. Auch in das dritte bayerische Herzoghaus zog eine Visconti ein, Elisabeth. Sie wurde mit dem Sohn des Münchner Herzogs Johannes verheiratet, mit Ernst (der später die unstandesgemäße Schwiegertochter Agnes Bernauer ertränken lassen wird). *Das heiratguet warn fünfundsibenzig tausent ducaten.*

Eine andere Elisabeth, Stephans (»Kneissls«) Tochter, »die schöne Isabeau«, die wird den jungen König von Frankreich kriegen – ohne jede Mitgift. Eine Verbindung mit der Urenkelin des deutschen Kaisers Ludwig des Bayern – ein solcher Prestigegewinn wog jedes Heiratsgut auf. Übrigens wurde die Heiratsausstattung der Herzogtöchter mit Sondersteuern finanziert, mit den »Fräuleinsteuern«, die die Landstände nur zähneknirschend und gegen Sicherheiten bewilligt haben.

Urkunden geben Zeugnis von den wirren politischen Ereignissen jener Zeit. Was wir über die Menschen, über ihre Freuden, ihre Leiden, über ihre Ängste, ihren Glauben, ihre Frömmigkeit wissen, das verdanken wir vor allem den Geschichtsschreibern, den Chronisten: Veit Arnpeck zum Beispiel kommt hier zu Wort oder Ulrich Füetrer, ein Maler und Dichter, der es mit der Urheberschaft (und überhaupt) nicht immer so genau nahm, obwohl doch Geschichtsschreiber am Münchner Hof; wahrscheinlich saß er lieber an seinem »Buch der Abenteuer«. Das Chronikschreiben? *Das ich, wais Got, nicht sunder gross arbait zusamen gerefelt, klawbt und ersuecht hab aus vil namhaften croniken.*

Dagegen sein Nachfolger, der Hofchronist Albrechts IV., der korrekte und gebildetere Johann Turmair, genannt Aventinus! Die Geschichtsschreibung, so fordert er, *muß ihr Zeit und Weil haben, will nit mit ungewaschnen Händen angetatscht und überrumpelt sein.* So wird die Empörung des Historikers Aventin über Füetrers munter zusammengeklaubte (und geklaute) Chronik verständlich, die sich in verärgerten Randglossen Luft gemacht hat: *lauter merl ... hat das latein nit verstanden ... poetisch dicht ding ... ist nit war ... ist narrenwerk ... alles erlogen ding und dicht ... kein wort war ...* und so fort, Seite für Seite, *alles fabel und lepperey!*

Und doch – Füetrers lebendige, aufschlussreiche »Märlein« und Aventins genaue, leidenschaftliche Recherche, die Summe all dieser Aufzeichnungen vermittelt uns eine lebendige, plastische Vorstellung jenes Zeitraums. Zwei Jahre lang durchreiste und durchforschte Aventinus für seine »Bayerische Chronik« das Land, fand Quellen, die ohne ihn längst verloren und vergessen wären.

Demnach hab ich mit meinem ganzen vermügen gearbait, tag und nacht kain ru gehabt, vil hitz und kelten, schwaiß und staub, regen und schnê, winter und summer erlitten; das ganze Baierland durchritten, alle stift und clöster durchfaren; puechkammern und -kästen fleissig durchsuecht; allerlei handschriften, alte freiheits- und übergabsbriefe, cronica, (...) reimerh, sprüch, lieder, abenteuer, gesang, petpüecher, messpüecher, salpuecher, kalender, totenzedel, register, der heiligen leben durchlesen und abgeschriben; (...) alt stain, alt münz, greber, gemêl, gewelb, estrich, kirchen, überschrift besuecht und besicht; all winkel durchschloffen und durchsuecht ...

Wir können diesem Gewährsmann also glauben, was er über das bayerische Volk festgehalten hat. Der »gemeine« Mann auf dem Land kümmere sich um Ackerbau und Vieh. Er dürfe zwar ohne Einverständnis seiner Obrigkeit nichts unternehmen, müsse auch Abgaben und Frondienste, *güld zins und scharwerk* leisten und habe keine Stimme im Rat und in der Landschaft, *doch ist er sunst frei, mag auch frei ledig eigen guet haben, dient seinem herren, der sunst kain gewalt über in hat, jerliche güld zins und scharwerk, tuet sunst was er wil ...*

Es war wohl wirklich so: Den bayerischen Bauern ging es – im Verhältnis zu denen anderer Länder – bei aller Beschwer noch relativ erträglich. Zwar waren auch sie Leibeigene ohne ein ständisches Mitspracherecht, doch wurden sie von Adel und Klöstern in ihren Belangen in der Landschaft oft indirekt mitvertreten. Mit ihrem Steuerbewilligungs- oder Verweigerungsrecht bildete die Landschaft ein wichtiges Korrektiv der landesherrlichen Politik – und ist so ein Vorläufer unserer repräsentativen Demokratie. Auch konnten sich die »gemeinen« Leute gegen herrschaftliche Willkür zur Wehr setzen, weil die Regierung zumeist ein offenes Ohr für ihre Beschwerden hatte. Wenn den Bauern der Rücken gestärkt wurde, blieben die feudalen Mächte, Adlige und Prälaten unter Kontrolle. Eine kluge, scheinbar liberale Wittelsbachische Bauernpolitik der »repräsentativen Toleranz«. Sie zahlte sich aus, als 1524 ringsumher die Bauernkriege ausbrachen. In Altbayern blieb es relativ ruhig.

Der gemain man tuet sunst was er will, sitzt tag und nacht bei dem wein schreit singt tanzt kart spilt; mag wer tragen, schweinsspieß und lange messer. Grosse und überflüssige hochzeit, totenmal und kirchtag haben ist erlich und unsträflich, raicht kainem zu nachteil, kumpt kainem zu übel.

Leben und leben lassen. Wenn es geht. Der Adel stiftet Klöster und gibt den Klöstern Rodungsland. Die Nonnen und Mönche beten für die Stifter und Herrscher und lassen das Land bestellen. Die Bauern ernähren Klöster und Adel. Sollen sie also tanzen, sollen sie sich nur austoben, am Feiertag, wenn sie nicht säumen bei der Arbeit und bei ihren Abgaben und ihren Pflichten gegen die Herrschaft und gegen Gott! Und wenn sie das obligatorische »Fastnachtshuhn« pünktlich abliefern! Lasst sie tanzen, essen, trinken, wenn sie sonst gehorsam sind – und nicht übertreiben! Also feierte man große Hochzeiten; und wenn die Obrigkeit die Zahl der Tische beschränkte, dann rückte man halt enger zusammen! Dass man um Eheerlaubnis hatte anfragen müssen? Die wurde kaum noch verweigert. Der Hans kriegte meistens seine Gretl. Gewiss war man in der Auswahl freier als die Hochwohlgeborenen! Die verlobten ja schon ihre ganz kleinen Kinder!

Wer kannte nicht die Geschichte von Agnes, Kaiser Ludwigs Tochter, die vierjährig als Weihegabe mit neun Gespielinnen in das Klarissenkloster zu München am Anger gegeben worden war? Als man sie wieder aus dem Kloster nehmen wollte, ist sie gestorben. Als »selige« Agnes wird sie noch heute verehrt – unbekümmert darum, dass sie wohl ein Opfer der Pest geworden war und nie seliggesprochen wurde. Ihre Gebeine ruhen – wie die ihres Vaters – in der Frauenkirche zu München.

Die Schrecken der Pest, die in jenen Zeiten jeden Menschen, reich und arm, täglich mit dem Tod konfrontierten – Aventinus hat sie festgehalten.

Und ist ein grosser jämerlicher sterb (…) komen, ist nit der viert tail der menschen über blieben. Man gieng mit den kreutzen, man petet man sang, der pabst lies ein besunder mess und ambt wider disen sterben halten, lesen und singen; aber da half nichts. Es starben etlich dörfer und flecken gar aus.

Etlich sagten, es wär der zorn gotts und ain besundere plag von gott; die andern schrieben's dem gestirne zue. Der g'main man gab den Juden die schuld, die solten zu austilgung der Christenheit die prün vergiftet haben. Von welchs wegen warden in vil stetten und flecken die Juden verprent. Man hat aufgeschrieben, das in Teutschland wol zwelf tausend Juden dermassen jämerlich verprent worden on alle barmherzigkeit.

Pestwellen überrollten das Land: 1349, 1356, 1380, 1396. *Es regnet auch bluet, es rannen etlich pâch rotfarb wie bluet.* 1412, 1420, 1439, 1463, 1473, 1483, 1495, 1496. Dazu Feuersbrünste, Unwetter, Teuerungen. 1498 taucht die »Lustseuche« auf, die »Franzosenkrankheit«, »mala napoli« – die Syphilis. Münchner Handwerksgesellen, die sich angesteckt haben, stürmen das Frauenhaus, das Bordell, sie erschlagen den Frauenwirt. Büßer und Geißler, Heilsprediger, Okkultisten und jede Menge Scharlatane durchziehen das Land und verheißen Errettung. Was für Geschichten!

Isabeau de Bavière (1370–1435)

P aris. 22. August des Jahres 1389, ein Sonntag. Vier Jahre lang ist sie schon die Frau König Charles VI. – nun endlich hält sie zu ihrer Krönung mit unvorstellbarem Gepränge Einzug: Isabeau de Bavière, reine de France – Elisabeth von Bayern, Königin von Frankreich! Schon seit Tagesanbruch drängt sich das Volk in den Straßen. Grün gekleidet säumen 1 200 berittene Bürger die linke Seite des Festwegs, auf der rechten, in rosafarbenen Gewändern, die Hofbediensteten, die Musikanten. Elisabeths Robe glänzt in Seide und Samt, über und über mit goldenen Königslilien bestickt – entsprechend bemalt ihre Sänfte. Und lässig, so wurde geschrieben, habe sie ihre Hand über den Sänftenrand hinabhängen lassen … Diese Hand, würde sie weich sein und milde und offen? Großzügig wie die ihres Vaters, des bayerischen »Kneissl«? Oder hart und kalt und grausam – wie jene der Visconti? Wie viel doch abhing von dieser Königin! Auch erhofft sich die Regierung von der verwandtschaftlichen Beziehung Frankreichs und Bayerns ein Gegengewicht zu der Verbindung des englischen Königs mit der Tochter des deutschen Kaisers. »Noel!«, rief das Volk und ließ die junge Königin hochleben. Ein paar arme Gefangene soll sie schon freigelassen haben! Wird sie auch die Steuern senken? Die Not ist groß – es ist die Zeit des Hundertjährigen Krieges zwischen Frankreich und England, »une époche ardente et moribonde«, eine feurige und todkranke Zeit! Prassen und bitterste Not ... Die Sänfte wurde geleitet von den Größten jener Zeit: den Herzögen von Touraine, Bourbon, Berry, Burgund – wenige Jahre noch und sie werden einander bekämpfen bis aufs Blut. Dann die höchsten Frauen des Landes, Isabeaus Schwägerin, Valentine Visconti, Herzogin von Touraine, Margarete von Flandern, Blanche de France und so fort und so fort die Reihe der klangvollen Namen.

Heiraten als Mittel der Politik. Mit der »minne« des hohen Mittelalters hatte das nur mehr wenig zu tun. Wohlkalkulierte – auch internationale – Eheverbindungen, wenn es darum ging, das dynastische Ansehen zu heben, die Macht zu erweitern, Geld zu beschaffen und Erbwege zu sichern. Eine »welsche« Visconti oder eine polnische Königstochter, sie sind willkommen, nicht aber eine Baderstochter aus Augsburg. Die Herrscherhäuser, auch die Wittelsbacher, waren international, sozusagen »durchmischt und durchrasst« – und das mit Bedacht und Berechnung. Auch wenn ein halbes Jahrtausend später die Nationalsozialisten das »deutsche Mittelalter« idealisiert haben und für ihre Zwecke umzudeuten suchten – ein, wie sie es nannten, »völkisches« Denken war jener Zeit absolut fremd.

120 000 Gäste sollen an Isabeaus sechstägigem Krönungsfest teilgenommen haben, gaben und empfingen Gold und edle Steine und kostbare Stoffe von unschätzbarem Wert. »Pieca, comme disaient les anciens, ...« – »nie, wie die Alten sagten, hatte man in diesem Königreich gesehen, daß ein größeres Fest veranstaltet wurde«, schrieben damals die Chronisten. Die Steuern? Wurden bald darauf erhöht, das Fest war teuer, die Hofhaltung von unvorstellbarem Aufwand.

Die Königin? Erschien nach dem ersten, dem Krönungstag, weder bei den Festmählern noch auf den Bällen; sie war guter Hoffnung – die 19-Jährige erwartete ihr drittes Kind, Isabelle, die spätere Gattin des englischen Königs. Erst das fünfte ihrer insgesamt neun Königskinder wird der designierte Thronfolger sein – Charles oder Karl VII. Das Jahr seiner Geburt, 1392, ist ein Schicksalsjahr: Sein Vater, der König von Frankreich, verfällt zunehmend dem Wahnsinn. *Der küng het zu zeiten abgank in dem haubt, also das er dardurch verirrt ward seiner vernunft.* Nach Karls Erkrankung nimmt das Verhängnis seinen Lauf, der Bruderkrieg zwischen Orleans und Burgund – jeder will die Macht: *raub, prant und mort, da der gross überflüssig reichtum und di manigfeltig hochfart in Frankreich ward verkert in klegliche armut, und musten vil tausent menschen darumb sterben und verderben.*

Zum Neujahrsfest 1404 hat die kunstsinnige Königin für ihren kranken Gemahl von den hervorragendsten Pariser Künstlern jenes »Goldene Rössl« anfertigen lassen, durch seine Emailarbeiten, nicht durch das Gold, ein Kleinod von unschätzbarem Wert, das die wechselnden Zeiten ins bayerische Altötting verschlugen. Auf dem dreidimensionalen Abbild huldigt der König der Gottesmutter und erfleht ihren Segen. Vergebens.

Die Wittelsbacherin gerät wie ihr Sohn zwischen die Fronten, zwischen die Mahlsteine der Geschichte. Dass sie sich zu wehren und zu retten versucht, verzeiht man ihr nicht. Jahrhunderte lang wird die schöne Isabeau als triebhafte, geldblind machtbesessene Megäre, als Mörderin und Vaterlandsverräterin dargestellt und gehasst – Gegenspielerin der edlen Jeanne d'Arc, der Jungfrau von Orleans. Erst die neueren genauen Quellenstudien lassen ihr Gerechtigkeit widerfahren; sie lehren, Isabeau vor allem als Opfer der schrecklichen Machtkämpfe jener Zeit wahrzunehmen.

Über das französische Königshaus, so beendete der Chronist Ulrich Füetrer seine Einlassungen dazu, *wäre vil von zu sagen*, doch läge es zu fern – *darumb lass ichs beleiben und sag füran von hertzog Ludwig von Bairen, der künigin brueder.*

Herzog Ludwig »der Gebartete« oder der »im Barte« von Bayern-Ingolstadt: Den hatte das französische Königspaar nach Karls Erkrankung als Beistand für seine Schwester Elisabeth-Isabeau nach Paris geholt und durch Heirat mit einer engen Verwandten des Königs, Anna von Bourbon, noch fester an den Hof gebunden. 120 000 Gulden betrug Annas Mitgift; dafür hätte man in Bayern 600 gute Häuser kaufen können, eine ganze Stadt. Ein anderer Vergleich: Zu jener Zeit betrug das gesamte Vermögen des reichsten Regensburgers, des Kaufmanns Mathäus Runtinger, 18 030 Gulden – weniger als ein Siebtel. Außerdem bezog Ludwig als Minister und Prinzenerzieher ein stattliches Jahresgehalt. Da aber der Hof nicht über genügend Bargeld verfügte, erfolgte die Auszahlung durch Kleinodien aus den königlichen Schatzkammern, die Ludwig versetzen sollte, bis das Königshaus wieder »flüssig« sein würde, was nie eintrat. Auch erhielt er von seiner königlichen Schwester tagtäglich kostbare Geschenke. Der Chronist Veit Arnpeck: *Sein gemachl starb. do nam er ain andre hausfrauen in Frankreich. darnach zoch herzog Ludbig haim in Bairen. und do er haim kam; do lebet er im anfank gar kostlich und het wol 600 pfärd.*

Ludwig organisierte in seinem Herzogtum Bayern-Ingolstadt Verwaltung und Rechnungswesen nach modernsten Gesichtspunkten. Sein Reichtum und sein fremdes Gebaren lenkten Neid und Missgunst auf ihn. *Ludbig, herzog Steffans sun, bard genannt der hochfertig, wann er gar stolz und übermütig was gegen anderen fürsten und bas doch demütig gegen armen leuten. er lebet gar köstlich.* In Ingolstadt ließ er die Liebfrauenkirche erbauen mit ihren französisch über Eck gesetzten Türmen und vermachte dieser Kirche – zum Verdruss seines Sohnes – Schätze im Werte von 10 495 Gulden.

Außer Geld und Kleinodien hatte er also einen Sohn mit nach Bayern gebracht, Ludwig VIII., den man den »Buckligen« oder den »mit dem Höcker« genannt hat: *er hett ainen kurzen leib, über di mass lange pain, und auf seinem rügk trug ainen grossen hofer. er ward in Frankreich geboren und in ainer krezen gen Bairen getragen, davon er pucklat bas.*

Dass Ludwig der Gebartete in seiner Heimat nur *am anfank* gar köstlich leben konnte, das liegt vor allem noch immer an den Schulden seines Vaters, des alten »Kneissl«, die nun Ludwigs Landshuter und Münchner Vettern, Söhne der ersten Teilherzöge, bei ihm einzutreiben versuchen. Und an seinem Sohn, der nämlich hat sich gegen seinen Vater mit ihnen zusammengetan. Ludwig überlebt ein Attentat Heinrichs des Reichen von Landshut; es folgen Brandschatzung und ständige Fehden. Zeit ihres Lebens bleiben die Herzöge gegeneinander *stößig*. Schließlich hat der Ingolstädter – außer seinen Land-ständen – alle gegen sich. Der große Stifter, der das Töten verabscheut, gerät sogar in Acht und Bann. Von seinem eigenen Sohn wird Ludwig der Gebartete endlich in Neuburg belagert und gefangen genommen. Dass dieser Ludwig, »der Bucklige«, bald darauf, 1445, ohne Erben stirbt, zeigt – nach dem trösten-den Glauben seiner Zeitgenossen – Gottes Gerechtigkeit. Er hat sich *am Vater versündt …, darum brach im Gott sein jungs leben ab.* Der gefangene Vater aber, Ludwig im Barte, wird schließlich – obwohl sich seine Landstände für ihn stark machen – von seinem Vetter, Heinrich dem Reichen von Landshut, den er den *bluethund* nennt, samt seinem ganzen Vermögen »einkassiert« und – als sich der stolze Alte auf keine Lösegeldforderungen einlässt – im Burghausener Schloss eingekerkert.

Do was er etlich kurz zeyt und starb in der gefanknus an peicht, und puss im pann anno 1447 an pfinztag nach sand Jakobs tag, do er was über di 80 jar seins alters (…) Also geschicht den, die mer vertrauen in sich selbst haben dann in got.

Damit war – 1447 – nun das Geschlecht der Ingolstädter Herzöge ausgestor-ben. Land und Besitz, auch die französischen Kleinodien, gerieten in die Hände der Landshuter. Als 1503 auch diese Linie ausstirbt, kommt es zwischen den Pfälzer Erben und dem Münchner Wittelsbacher Albrecht IV. zu einem erbit-terten – und Vermögen verschlingenden – Erbfolgekrieg. Von der Kapellstiftung in Altötting werden Kriegsanleihen aufgenommen, gegen die auch das »Goldene Rössl« verpfändet wurde, das wir heute in der Schatzkammer der Heiligen Ka-pelle bestaunen. Ein nie ausgelöstes Pfand.

Abschweifung nach Altötting. Seit dem späten Mittelalter Zentrum der Ma-rienwallfahrt in Bayern. Der bischöfliche Administrator der Kapellstiftung und Domherr zu Passau, Alois Furtner: *Das Goldene Rössl – in diesem Bild ist ein Schimmel dargestellt mit dem Roßknecht und daher eigenartig der Name*

»Goldenes Rössl«, obwohl's ein Schimmel ist und gar nicht soviel Gold sichtbar ist. Darüber dargestellt ist König Karl VI. von Frankreich, wie er gleichsam der Mutter Gottes huldigt. Ihr zu Füßen knien – als Kinder dargestellt, als Isabeaus und Karls Kinder! – Johannes der Täufer mit einem Lämmchen, Johannes der Evangelist mit einem Becher und die heilige Katharina. Das Lamm von Johannes dem Täufer, da sind sogar die kleinen Hufe, die kann man mit bloßem Auge gar nicht so sehen, extra emailliert. Ein heiter-frommes, nur 62 cm hohes, farbenfroh inniges filigranes Altärchen, spieluhrengleich in seiner zierlich differenzierten Künstlichkeit. Tiefe Religiosität und weltlicher Frohsinn in einem Kunstwerk vereint – wie sie ja auch die Menschen jener Zeit gekennzeichnet haben. Drei Ebenen zeigen das damalige Weltverständnis: zuunterst die dienende Klasse (dabei gleichgestellt Knecht und Reittier), darüber die herrschende. Doch der König im Lilienmantel ist gleichsam von seinem »hohen Ross« gestiegen, hat sich mit seinem königlichen Lieblingshund ein paar vergoldete Treppenstufen hinaufbemüht, um sich dort der höchsten Macht

Goldenes Rössl (Detail)

zu beugen. Barhäuptig kniet er vor der Gottesmutter und dem Christuskind, die ihren Platz haben im hohen, edelsteinbesetzten Rosenhag. *Das Rouge der Mutter Gottes ist nicht etwa Gefärbtes oder Aufgetragenes, sondern ist emailliert, und das macht die Kunst aus. Das ist eine Kunst, wo wir heute nur noch mit Staunen dastehen und sagen, wie haben die das eigentlich machen können?* Edelsteinbesetzt ist das winzige Lesepult der Madonna, es erinnert auch an die umfangreiche Bildung und Belesenheit der hochstehenden Frauen jener Zeit. Isabeaus Freundin war die große französische Dichterin Christine de Pizan. Gleichzeitig hat »man« noch gelehrt darüber disputiert, ob denn die Frauen wohl eine Seele hätten.

D ie »reichen« Landshuter. Bei der Teilung von 1392 hatte Friedrich, »der listigere« unter den Brüdern mit dem fruchtbaren Niederbayern den fettesten Teil erwischt, und sie wurden immer reicher, diese Landshuter Herzöge, voller

Habgier und ohne Erbarmen. Im Zuge einer Verwaltungsreform hat Friedrichs Sohn Heinrich – der lebenslange Gegenspieler Ludwigs im Barte – als Erstes die Abgaben erhöht. Als die Bürger protestierten, ließ der Herzog sein Hofgesinde auf die Landshuter los.

Da ward ain jämerlich geschrai und aufruer: viel fielen über die maur aus, etlich warden gefangen, den stach man ain tail die augen aus, ain tail verjagt man von dem land mit weib und kindern, nam in was sie hetten ... ander mêr wurden köpft. Und solches ist gescheen am heiligen charfreitag. Daher hat herzog Ludwig im part von Inglstat alwegen herzog Heinrichen ainen bluethund gescholten, daraus und anderm mêr grosse feintschaft und krieg zwischen disen zwaien fürsten erwachsen ist ...

Die Bürger aber haben sich auf ihre Weise gerächt: Gaben ihrer Kirche St. Martin einen so hohen Turm, bis heute der welthöchste Backsteinturm, dass sie den hohen Burgherren über die hohen Mauern der hohen Trausnitz »in die Suppenschüssel« herabschauen und – spucken konnten.

Auch die Klöster hat der harte Herzog schikaniert und die Bauern presste er aus bis aufs Blut. Und wurde so reich, dass der Turm seines Burghausener Schlosses, wie man erzählte, angefüllt war mit reinem Gold.

Da war sein Sohn, Ludwig der Reiche, bei den Untertanen weitaus beliebter, auch weil er die von seinem Vater geschützten Juden vertrieb – bei denen sie Schulden hatten. Manche Historiker führen Ludwigs Judenhass auf den Einfluss seines politischen Beraters zurück, des bedeutenden Humanisten Martin Meir, der Ludwig auch veranlasst hat, im Jahr 1472 in Ingolstadt die erste bayerische Universität einzurichten – ausdrücklich auch für Söhne »niederer Geburt« –, die 1826 über Landshut nach München kommen wird.

Der Landshuter Ulrich Füetrer, der zeitgenössische Chronist, hat für Ludwigs Judenhass eine andere, eine entwicklungspsychologische Erklärung – ein Beispiel dafür, dass man sich damals der Verantwortung in der Kindererziehung durchaus bewusst war und erkannte, dass ungerechte Bestrafung und Züchtigung nicht ohne Folgen bleiben: Als Kind habe Ludwig – mit anderen Edelknaben zusammen – im Spiel vom Landshuter Schloss Steine auf die Stadt hinabgeworfen. *Nun waren aber die juden unten am schlosperg zu hauß, vnnd ainer im gartten wardt mit ainem stain hart beschedigt.* Der Mann beschwerte sich bei Herzog Heinrich. *Da wolts der edelknaben khainer gethann haben. da viel das loß auf den jungen hertzogen, der es dann gethann het. da strich Ime der hofmaister aus beuelch (Befehl) des altn furstn. das thet dem jungen fursten so zorn, das er sagt, hulff im got, das er lebt vnd in das reigiment khemb, wolt er alle juden aus der stat vnd landt treibn: des er dann thett.* Er hat es getan. Jüdischer Besitz wurde konfisziert – Judenvertreibungen haben seit je die Kassen gefüllt.

Großzügig konnte man sich auf der Hochzeit zeigen, die Ludwig für seinen Sohn Georg, auch »Jörg« genannt, und die polnische Königstochter Hedwig ausgerichtet hat – die berühmte einwöchige »Landshuter Fürstenhochzeit«. Den Pomp *bey dem Beylager Herzog Georgens von Bayern des Reichen 1475* beschreiben die Chronisten ausführlichst. Sieben Seiten umfasst bei Veit Arnpeck die Aufzählung der illustren Gäste samt der Anzahl ihrer Pferde. 10 000 Gäste sollen es gewesen sein und 7 000 Pferde. Die Sprachen der Welt schwirrten durcheinander – es war keine leise Zeit! Polnisch und »welsch«, Französisch, Böhmisch, gar Türkisch! Der Verzehr: 323 Ochsen, 40 000 Hühner, 5 000 Schafe, Kälber und Säue, circa 200 000 Eier. Genau: 194 345. In der Rechnungsführung war man präzise. Ebenso genau vermerkte ein damaliger »Gesellschaftsreporter«, dass der Pfalzgraf sich zum abendlichen Tanz nicht eigens umgekleidet hätte. Die »Zusammenlegung« der Brautleute aber wurde aus anderen Gründen protokolliert: Nur was unter Zeugen geschah, war rechtskräftig.

Und da die Fraven und auch die Jungfraven / die mit der Koenigin kommen waren (…) Sie geschmücket hatten nach ihren Sitten / fuerten sy sie hinauf zu dem hohen Altar / und sie weinete gar sehr.

Erahnte die sanfte Hedwig ihr künftiges Geschick? Sowohl Georgs Vater als auch sein Großvater hatten ihre jeweiligen Ehefrauen, die wie Hedwig eine stattliche Mitgift mitgebracht hatten, als sie ihrer überdrüssig wurden, samt ihren Kindern im fernen Schloss von Burghausen einsperren lassen. Georg der Reiche folgte dem Vorbild der Väter. Um sich ungestört den *unverleumbten weibern und offentlichen pueleri* widmen zu können, hat auch er seine Gemahlin ins ferne Burghausen verbannt. Eine Wiederholung von Lebensschicksalen scheint typisch für die Wittelsbacher Geschichten jener Zeit.

Das Burghausener Schloss hat Georg, wie Veit Arnpeck festhält, mit großem Aufwand ausbauen lassen *und versechen mit grossen dicken mauren und het allerlay maurer und arbaiter, und ainen tag wol vier tausend und mer, ain lange zeit und verpauet wol hundert tausend gulden.*

Das verheerende Raubritterunwesen und stärkere Geschütze sorgten damals für rege Bautätigkeit auf allen Burgen. Ein Tagelöhner erhielt mit Kost 10 Pfennig am Tag; ein paar Stiefel kosteten damals 16 Pfennig. Das war Georgs Sorge nicht. Nach der teuren Hochzeit erhöhte auch er die Steuern – und das in einem Jahr furchtbarer Unwetter und großer Teuerung. Das Volk darbte und Georg der Reiche vergnügte sich. Nur selten, so berichtet Füetrer, sei er nach Burghausen geritten. Sprichwörtlich sei Hedwigs polnisch gefärbte Antwort geworden, auf die Frage, warum sie keinen Sohn hätte: *Wer sol mir machen Ofen?*

Abschweifung in das rekonstruierte Mittelalter. Mittelalterliche Märkte und Zeltstädte, historische Festzüge und Spektakel. Landshuter Fürstenhochzeit, Agnes-Bernauer-Festspiele, der Further Drachenstich – alljährlich zur Sommerzeit wird der ins Mittelalter verlegte Sieg des Guten über das Böse gefeiert. Die Akteure haben ihre Freud, die Veranstalter sprechen von »mobiler« und »lebendiger Denkmalspflege«, der Zulauf ist groß, die Kassen stimmen. Gaudidurst und Bildungshunger werden befriedigt. Alle sind zufrieden. Musketen, Minne, Medizin. Mystik, Mönche, Märchen. Mittelalter ist »in«. Man trinkt einen Becher Met oder lieber doch zwei Maß Bier, das hierzulande ja bis heute nach dem Reinheitsgebot aus jener Zeit gebraut wird – die allerlebendigste und beliebteste Denkmalspflege. Und jeder, jede ist, scheint's, zufrieden; auch wohl darüber, dass die Zeit seitdem – ansonsten doch … irgendwie fortgeschritten ist. *Mei, man möcht vielleicht da nicht leben, es war bestimmt keine schöne Zeit, für die, die gelebt haben – aber so, im Nachhinein zum Anschauen, ist doch gut!*

Doch zurück zu Georg dem Reichen von Landshut, dem Gatten der verbannten Hedwig. Dass der – wie Ludwig der Bucklige von Ingolstadt – ohne männlichen Erben starb (1503), das empfand das Volk damals als Gottes gerechte Strafe. Doch wurde eher das Volk bestraft, als es dann zu den schrecklichen Erbfolgekriegen mit der Pfälzer Wittelsbacher Linie kam, die das ganze Land dem Untergang nahe brachten, bis schließlich Albrecht IV. von München die Oberhand – und ganz Bayern behielt.

*N*u wil ich wider komen an die recht materi der Herren von Bayren, nämlich auf di von Munchen. In München hatten nach Johannes, des ersten Teilherzogs Tod, seit 1402 seine beiden Söhne Ernst und Wilhelm in Eintracht regiert, die Vettern von Ludwig im Barte und von Heinrich dem Reichen. Städtische Bürgerkämpfe zwischen Patriziern und Zünften und ständige Fehden mit dem Ingolstädter kennzeichneten ihre Regierungszeit. Wilhelm starb im September 1435. Nun waren alle dynastischen Zukunftspläne allein auf den Thronfolger, Ernsts einzigen Sohn gerichtet – Albrecht III. Und der? Der hat sich – anstatt es bei einer üblichen »Buhlschaft« zu belassen – heimlich mit einer Augsburger Baderstochter trauen lassen. Und nun lebte Albrecht mit der Schönen zurückgezogen auf seinen Schlössern. Schlimmer als nur unstandesgemäß: Die Bader galten als »anrüchig«, als »unehrliche Leute«, ihre Töchter als allzu willfährig. Der Fortbestand der Dynastie war aufs Äußerste gefährdet. Nie würden die lauernden verhassten Verwandten den Sohn aus solch einer Beziehung als erbberechtigt akzeptieren.

In disem jar sein zwai ding gescheen: des ainen ist guet zu lachen, das ander wol erbärmlich. Als müsse er Zeit gewinnen und sich selbst wie dem Leser erst Mut zusprechen, leitet Aventinus die kommende »erbärmliche« Schreckensgeschichte mit einer als komisch empfundenen Happy-End-Story ein: In einer Hütte, die auf Pfählen im Inn stand, hatten Abt Peter vom Kloster Vornpach und vier Mönche beisammengesessen, als plötzlich die fauligen Stützen brachen, die Hütte ins Wasser stürzte und mit den eingeschlossenen Mönchlein innabwärts trieb: *mordigo! rettigo! Die fischer fuern uberal zue, halfen den münichen aus dem stüblein, das si nit ertranken. Gleich auch eben dises jars zu Straubing im Weinmonat an sant Maximilian tag lies Herzog Ernst von Münichen Albrechts puelschaft trenken.* Dass die schöne Bernauerin zunächst wieder aus den Fluten auftauchte und sich zu retten versucht hat, galt als Bestätigung ihrer Schuld: Das reine Wasser hatte die Sünderin nicht angenommen – also stieß man sie in die Donau zurück. – Ihr Gemahl hatte sich in jenem Oktober 1435 von ihrer Seite auf einen mehrtägigen Jagdausflug locken lassen.

Es stund kaum an den dritten Tag, / dem Herzog, dem kam eine traurige Klag: / Bernauerin ist ertrunken, ja ertrunken. / Sie legten s dem Herzog wohl auf die Schoß, / der Herzog viel tausend Tränen vergoß, / er tät gar herzlich weinen, ja weinen. / »So rufet mir her 5 000 Mann! / Einen neuen Krieg will ich nun fangen an / mit meinem Herrn Vater eben, ja eben.«

Eilig bestellt der Rat der Stadt München 32 000 Ave-Maria bei den Armen im Heiliggeistspital und bei den »Betschwestern«, den Seelnonnen der Seelhäuser, »damit die Muttergottes Gnad und Fried erwerb zwischen den Herren und ihrem Kind«. Veit Arnpeck: *es hett auch, so pald es geschach, den vater hart geraüen. sy ward herlich begraben mit ainem schönen stain ob irem Grab als doch ain fürstin.* – Grabmäler als Zeitdokumente. Eine rote Marmorplatte im Friedhof Sankt Peter zu Straubing erzählt noch heute die viel bedichtete und besungene traurige Geschichte: *man sagt, das sy so hubsch gewesen sey, wann sy roten wawin getrunken hett, so hett man ir den wein in der kel hinab sechen gen.*

War es die Reue des Vaters, der Ausbau des Klosters von Andechs soll auf Ernsts Bußfertigkeit zurückgehen, oder überzeugte den künftigen Regenten die Notwendigkeit der Staatsraison: Die Grabplatte auf dem Hochgrab Kaiser Ludwigs des Bayern in der Münchner Frauenkirche zeigt unter dem Abbild des Kaisers die Versöhnungsszene zwischen Vater und Sohn. – Albrecht heiratet bald, prächtig und standesgemäß, die Anna von Braunschweig. Die wird ihn später demonstrativ wegen seiner ständigen Liebschaften verlassen. Aber die Dynastie bleibt bestehen. Anna hat acht Kinder geboren. Darunter Barbara, die, wie die »selige« Agnes, lieber im Angerkloster blieb und starb, als sich verheiraten zu lassen und in die Welt zu gehen. Dabei wäre es eine glänzende Partie geworden! Isabeaus Urenkel Ludwig XI., König von Frankreich – und die Urururenkelin des deutschen Kaisers! In der Verehrung dieser Barbara feierte die Volksfrömmigkeit natürlich nicht den Triumph des freien Willens, sondern den gnadenreichen Sieg des Himmels über die Hölle.

Albrecht III. von Bayern-München – seit der Ermordung der Bernauerin ein gezeichneter Mann, ohne alle politischen Ambitionen, ganz der Musik, schönen Frauen und Fragen der Religionserneuerung zugewandt, kein Widerspruch im mittelalterlichen Leben – lehnt die Königskrone ab, die ihm die böhmischen Stände antragen. Es war die Zeit der Hussitenkriege und der Auseinandersetzung mit Habsburg. Hatte er früher keinen Kampf gescheut, so fürchtet der »Gütige« oder auch »der Fromme«, wie er gleich seinem bußfertigen Vater genannt wird, nun Verwicklungen, Kriege und Streit. – Von größerem politischen Ehrgeiz war sein dritter Sohn, Albrecht IV., der sich gegen seine Brüder und den Widerstand von Adel und Reich als alleiniger Regent eines wiedervereinten Bayerns durchsetzen und behaupten kann.

Ein älterer Bruder war der Pest erlegen, der nächste, Sigismund, dankte ab um zu privatisieren und sich nur mehr den schönen Pfauen, Frauen und Künsten zu widmen. Für die Verschönerung seiner Wohnschlösser und der Kapelle seiner Blutenburg hat er den polnischen Maler Jan Polack nach München geholt. Und 1468 hat dieser Sigismund den Grundstein zur Kirche Unserer Lieben Frau gelegt, die die Münchner Bürger unter dem Baumeister Jörg von Halspach mit Hilfe von Ablassgeldern in nur 20 Jahren errichteten.

Halspachs Grabplatte ist in der Frauenkirche noch zu betrachten, daneben die des ersten Organisten, des berühmten blinden Nürnbergers Konrad Paumann – wegen seiner Kunst zum Ritter geschlagen und auch Leiter der herzoglichen Kantorei: *der kunstreich ist aller Instrument und der musica maister. Ritter. purtig von nurnberg und plinter geboren. dem got genad.* Zur selben Zeit gab die Stadt München ein Zwölftel (!) der jährlichen Steuereinnahmen für einen Kulturauftrag aus, der sie noch heute ehrt: Erasmus Grasser schnitzte für den Festsaal des neuen – heute des Alten – Rathauses die phantastischen, unübertroffenen Moriskentänzer. Der »goldene Herbst des Mittelalters«.

Als einer der letzten Ritter wird Albrechts jüngerer Bruder Christoph auf einem der letzten Kreuzzüge sterben – auf Rhodos. Im Hof der Münchner Residenz erinnert ein gewaltiger Stein an seine sagenhafte Stärke.

Als nach Christi Geburt gezehlet war / Vierzehnhundert neun und achtzig Jahr, / Hat Herzog Christoph hochgeborn, / Ein Held aus Bayern auserkorn, / Den Stein gehebt von freyer Erd, / Und weit geworfen ohngefehrd. / Wiegt dreihundertvierundsechzig Pfund, / Das gibt der Stein und Schrift Urkund.

Christoph wie ein weiterer Bruder hatten sich den oppositionellen Bünden der »Böckler« und der »Löwler« angeschlossen, in denen niederbayerische Adlige, Städte und ein Teil des Reiches sich gegen die Zentralisierungsversuche und die Machtansprüche Albrechts zusammengetan hatten. Albrechts langer Atem obsiegte. Warum man Albrecht IV. von Bayern »den Weisen« nennt, darüber berichtet Aventinus, Albrechts Hofchronist und Erzieher seiner Söhne, auf der allerletzten Seite seiner Bayerischen Chronik: *Herzog Albrecht, der viert regierend fürst ditz namens in Bairn (…) ist ein weiser geschickter fürst gewesen, der lateinischen sprach vor andern teutschen fürsten wol kündig. Man hat in für den witzigsten und weisisten fürsten in teutschem Land gehalten, als Herzog Ludwig und Herzog Georgen von Landshuet für die reichisten.* Darum, so schreibt der Chronist, habe Karl von Burgund den bayerischen Herzog einst an den ersten Tisch neben den deutschen Kaiser platziert.

Albrechts weitreichende Pläne, das reiche Tirol als Brückenland nach Italien und die verschuldete Reichsstadt Regensburg »heim« in sein Reich Bayern zu holen, werden am erbitterten Widerstand seines Habsburger Schwiegervaters, Friedrich III., scheitern. Doch gelingt es ihm auch durch die kluge Bauernpolitik und seine Primogenitur-Ordnung – nur jeweils der älteste Sohn ist erbfolgeberechtigt –, innenpolitisch eine Konsolidierung herzustellen, die das Land durch die nächsten Jahrhunderte tragen wird. Übrigens verdanken wir seinen Tirolplänen unsere Kesselbergstraße, die Handelsstraße in das alte Sehnsuchtsland nicht nur aller Bayern, »wo die Zitronen blüh'n« …

Hat wol gehaust, das Bairnland wider zesam bracht; darumben vil anstös gehabt (…) Ist doch zuletst in gueter rug und fried gestorbn zu Münichen, als man zelet fünfzehnhundert und acht jar, am sambztag in der ersten Vastwochen, am achtzehenden tag des merzen. (…) Nachdem aber seine tat in frischer gedächtnus (…) sein, will ich allhie aufhören weiter zu schreiben und dieser croniken ir end gebn habn.

Thomas Kernert

Geld, Geist und schöner Schein
Bayerns Stadtkultur zu Beginn der Neuzeit

Augsburg, Fuggerhaus: Die farbigen Fensterfelder der Außenwände, das steile gotische Traufendach, die zierlichen toskanischen Säulen aus hellrotem Marmor im sogenannten »Damenhof«, die offenen Balustraden, dies alles signalisiert Wohlstand, Wohlstand der soliden und diskreten Art. Doch nur von Wohlstand zu sprechen, ist in diesem Fall glatt untertrieben. Denn die Herren, die hier im 16. Jahrhundert lebten und arbeiteten, waren mitnichten nur wohlhabend; sie waren reich, märchenhaft reich, reich wie Dagobert Duck, bestimmt fünfmal so reich wie die berühmten Medici jenseits der Alpen. Zeitweise gehörten ihnen fast zehn Prozent des gesamten Volksvermögens im Heiligen Römischen Reich.

Also war auch das Fuggerhaus an Augsburgs Maximilianstraße nicht einfach nur ein »Haus« oder ein »Palais« oder ein »Palast« oder irgendetwas dergleichen. Es war etwas ganz Neues. Es war die Hauptzentrale eines weltweit operierenden Mischkonzerns, der das gesamte Wirtschaftsleben der damaligen Zeit kontrollierte. Im Fuggerhaus gaben sich Kaiser, Könige, Kardinäle, päpstliche Legaten, Kurfürsten, Herzöge und Gesandte aus aller Herren Länder die Klinke in die Hand. Hier liefen die Fäden zusammen: Hier trafen die Geschäftsberichte von den firmeneigenen Faktoreien und Agenturen ein – aus Hamburg, Lübeck, Danzig, Warschau, Venedig, Neapel, Sevilla, Lissabon, Paris und London.

Von hier aus leitete und kontrollierte man die Berg- und Hüttenwerke in Tirol, in Kärnten, Schlesien, Thüringen, Ungarn und Spanien. Von hier aus handelte man mit Textilien, Metallen, Messingwaren, Gewürzen, Quecksilber, Juwelen und Waffen und baute dabei – ohne Telefon und Faxgerät wohlgemerkt! – Geschäftsverbindungen auf, die von der südamerikanischen Westküste bis zur indischen Ostküste reichten. Von hier aus tätigte man schließlich Bank- und Kreditgeschäfte größten Stils, finanzierte Kriege und Kaiserwahlen und konnte es sich schließlich gar erlauben, seiner apostolischen Majestät Kaiser Karl V. jenen berühmten Satz zu schreiben: *Es ist wissentlich und liegt am Tage, daß Eure Majestät die römische Kron außer mein nicht hätte erlangen mögen.* Knapp 900 000 Gulden hatte Jakob Fugger für besagte »Kron« aufbringen müssen.

Über drei der Konzernchefs dieses mächtigsten Familienunternehmens aller Zeiten, über Georg, Ulrich und Jakob Fugger, berichtete der Augsburger Chronist Clemens Sender nach deren Tod: *Dieser dreier Brüder gleich ist weder in deutschen noch welschen Landen nit gefunden worden. Sie haben alle übertroffen. Sie und ihrer Kinder Namen sind in der ganzen Christenheit und Hei-*

denschaft, bei allen Kaisern, Königen, Fürsten und Herrn und Herrschaften in großem Lob und in Ehren bekannt gewesen. Sie haben ihnen Botschaften und Verehrungen zugeschickt, der Papst hat sie geliebt und wie seine Söhne umfangen. Ihr großer Handel mit Kaufmannschaft, anderen nicht zum Nachteil, sondern zu gemeinem Nutzen und Unterstützung der Armen ist mit großem Lob durch die ganze Welt gegangen. Sie haben zu mehrerem Male Kaisern, Königen und Fürsten in der Not ihr Gut zu Hilfe gebracht, und damit ihre Länder und Leut beschützt und in Frieden erhalten …

So einmalig die Fugger auch waren, ein Einzelphänomen waren sie mitnichten. International operierende Handelshäuser gab es allein im Augsburg des 16. Jahrhunderts viele. Man denke an die Welser, die Höchstetter, die Rehlinger, die Herwart, die Paumgartner und wie sie alle hießen. Sie alle besaßen Geld, Macht und Bildung, die einen mehr, die anderen weniger. Sie alle gehörten einer Leistungselite an, die zu Beginn der Neuzeit vor Tatendrang geradezu explodierte. Historisch neu an dieser Leistungselite war vor allem der Umstand, dass sie das traditionelle gesellschaftliche Gefüge des Mittelalters nachhaltig verschob. Die Fugger, die Welser, die Höchstetter gehörten ursprünglich weder dem Adel noch der Kirche an, den beiden einzigen »Institutionen«, die im Mittelalter legitime Herrschaftsansprüche stellen durften. Alles, worauf sie, die Handelsherren, sich stützen konnten, war ihr Geld. Doch auch dieses musste erst verdient werden.

Die Möglichkeiten, als Nicht-Adeliger Geld zu verdienen, waren im Mittelalter eher bescheiden gewesen. Der an seine Scholle gebundene Bauer hatte keine großen ökonomischen Entfaltungsmöglichkeiten besessen. Letztere eröffneten sich erst mit der Entstehung von Städten und dem sich in ihnen entwickelnden Handwerk. In der Stadt zu wohnen bedeutete, sich gegen eine agrarische und für eine auf Handwerk und Handel basierende Lebensführung entschieden zu haben. Mehr noch: sich gegen Feudalismus und Adel und für das Prinzip Leistung entschieden zu haben. Die großen Handelsfamilien des 16. Jahrhunderts waren denn auch allesamt reine Stadtgewächse. Ihr ökonomischer und sozialer Aufstieg ging Hand in Hand mit dem unaufhaltsamen Aufstieg der »Existenzform Stadt«.

In der frühen Neuzeit lebte bereits rund ein Viertel der Bevölkerung des Heiligen Römischen Reiches deutscher Nation in Städten. Die meisten dieser Städte waren freilich ziemlich kleine Kaffs mit gerade einmal 1 000 bis 3 000 Einwohnern. Als Großstädte galten damals Städte mit mehr als 10 000 Einwohnern, davon gab es circa 60. Die wohl größte Stadt mit fast 40 000 Einwohnern dürfte um das Jahr 1500 herum Köln gewesen sein.

Bayern besaß mit Regensburg bereits im Mittelalter eine der bedeutendsten und größten Städte überhaupt. Die Regensburger Fernhändler hatten wahrlich nicht an Heimweh gelitten. Mit ihren Waren waren sie von Kiew im Osten bis zu den Städten der Champagne im Westen, von der Nordseeküste bis nach Mailand und Lucca im Süden gezogen. Die meisten dieser Waren stammten natürlich nicht aus Regensburg, sondern von überallher; die Stadt an der Donau selbst produzierte kaum etwas, das Geheimnis ihres Erfolgs lautete: Import und Export.

Doch Regensburg war Schnee von gestern. Auf der Schwelle zur Neuzeit machten in Bayern längst zwei andere das Rennen unter sich aus: Augsburg und Nürnberg! Das heißt: Diese beiden bayerischen Städte waren noch gar keine bayerischen Städte. Bayerisch wurden sie erst 300 Jahre später im Zuge der sogenannten »napoleonischen Flurbereinigung«. Ihr offizieller Rechtsstatus war damals der von »Reichsstädten«. Eine »Reichsstadt« zu sein besaß den entscheidenden Vorteil, dass man außer dem Kaiser keinen Herrn über sich dulden musste. Da der Kaiser meist weit weg war, konnte man sein politisch-soziales Leben weitgehend selbst bestimmen, konnte Steuern erheben, Gesetze erlassen, Recht sprechen, eine eigene Verwaltung errichten und die Wehrhoheit ausüben. Staatsrechtlich gesehen war man quasi ein kleiner Staat im Staat.

Zählte Augsburg zu Beginn des 16. Jahrhunderts ungefähr 30 000 Einwohner, wovon 5000 Steuerzahler waren, so wohnten einhundert Jahre später, zu Beginn des 17. Jahrhunderts, rund 40 000 Menschen in Augsburg, von denen circa 10 000 Steuern zahlten. Eine der Hauptquellen für diesen Geldsegen war sicherlich das prosperierende Handwerk. Vor allem das Textilgewerbe boomte das gesamte 16. Jahrhundert hindurch, wobei die räumliche Nähe zu den Flachsanbaugebieten am Bodensee das ihre dazu beitrug. Kräftigen Umsatz machte aber auch Augsburgs metallverarbeitendes Gewerbe, wo vor allem die Plattner und die Goldschmiede auf ihre Kosten kamen. »Plattner« stellten Rüstungen her, die Arbeitsanzüge des Adels. Drei der ganz großen Harnisch-Designer Europas wirkten in Augsburg: Colman und Desiderius Helmschmied sowie Hans Lutzenberger. Beim Reichstag von 1548 rannte Letzterem der internationale Adel förmlich die Türen ein. Was sicherlich auch damit zu tun hatte, dass man bei den Fuggern jederzeit großzügig Kredit für die teure Kriegsausstattung bekommen konnte. So viel, dass es im Zweifelsfall sogar noch für ein kleines Geschmeide für die Frau Gemahlin reichte. Worüber sich sowohl Europas Adelsfrauen als auch Augsburgs Goldschmiede nur freuen konnten.

Das ganz große Geld freilich floss eindeutig durch die Hände der Kaufleute in Augsburgs gute Stube. Neben Antwerpen und Lissabon stieg die Schwabenstadt im Verlauf des 16. Jahrhunderts zu einem der Zentren des internationalen Geldhandels auf. Die dünne Schicht derer, die 100 Goldgulden und mehr Steuern zu zahlen hatten, bestand fast ausschließlich aus Fernhandels- und Bankkaufleuten. Auch wenn sich ihre weit verstreuten Vermögen heutzutage nur schwer abschätzen lassen, so lagen doch Welten zwischen ihnen und dem vielzitierten »Mann auf der Straße«. War Letzterer ein Steuerschreiber, was mitnichten ein schlecht bezahlter Beruf war, so verdiente er pro Jahr etwa 150 Gulden. Anton Fugger bilanzierte für das Jahr 1546 rund 6 Millionen Gulden. Augsburgs Blütezeit charakterisierte denn auch vor allem eines: Geld! Nirgendwo sonst wurde so viel Geld verdient, nirgendwo sonst wusste man mit Geld so geschickt umzugehen wie hier.

Für das mittelalterliche Wirtschaftsdenken war Geld ganz allgemein noch etwas ziemlich Suspektes gewesen. Was einer war, was einer wurde, das hatte nicht das Geld bestimmt, sondern allein eine festgefügte theologisch verwurzelte Standesordnung, aus der auszubrechen keinen Sinn hatte. Geld hatte innerhalb dieser Ordnung nur einen relativ bescheidenen Zweck erfüllt, den, Verbrauchsgüter zu erwerben. Viele Verbrauchsgüter brauchte man freilich nicht zu kaufen, denn man lebte, wenn auch meist auf sehr bescheidenem Niveau, in relativ autarken Familienbetrieben.

Augsburgs Kaufleute jedoch lebten eine neue, kreative Geldphilosophie vor. In einer Zeit, da sich die Welt durch die Entdeckungen der Spanier und Portugiesen fast täglich vergrößerte und sich mit ihr der internationale Handel enorm ausbreitete, hatten sie mit als die Ersten begriffen, dass Geld mehr sein konnte als ein bloßes Tauschmittel. Durch geschickte Transaktionen und Kreditgeschäfte konnte man es im Handumdrehen in ein Produktionsmittel verwandeln und weiter zu einem Machtmittel ausbauen. Die Fugger benötigten gerade einmal fünf Generationen, um von einer Augsburger Webermeisterfamilie zu einem Großkonzern aufzusteigen. Bartholomäus Rem machte in sechs Jahren aus 800 Gulden 30 000. Aus noch weniger noch mehr machte Ambrosius Höchstetter. Er nahm fremdes Geld zu 5 Prozent Zinsen und vermehrte es durch geschickte Handelsaktionen zu eigenem Nutzen. *Ambrosi Hochsteter ist ain feiner, herlicher, langer, groser, starker Mann gewesen. Zu im haben fürsten, grafen, burger, bauren, dienstknecht und dienstmägt ir gelt, was sie haben gehept, gelegt und von dem 100 genommen 5 gulden. Er hat wein und korn bei gutem Weg aufgekauft und zu marckt gefiert, und bei bösem weg verkauft. Und hat oft ain gantze war mit ainander aufgekauft, teurer, dann es wert gewesen, damit er die andern kaufleut nach gefallen druck, die solches nit vermögt haben. Danach hat er in die war ain aufschlag in allen landen darain gemacht und sie verkauft nach seinem willen.*

Dass dieses Geschäftsgebaren nicht überall auf Gegenliebe stieß, deuten die Worte eines großen Zeitgenossen an. *Die Kaufleute sind die thörichteste und schmutzigste Menschenklasse, sie treiben das verächtlichste aller Gewerbe und noch dazu auf die niederträchtigste Weise von der Welt: ob sie schon lügen, falsch schwören, stehlen, betrügen und beständig Andere zu beluchsen suchen, so wollen sie doch überall die Ersten sein, was ihnen durch ihr Geld gelingt.*

Erasmus von Rotterdam wusste, wovon er sprach, war er doch trotz seiner vehementen Kritik ein guter Freund Anton Fuggers. Anton Fugger hatte es verstanden, selbst aus dem »Sacco di Roma«, der berühmt-berüchtigten Plünderung Roms im Jahr 1527, noch Gewinn zu ziehen, indem er die Beute deutscher Plünderer in ihre Heimat transferierte. Elf Jahre später gehörte er dann dank seines Geldes zu den Allerersten seiner Heimatstadt: 1538 wurden die Fugger nebst 38 anderen, vorwiegend aus der Zunft der Kaufleute stammenden Familien offiziell in den Augsburger Patrizierstand aufgenommen.

Dass man mit Geld weit kommen kann, ist eine typisch städtische Erfahrung. Will heißen: Im christlichen Europa wurde diese Erfahrung systematisch erstmals von reichen Städtern gemacht. So lag die politische Macht Augsburgs im 16. Jahrhundert fast ausschließlich in der Hand ökonomisch potenter Familien, auch wenn zunächst offiziell die Zünfte, also die mittelalterlichen Handwerksorganisationen, regierten und erst die von Kaiser Karl V. erlassene Stadtverfassung von 1548 den Patriziern im »kleinen Rat« die Mehrheit garantierte. Die wichtigsten Ämter der Stadt teilten die großen Familien jedoch schon lange vor 1548 unter sich auf. Ob in den Zünften oder im Kreise der alteingesessenen Patrizierfamilien, überall öffnete Geld die Türen zur Macht: Über 20 höhere Amtspersonen stammten im 16. Jahrhundert allein aus dem Clan der Fugger. Noch mehr stellte die am längsten in der Augsburger Oberschicht etablierte Familie, die der Welser, nämlich 40, darunter 35 Bürgermeister.

Ihr Geld hatten die Welser übrigens weniger mit Bank- und Kreditgeschäften gemacht als vielmehr mit dem klassischen Warenhandel. Freilich auf ganz neuartige Weise und in ganz neuen Dimensionen betrieben: Keine Augsburger Familie, nicht einmal die Fugger, verfügte über ein weiteres Handelsnetz. Schiffe der Welser befuhren den Atlantik und den Indischen Ozean; sie schickten bewaffnete Expeditionen bis an den Amazonas und in die Kordilleren; auf Haiti gründeten sie die erste deutsche überseeische Faktorei; in Spanien und Portugal kontrollierten sie den gesamten Gewürzhandel. 1557 heiratete eine der Töchter des Hauses, Philippine Welser, gar einen waschechten Kaisersohn, Erzherzog Ferdinand. Einziger Schönheitsfehler: Der Vater des Prinzen, Kaiser Ferdinand I., bestand darauf, dass die Ehe geheim gehalten wurde. In der Hocharistokratie scheute man noch davor zurück, öffentlich zuzugeben, dass neben dem Blut längst das Geld begonnen hatte, die Welt zu regieren.

In Augsburg freilich sah man die Spuren des Geldes bald an jeder Ecke. So berichtete Michel de Montaigne, Bürgermeister von Bordeaux und Philosoph, bei seiner Durchreise durch Augsburg im Jahre 1580: *Nach Tisch reisten wir weiter und kamen durch eine weite Ebene mit ganz einheitlicher Vegetation, ähnlich der Ebene von Beausse, nach Augsburg, das als die schönste Stadt Deutschlands gilt. Im Allgemeinen sind hier die Häuser schöner, größer und höher als in irgendeiner französischen Stadt, die Straßen breiter. Die verschiedenen Fugger, die alle sehr reich sind, nehmen die erste Stelle in der Stadt ein. Wir sahen auch zwei Säle in ihrem Haus; der eine war groß, hoch und mit Marmor ausgelegt; der andere niedrig und reich an alten und modernen Medaillons. Es sind die reichsten Zimmer, die ich je gesehen habe.*

*Wir sahen noch andere Häuser der Fugger in anderen Gegenden der Stadt,
die ihnen durch so viel Aufwendungen zur Verschönerung verbunden ist; es
sind Lusthäuser für den Sommer. In einem sahen wir zwei große gedeckte
Fischbehälter, zwanzig Schritt im Geviert und voll von Fischen. Zwischen
den beiden Behältern liegt ein zehn Schritt breiter mit Dielen belegter Raum,
und durch die Dielen dringen zahlreiche kleine unsichtbare Bronzespitzen:
Wenn die Damen sich damit ergötzen, dem Haschen der Fische zuzusehen,
wird irgendeine Hemmung frei und all die Spitzen sprudeln dünne, flinke
Strahlen bis zur Mannshöhe und netzten die Unterröcke und Schenkel der
Damen.*

Neben derlei Frivolitäten tobte sich Augsburgs Geld vor allem in einer regen Bauwut aus. Kirchen, Grabkapellen und Stadtpalais schossen empor. Und schließlich das Rathaus, erbaut von dem genialen Architekten Elias Holl zwischen 1615 und 1620. Nicht ohne Grund nannte man es auch eine »Kathedrale der Bürgerschaft«.

Blickt man statt auf die imposante Fassade des Rathauses noch einmal kurz in die Steuerbücher von damals, so entdeckt man schnell auch die Schattenseiten Augsburgs: Während sich eine kleine Oberschicht fast um den Verstand verdiente, stieg gleichzeitig der Anteil der »Habnits«, der Vermögenslosen, zwischen 1498 und 1554 von knapp 44 Prozent auf über 53 Prozent. Das heißt: Über die Hälfte aller Einwohner lebte in Augsburgs Blütezeit in Not und Armut. Mit anderen Worten: Von »unten« betrachtet machte das stolze, geldstrotzende Augsburg keine so gute Figur.

Wobei allerdings sogleich hinzugefügt werden muss, dass es eine ziemlich effiziente gesetzlich geregelte Armenfürsorge gab. Viele Bürger spendeten oder bedachten städtische und kirchliche Armeneinrichtungen testamentarisch. Als eine Großtat des privaten sozialen Engagements muss darüber hinaus die so genannte »Fuggerei« erwähnt werden. Mit ihren 53 Doppelhaushälften war sie die erste Sozialsiedlung der Welt, gestiftet von Jakob Fugger. Einziehen durfte, wer Augsburger, verheiratet, katholisch, gut beleumundet und arm war. Die Miete war minimal, dafür sollten die Bewohner täglich ein Vaterunser, ein Ave-Maria und ein Credo für das Fugger'sche Seelenheil verrichten.

Dass die Fugger trotz ihres Reichtums Gebete gut gebrauchen konnten, offenbarten mehrere Krisen in der zweiten Hälfte des 16. Jahrhunderts. Nicht weniger als 70 international tätige Augsburger Handelshäuser gingen zwischen 1556 und 1584 bankrott, darunter die Rem, die Herbrot und die Paumgartner. Der erste spanische Staatsbankrott von 1557 sowie mehrere französische Finanzkrisen ließen erstmals auch den Fuggerkonzern wanken. Die weit verzweigten Handelsimperien erwiesen sich als anfällig für die Stürme der Zeit. Eine zweite Pleitewelle rollte in den 70er Jahren über Augsburg hinweg. Ihr fielen u. a. die Manlich, die Herwart und die Rott zum Opfer. 1614 gingen die Welser in Konkurs. Dann kam der Dreißigjährige Krieg, der auch Augsburg nicht aussparte. Auch wenn die Fugger Mitte des 17. Jahrhunderts noch Außenstände von rund acht Millionen Goldgulden hatten, war es mit ihrem Reichtum de facto vorbei: Sic transit gloria mundi …

Jacob Fugger »der Reiche«
(Porträt von Albrecht Dürer, um 1520)

Nürnberg, ein Gebäude in der Zisselgasse. Von außen betrachtet, verrät das dreistöckige Fachwerkhaus mit dem hohen Giebel nur so viel: Wasserspiele der Fugger'schen Art haben hier mit an Sicherheit grenzender Wahrscheinlichkeit nicht stattgefunden. Auch wenn das Haus bereits im frühen 16. Jahrhundert ein *heymlichs gemach*, sprich: eine Toilette besaß, was für damalige Verhältnisse auch schon ziemlich ungewöhnlich war. Der Hausbesitzer, ein gewisser Albrecht Dürer, musste beim Rat Strafe zahlen, weil er dieses sein *gemach* ohne offizielle Genehmigung hatte einbauen lassen.

Ungewöhnlich, wenn auch in einem anderen Sinne, ging es in diesem Haus schon seit längerem zu. Vor Dürer hatte das Haus dem Kaufmann und Astronomen Bernhard Walther gehört, einem Schüler des großen, manche sagen auch »genialen« Johannes Müller alias Regiomontanus. Regiomontanus war Himmelskundler und Mathematiker. Statt sich jedoch auf die Aussagen antiker Autoren zu verlassen, stieg er lieber des Nachts aufs Dach des hohen Hauses in der Zisselgasse und erforschte mit selbstkonstruiertem Gerät das Sternenmeer. Seine »Ephemeriden«, systematische Beobachtungen der Planetenpositionen, wurden weltberühmt; sie dienten schon Columbus auf seinen Entdeckungsreisen gen Westen. Der Schüler Bernhard Walther führte die Observationen des früh verstorbenen Regiomontanus fort und brachte dazu kleine Balkone am Giebel an.

Albrecht Dürer erstand das Haus im Juni 1509 und auch er wurde weltberühmt. Mit 13 Jahren malte er das erste Selbstbildnis der abendländischen Kunstgeschichte. Später rissen sich dann die Schönen, Reichen und Mächtigen darum, von seiner Hand porträtiert zu werden: Kaiser Maximilian, Kurfürst Friedrich der Weise, Philipp Melanchton, Erasmus von Rotterdam, Jakob Fugger. Albrecht Dürer war ein ebenso selbstbewusster wie wissbegieriger Mensch, ein Renaissance-Künstler, wie er im Buch steht und wie er in diesem Format nur in einer deutschen Stadt gedeihen konnte: im damaligen Informations- und Technologiezentrum Nürnberg!

Geld, ja sicher, das hatte man auch. Nur betete man es an der Pegnitz vielleicht nicht ganz so exzessiv an wie am Lech. Dennoch wussten natürlich auch die Imhof, die Tucher und die Starck, wie man es in großen Mengen verdiente. Und einen veritablen Welser konnte man auch vorweisen: Jakob Welser. Seine Spezialität war der Safranhandel, der ihn mit Reichtum und Ehren versorgte. In seiner Stadtresidenz, der »Goldenen Rose«, feierte der Nürnberger Welser legendäre Feste, und als er starb, hinterließ er 70 000 Goldgulden. Oder aber Martin Peller, Leinenhändler der Extraklasse und zwielichtiger Finanzjongleur: Zeitweise sollen für ihn bis zu 10 000 Meister, Gesellen und Spinnerinnen tätig gewesen sein. Von Jakob Wolff und Peter Carl ließ er sich den prächtigsten Renaissance-Palazzo nördlich der Alpen erbauen. 60 Räume waren gerade Platz genug für das Geltungsbedürfnis dieses prunksüchtigen Großbürgers, dessen Nachkommen in Nürnbergs Politik zu hohem Einfluss gelangten.

In der frühen Neuzeit war Nürnberg mit rund 40 000 Einwohnern nach Köln die zweitgrößte Stadt im Reich. Um das Jahr 1000 entstanden, war sie durch den Freiheitsbrief Kaiser Friedrichs II. im Jahr 1219 reichsunmittelbar geworden. In der Goldenen Bulle verfügte Kaiser Karl IV., dass jeder deutsche König seinen ersten Reichstag in Nürnberg abzuhalten habe. Kaiser Sigismund bestimmte die Stadt darüber hinaus zum Aufbewahrungsort für die Reichsinsignien, Reichskrone, Zepter, Reichsapfel und Schwert. Was konnte eine Stadt an Ehren mehr verlangen?! Nürnberg stand im Zentrum der Zeit und war sich dessen auch bewusst. Vielleicht suchten seine Bürger eben deshalb nicht nur wirtschaftlichen und politischen Erfolg, sondern, spätestens ab der zweiten Hälfte des 15. Jahrhunderts, auch und vor allem den kulturellen. Nirgendwo sonst verwandelte sich Geld imposanter in Geist als hier. Dieser »Geist« reichte von ganz praktischen Dingen wie der Entwicklung neuer Entwässerungsanlagen für den Bergbau bis hin zu künstlerischen und theoretischen Spitzenleistungen wie den Gemälden oder Traktaten eines Albrecht Dürer.

Und sonderlich hatte mein vater an mir ein gefallen, da er sahe, daß ich fleißig in der übung zu lernen was. Darumb ließ mich mein vater in die schull gehen, und da ich schreiben und lesen gelernt, namb er mich wieder aus der schull und lernet mich das goltschmid handtwerckh. Und da ich nun seüberlich arbeiten

kund, trug mich mein lust mehr zu der mallerei dann zum goltschmidwerckh.
Daß hielt ich mein vatter für. Aber er was nit woll zu frieden, denn jhn reuet
die verlorne zeit, die ich mit goldschmid lehr hete zugebracht. Doch ließ er mirs
nach und versprach mich in die lehr jar zu Michael Wohlgemuth, drei jahr
lang jhm zu dienen. In der zeit verlihe mir gott fleiß, daß ich woll lernete. Aber
ich viel von seinen knechten mich leiden muste.

Dürer zeichnete keine Wechsel und finanzierte keine Expeditionen ins Innere
Südamerikas. Er war »nur« der Sohn eines gehobenen Handwerkers. Aber er beherrschte die zweite große Tugend des aufkommenden Bürgertums neben dem
Akkumulieren von Geld: das Akkumulieren von Wissen! Dieses Wissen holte
er sich draußen und drinnen. Draußen, jenseits der Stadtmauern Nürnbergs, auf
seinen Wanderschaften durch Deutschland, die Schweiz, Italien und die Niederlande, drinnen, in Nürnberg, bei einem exklusiven Kreis von Gelehrten und fin-
digen Geistern, die sich allesamt hier niedergelassen hatten: Michael Wolgemut,
Anton Koberger, Johann Petreius, Martin Behaim, Hartmann Schedel, Willibald
Pirckheimer, Conrad Celtis und viele andere.

Michael Wolgemut hat Geld und Kunst zusammengebracht. Er war ein geschickter Unternehmer und kreativer Künstler in einem. In seiner Werkstatt
arbeiteten Maler, Bildhauer, Schreiner und Schmiede an seinen Entwürfen und
schufen so im Team Altäre, Porträts und Holzschnitte, die Wolgemut alsdann
lukrativ verkaufte. Dürer erhielt in Wolgemuts Werkstatt eine solide Grund-
ausbildung, wobei der Meister seinen Lehrling vor allem in neue Techniken des
Holzschnitts einführte, die Wolgemut in seiner Werkstatt entwickelt hatte und
die ihn zu einem der führenden Buchillustratoren Europas werden ließen. So
stammen z. B. zahlreiche Illustrationen aus Hartmann Schedels berühmter 1493
erschienener Weltchronik aus seiner Werkstatt. Gedruckt wurde diese Weltchronik übrigens bei Anton Koberger, dem Taufpaten Dürers.

Der Buchdruck veränderte bekanntlich in damaliger Zeit die Verbreitung und
Speicherung von Wissen sowie den Zugriff auf Wissen in ähnlich radikaler
Weise wie heutzutage PC und Internet. Das aus den frühneuzeitlichen Druck-
maschinen hervorgegangene neue Informationssystem unterwanderte die gesamte symbolische Ordnung des Mittelalters, seine Sprache, sein Gedächtnis,
seine Logik, sein Wissen, seine Religion und sein Herrschaftsverständnis. Selbst
die Reformation war, bei rechtem Licht betrachtet, nur eine Folge dieser typo-
graphischen Revolution. Das sahen auch die Zeitgenossen so.

Achtet darauf, daß ihr diesem Übel des Druckes von Büchern, die aus den hei-
ligen Schriften in die Volkssprache übersetzt sind, vorsorglich entgegentretet,
denn diese Übersetzung zielt auf die Schwächung der kirchlichen Hierarchie,
auf die schwere Gefährdung des orthodoxen Glaubens, auf die Verwirrung der
heiligen Kirche, auf die Verdammnis der Seelen und endlich auf die Vernich-
tung gleicher Weise der weltlichen wie der geistlichen Ordnungen. In den An-

fängen muß man aber Widerstand leisten, damit nicht durch Vermehrung der deutschsprachigen Bücher der Funke des Irrtums endlich sich zu einem großen Feuer entwickle.

Obgleich Nürnberg erst relativ spät in diese neue Kommunikationstechnologie eingestiegen war, gelang es Koberger doch innerhalb kürzester Zeit, das leistungsfähigste Druckhaus der damaligen Welt aufzubauen. So wenig die beweglichen Metalltypen nach Gutenberg noch etwas mit den Handschriften des Mittelalters zu tun hatten, so wenig hatte Kobergers Unternehmen noch etwas mit einem traditionellen mittelalterlichen Handwerksbetrieb zu tun. Seine Druckerei glich fast schon einer Fabrik, mit arbeitsteiligen Produktionsverfahren und festen Arbeitszeiten. In *Johann Neudörfers Nachrichten von den vornehmsten Künstlern und Werkleuten, so innerhalb hundert Jahren in Nürnberg gelebt haben* heißt es über ihn: *Dieser Koberger hat täglich mit 24 Pressen gearbeitet, dazu erhielt er einhundert und etlich Gesellen, die waren eines Theils Setzer, Correctoren, Drucker, Possilierer, Illuministen, Componisten und Buchbinder. Sie hatten eine gewisse Stund von und zu der Arbeit zu gehen, er ließ keinen ohne den andern ins Haus. Er hatte einen gewaltigen Handel und weitläufftig mit Büchern, und ein sonderliche Druckerei in Frankreich, da er dann viel schöner großer Werk zu beiden Rechten drucken ließ.* Koberger war nicht nur Buchdrucker, sondern ebenso Buchhändler. Als solcher handelte er auch mit Auflagen, die in anderen Druckereien hergestellt wurden. Für diesen Handel besaß er Filialen in Regensburg, Frankfurt, Leipzig, Breslau, Krakau, Lyon und Paris. Auch wenn der Vergleich sicherlich hinkt, war er doch so etwas wie der Bertelsmann der frühen Neuzeit.

Der andere große Nürnberger Heroe der frühneuzeitlichen »Computertechnologie«, sprich: Buchdruckerei, war Johann Petreius. Petreius verlegte so bedeutende Bücher wie den *Codex iuris civilis* oder die *Nürnberg-Brandenburgische Kirchenordnung*, ein für die Durchsetzung der Reformation in Deutschland äußerst wichtiges Werk. Daneben gab er ab etwa 1529 Flugschriften heraus, die nur ein paar Seiten umfassten und von aktuellen Ereignissen handelten. Ihr Name: *Neue Zeitungen.* So dünn der Umfang, so gewaltig der Fortschritt. Der Buchdruck hatte damit sozusagen die vorderste Front der Zeit erreicht und etwas geschaffen, was es bis dato noch nicht gegeben hatte: Aktualität! Doch nicht nur die Zeit, sondern auch den Raum definierten die bei Petreius verlegten Bücher neu: *In der Mitte von allem steht die Sonne, denn wer möchte in diesem herrlichsten Tempel diese Leuchte an einen anderen oder besseren Ort versetzen, als dahin, von wo aus sie das Ganze zugleich zu erhellen vermag?* Wenn man so will: ein neues Ordnungs- und Betriebssystem für die universale Weltanschauung. Titel: *De revolutionibus orbium coelestium*, entwickelt von Nikolaus Kopernikus, erschienen 1543 in Nürnberg bei Petreius. Wie revolutionär diese Schrift war, bewiesen vielleicht am eindrucksvollsten die Flammen auf dem Campo de' Fiori in

Rom, inmitten derer über ein halbes Jahrhundert später der Philosoph Giordano Bruno für eben diese Behauptung verbrannt wurde.

Doch nicht nur in der schwarzen Kunst des Buchdrucks bestand die außergewöhnlich innovative Kraft Nürnbergs, sondern auch in einer anderen Schlüsseldisziplin der frühen Neuzeit, in der Kartographie. Informationen aus erster Hand über die gewaltigen Entdeckungen der Zeit erhielt Nürnberg vor allem durch einen seiner berühmtesten Söhne, durch Martin Behaim. In fünfzehnmonatiger Arbeit schuf Behaim in Nürnberg 1492 den ersten Globus der Welt. Dieser *Erdapfel* stellte das gesamte aktuelle geographische Wissen der Zeit dar – und, was fast noch wichtiger war: Er stellte es rund dar. Mehr als 11 000 Namen und Miniaturen von Menschen, Tieren, Fischen, Pflanzen, Inseln, Gebirgen, Städten und Wappen überziehen dieses Meisterwerk der frühen Kartographie. Über die Entstehung des Erdapfels unterrichtet uns folgende Inschrift: *Aus Fürbitt und Beger der Fürsichtigen Erbarn und Weisen, als der obersten Haubtleut der loblichen Reichsstat Nurnberg, die dan zu diesen Zeiten regirt haben, ist diese Figur des Apffels gepracticirt und gemacht worden durch den gestrengen und Erbar Herrn Martin Behaim Ritter, der sich in dieser Kunst Cosmographia viel Erfahren hat, und bey Einen drittel der Welt umfahren.*

Im großen wie im kleinen Maßstab leisteten Nürnbergs Kartographen Einmaliges: So stammt beispielsweise auch die älteste Straßenkarte des christlichen Europas aus Nürnberg. Erhard Etzlaub, Uhren- und Kompassmacher, erschuf sie für die Pilger, die im Heiligen Jahr 1500 von überallher in Europa nach Rom ziehen wollten. Die Karte umfasst Mitteleuropa von Jütland bis Neapel, enthält 558 Ortssignaturen sowie genaue Entfernungsangaben der Etappen zwischen den einzelnen Orten. Wenn man bedenkt, dass die exakte Kartographie zu jener Zeit noch über sehr wenige Basisdaten verfügte, so ist es kaum zu fassen, woher dieser Erhard Etzlaub sein umfangreiches Detailwissen für eine solche Karte bezogen hat. – Große Fortschritte bei der Gestaltung von Landkarten erzielten im weiteren Verlauf des 16. Jahrhunderts Kartographen wie Niklas und Jörg Nöttelein oder Paul Pfinzing. Einen gewichtigen Beitrag auf theoretischem Gebiet leistete aber auch Albrecht Dürer mit seiner Schrift *Unterweisung (in) der Kunst des Messens.*

Neben den verschiedenartigsten technischen Erfindungen und Errungenschaften, die im 15. und 16. Jahrhundert den europaweiten Ruf der Denkfabrik Nürnberg begründeten, soll freilich auch die große humanistische Tradition in der Pegnitzstadt nicht übersehen werden. Drei Namen stehen für sie: Hartmann Schedel, Conrad Celtis und Willibald Pirckheimer.

Hartmann Schedel, der Verfasser der Weltchronik, der größten Inkunabel, war vor allem ein Bücherwurm mit beachtlichem Appetit. Seine Privatbibliothek umfasste über 600 Titel und deckte fast alle Gebiete der klassischen Gelehrsamkeit ab: Grammatik, Rhetorik, Philosophie, Dichtung, Historie, Geographie, Naturwissenschaften und Medizin. Wie die Fugger Reichtum horteten, so hortete er Wissen, das Wissen der Antike und das Wissen zeitgenössischer italienischer Autoren. Sein größtes Verdienst besteht denn auch in der konzentrierten Weitergabe und Verbreitung dieses Wissens in Mitteleuropa. Seine 1493 erschienene Weltchronik beginnt mit der Erschaffung der Welt und endet in der unmittelbaren Gegenwart des Autors. 1800 Holzschnitte machen sie nicht nur zum dicksten, sondern auch zum bilderreichsten Buch der frühen Druckkunst.

Conrad Celtis hieß eigentlich Conrad Pickel und stammte nicht aus Nürnberg, sondern aus der Nähe von Schweinfurt. In Nürnberg logierte Celtis erstmals 1487, als er von Kaiser Friedrich III. höchstpersönlich auf der Burg zum Poeta laureatus gekrönt wurde. Diese Krönung kam damals einer Art Oscar-Verleihung gleich. Vor ihm war dies noch keinem Deutschen im Heiligen Römischen Reich gelungen. Mit entsprechend stolz geschwellter Brust schrieb er an eine junge Dame: *Der erste bin ich, der, durch des Kaisers eigne Hand mit dem Lorbeer gekrönt, den Ehrennamen Poet tragen darf. Wenn Dir vielleicht zu meinen Lebzeiten die Lieder des Sängers weniger willkommen sind, um so höher werden sie nach meinem Tode im Werte stehen. Nur die Dichter allein unter allen Sterblichen adelt der Tod und ihr Andenken wird heilig gehalten. Darum, ihr deutschen Mädchen, liebet die Dichter! Die gelehrte Nachwelt wird mich zu den Göttern erheben, wenn man nach meinem Tode meine Bücher liest, durch die ich mehr Gefallen erregen werde, als wenn ich eine Million Sesterzen hinterlassen würde.*

Celtis' zweiter Aufenthalt in Nürnberg fiel in das Jahr 1493 und hatte das Erscheinen der Schedel'schen Weltchronik zum Anlass. Schedel und Celtis waren eng befreundet. 1502 veröffentlichte Celtis dann die *Norimberga*, die erste kulturgeographische Beschreibung Nürnbergs und seines Umlandes. – Celtis war ein großer Verehrer Dürers, den er in einem Epigramm als »neuen Albertus Magnus« pries. Was Albertus Magnus in der *Philosophia* geleistet habe, so Celtis, das leiste Albertus Dürer in der *Symmetria* und der *Pictura*, in der Proportionslehre und der Malerei. Vom ersten Dichter Deutschlands in den Rang eines Philosophen berufen zu werden, stellte für den »Handwerker« Dürer natürlich eine große Sache dar. Und so zeigte auch sein berühmtes Selbstporträt aus dem Jahre 1500 sein Sendungsbewusstsein und seinen Stolz. In diesem Selbstporträt malte Dürer die gesellschaftliche Zukunft des Abendlandes: ein bürgerliches Individuum, gerade einmal 28 Jahre alt, im Glanz seines Könnens und seines Erfolgs in der Pose des neuen Messias.

Der führende Humanist Deutschlands zu jener Zeit war Willibald Pirckheimer. In seinem Haus am Herrenmarkt – heute Hauptmarkt – empfing er Gelehrte und solche, die es werden wollten, aus ganz Deutschland und Europa. Seine äußerst umfangreiche Privatbibliothek stellte er jedem Bildungshungrigen zur Verfügung. Celtis und der junge Dürer gingen bei ihm ein und aus. Durch Wolge-

Selbstbildnis Albrecht Dürers
(Alte Pinakothek München)

mut wurde Dürer zum Maler, durch Pirckheimer zum großen Renaissancekünstler, auch mit theoretischen Ambitionen. Überhaupt sah Pirckheimer seine Rolle wohl hauptsächlich in der des Erziehers, des Erziehers seiner Zeitgenossen zu den Idealen des Humanismus. 150 Jahre zuvor hatte bereits Petrarca eine neue Kultur literarisch gebildeter Menschen gefordert, und Pirckheimers Wirken stand ganz in dieser Tradition. Als Übersetzer und Herausgeber klassischer Autoren der Antike erwarb er sich internationalen Ruhm und stand mit Größen wie Erasmus von Rotterdam, Pico della Mirandola und Thomas Morus in Korrespondenz. – Pirckheimer stammte aus einer alten Nürnberger Patrizierfamilie. In Italien studierte er nicht nur die Rechte, sondern machte auch enge Bekanntschaft mit dem Geist der italienischen Renaissance. 1498 wurde er in den Stadtrat gewählt, gründete eine Poetenschule, kümmerte sich um den Unterricht an den vier Lateinschulen der Stadt, besuchte als Delegierter Nürnbergs Konferenzen und Reichstage und unternahm alles, um Nürnberg zu einem Zentrum des Humanismus auszubauen.

München, Neuhauserstraße, die lange, kerzengerade Front des Jesuitenkollegs und daran anschließend die üppige Renaissance-Fassade der Michaelskirche: ein Gewaltstreich in Stein, ein architektonisches Monument der Gegenreformation, ein Gebäudekomplex, der in seinen großsprecherischen Dimensionen keinen Widerspruch duldet. 1583 hatten die Bauarbeiten begonnen, 1597 waren sie vollendet. Sechs Prozent aller Münchner Häuser, Bürgerhäuser wohlgemerkt, mussten diesem gewaltigen Repräsentationsbau im Herzen Münchens unweit des Domes weichen. Der Bauherr hieß Herzog Wilhelm V., in einer Außennische steht er noch heute über dem Eingangstor, ein Modell seiner Kirche in Händen haltend. Natürlich ging es dem Herzog offiziell einzig und allein um die höhere Ehre des Katholizismus; andererseits wollte er keinen Zweifel darüber aufkommen lassen, wer besagte höhere Ehre schützte. Ein Zeitgenosse: *Das Jesuiterische Collegium hat eine überaus große Weite, daß der Größe halber wol ein König darin Hof halten kundte, mit unterschiedlich großen Höfen und Gärten, groß und kleinen Zimmern in starker Anzahl, hübschen Refectoriis, Speißstuben, Schulen, Sälen und mit Tafeln geziert, darin die Jugend alle Tag Meß, bisweilen auch Predigt höret. Hat dieses Collegium 800 Kreuzfenster, und wie mir der Rector sagt, so ist dieses nach dem Escurial in Spagna, das furnembste Collegium in ganz Europa, darumben diese Partres alle allein ihrer Durchlaucht dem Herzog Wilhelm zu danken haben.*

Auch in München wusste man also zu glänzen. Berühmte Baumeister, berühmte Maler, berühmte Musiker sorgten dafür, dass die Stadt im 16. Jahrhundert allmählich aus dem Schatten Landshuts hervortrat und auf sich aufmerksam machte. Bereits 1491 war München erstmals auf einer Landkarte verzeichnet, der Mitteleuropakarte des Nikolaus Cusanus, die Schedel'sche Weltchronik hatte 1493 eine erste Ansicht gezeigt.

München boomte, München wuchs: Wohnten zu Beginn des 16. Jahrhunderts rund 10 000 Menschen vor Ort, so hatte sich die Zahl am Ende des Jahrhunderts verdoppelt. Und auch die Steuereinnahmen entwickelten sich vorteilhaft. Keine Frage, in München wurde kräftig verdient. Natürlich vor allem mit dem Salzhandel. Aber auch im Tuch- und Eisenhandel, in Montanunternehmen und im Geldverkehr machten Münchner Familien Rendite. Die Ridler, die Püttrich, die Schrenck, die Tichtl, die Katzmair, sie alle ließen auch in München so etwas wie ein »bürgerliches Zeitalter« entstehen.

Und doch unterschied sich München grundsätzlich von den beiden Reichstädten Nürnberg und Augsburg. Die Bürger der Isarstadt waren nicht unter sich. Hatte Herzog Albrecht IV. in den 80er Jahren des 15. Jahrhunderts noch mit dem Gedanken geliebäugelt, Regensburg zu seiner Hauptstadt zu machen, so wurde nun, nach dem Ende des Landshuter Erbfolgekrieges und der Vereinigung von Ober- und Niederbayern, München zur Residenzstadt des vereinigten Herzogtums. Das hatte Vor- und Nachteile.

Zu den Vorteilen gehörte sicherlich das wachsende Ansehen der Stadt auf allen Ebenen. Ohne den herzoglichen Hof hätte kein Orlando di Lasso hier den Taktstock geschwungen, hätten keine rauschenden Hoffeste stattgefunden wie beispielsweise die berühmte Hochzeit Wilhelms V. mit Renata von Lothringen. Weit über die Grenzen Bayerns hinaus sorgte diese fürstliche Großveranstaltung für langanhaltenden Gesprächsstoff. Der Nachteil daran: In dem Maße, in dem die herzogliche Hofhaltung der Stadt ihre Glanzlichter aufsetzte, drängte sie Münchens Bürger, bildlich gesprochen, nach und nach aus dem Zentrum, um sich selbst darin breit zu machen. Anfang des 17. Jahrhunderts umfasste der Hofstaat bereits zwischen 6000 und 7000 Bedienstete.

Der Hof funktionierte wie ein Magnet. Er zog an, sowohl die Reichen als auch die Armen. Viele der begüterten Patrizierfamilien, die bislang im inneren und äußeren Rat aktiv Stadtpolitik betrieben hatten, versuchten im Laufe des 16. Jahrhunderts selbst höfisch zu werden. Nach erfolgreicher Nobilitierung begaben sie sich in die Dienste des voluminösen Hof- und Verwaltungsapparates. Ähnliches spielte sich bei den Handwerkern ab. Auch sie gelangten als Hofpfister, Hofmetzger, Hofsattler, Hofschmied und Hofbrauer zusehends unter herzoglichen Einfluss. Aus Bürgern wurden Angestellte des Hofes, aus dem Hof wurde eine Stadt in der Stadt. Architektonisch setzte diese neue, zweite Stadt in der Stadt mit dem Jesuitenkolleg und der Michaelskirche schließlich ihr deutlichstes Zeichen. Ein Zeichen, das, wie sich schnell herausstellte, vor allem ein Machtzeichen war!

Die Reformation, die letzte große religiöse Massenbewegung in Europa, machte in München ab 1519 von sich reden. Zu diesem Zeitpunkt erschienen Luthers Schriften erstmals bei dem Drucker Hans Schobser. Schon damals reagierte der Herzog prompt, indem er die meisten Auflagen sogleich einziehen und vernichten ließ. Trotzdem ging es im München des 16. Jahrhunderts weiterhin sowohl in der Ober- als auch in der Unterschicht auffallend wenig katholisch zu, sodass sich der Hof immer wieder veranlasst sah, beim Rat auf die vielen ungestraften *ergerlichen Reden der Sektischen* hinzuweisen. Der Rat freilich reagierte bedeckt. Bereits 1523 statuierte der Herzog dann aber so etwas wie ein erstes Exempel. Und zwar an dem Bäckerknecht Sebastian Tuschler. Tuschler hielt sich erst seit kurzem in München auf, wo er als »Franzosenarzt« tätig war. Das bedeutete: Er behandelte Syphiliskranke. Daneben führte er *ergerliche Reden* im Sinne Luthers. *Da lies hertzog Wilhalm zu München ainem beckenknecht den kopf abschlagen, darum daß er Lutherisch oder ewangelisch war. Man sagt, er hett unser frauen geschmecht; ob es war was oder nicht, die von München wolten in nicht verurtailen, aber hertzog Wilhalm gebot dem richter, er solt in verurtailen.*

Methode »kurzer Prozess«! Und dennoch ließ sich die Reformation nicht mehr aufhalten. Als letztes Gegenmittel wurden dann 1559 die Jesuiten nach München gerufen. Und siehe da: Sie hatten Erfolg. Während in den Reichsstädten Augsburg und Nürnberg über Gott und die Welt weiterdiskutiert wurde, herrschte in München ab den 70er Jahren des 16. Jahrhunderts Ruhe an der religiösen Front. Michaelskirche und Jesuitenkolleg standen allzu unübersehbar als Drohung im Raum. Wer dennoch glaubte, Luther über den Herzog stellen zu müssen, »durfte« auswandern. Mehrere Familien aus der Oberschicht verabschiedeten sich Richtung Augsburg oder Nürnberg. Fazit: fünfstelliger Kapitalverlust.

Mit Geld freilich wussten bayerische Herzöge in den wenigsten Fällen umzugehen. Dafür aber mit politischer Macht. Fürstliche Bauwut, jesuitische Argumente und bürokratische Schachzüge der unterschiedlichsten Art sorgten dafür, dass sich die Gewichte allmählich eindeutig zu Gunsten der Stadt in der Stadt verschoben. Der gut geschulten landesherrlichen Bürokratie gelang es ohne größere Schwierigkeiten, systematisch städtische Privilegien zu hintertreiben oder auszuhöhlen. Am Ende des 16. Jahrhunderts konnte es sich Kurfürst Maximilian I. gar leisten, alle städtischen Privilegien durch seine Kammer überprüfen zu lassen.

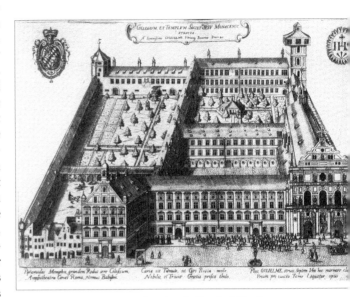

Jesuitenkolleg in München

Beschleunigt wurde der schleichende Machtverlust der städtischen Behörden zusätzlich durch die Tatsache, dass immer weniger Einwohner Münchens noch der städtischen Gerichtsbarkeit unterlagen, da sie als Angehörige oder Angestellte des Hofstaates rechtlich in die Zuständigkeit des Herzogs fielen. Was andererseits den Vertreter des Hofes, den sogenannten Hofoberrichter, mitnichten daran hinderte, seinerseits gegen Bürger der Stadt München polizeilich einzuschreiten. So ging er beispielsweise Anfang des 17. Jahrhunderts wiederholt gegen Bürger vor, die an Sonn- und Feiertagen während des Gottesdienstes in den Wirtshäusern saßen und dort »jubilierten«. Und auch die sogenannte »Leichtfertigkeit« – gemeint ist die Unzucht – glaubte der Hof über die Köpfe des Magistrats hinweg bekämpfen zu müssen. Ja sogar die Frage, wer welche Kleider rechtens oder unrechtens trug, wurde zum Gegenstand polizeilicher Verordnungen.

Fazit: München entwickelte sich im 16. und 17. Jahrhundert mit rasanter Geschwindigkeit von einer bürgerlichen Landstadt in eine Residenzstadt, die einerseits immer strenger unter landesherrliche Kontrolle geriet, andererseits immer glanzvoller in Erscheinung trat. Während sich Augsburg zu Beginn der Neuzeit vornehmlich ins Geldverdienen verliebte und Nürnberg in seinen Malerwerkstätten und Studierstuben schwelgte, studierte München mehr oder minder unfreiwillig die Rolle des herausgeputzten Höflings ein. Neben dem Jesuitenkolleg und der Michaelskirche entstand in den beiden Jahrhunderten alles, was schön und teuer war: Kunstsammlungen, prachtvolle Bibliotheken, ein Gesandtenhaus, ein Ballhaus, die Herzog-Maxburg, die Theatinerkirche, der Hofgarten, Schloss Schleißheim, Schloss Nymphenburg und, und, und …

Sicherlich, Augsburg und Nürnberg waren eindeutig die moderneren und kreativeren Städte. Die Fugger machen auch nach 500 Jahren noch einen geradezu revolutionären Eindruck auf uns Heutige. Die Bilder Dürers andererseits sind längst zu Ikonen der deutschen Renaissance geworden, seine Porträts zu den augenfälligsten Indizien eines neuen bürgerlichen Individualismus. Und doch konnten sich die beiden Reichsstädte von der Katastrophe des Dreißigjährigen Krieges nie mehr richtig erholen. So wurden sie letztlich trotz Geld und Geist vom schönen Schein Münchens überholt, in dem sich eine neue Obrigkeit sonnte: die des absolutistischen Fürsten, der zur Konsolidierung und Sicherung seiner Macht einerseits auf eine effiziente, alles und jeden erfassende Bürokratie angewiesen war, andererseits eben auf die glänzende Fassade, die große Geste, das laute Spektakel. Noch heute, so behaupten böse Zungen, merke man München deutlich an, dass es vor allem ein Kind des schönen Scheins sei.

Mira Alexandra Schnoor

»Es thut sich als verkehren«
Von der Reformation bis zum Dreißigjährigen Krieg

Wohlan, ich weiß noch ein Liedlein von Rom, jucket sie das Ohr, ich wills ihnen auch singen und die Noten aufs höchst stimmen.

Eine Bewegung ist im Entstehen. Sie wird wie eine Flutwelle die Staudämme der alten Religion niederreißen, sie wird die bisherige Ordnung der Kirche erschüttern, sie wird zu Kämpfen, zu Unruhen und zu Kriegen führen und sie wird Deutschland in zwei Konfessionen teilen. Doktor Martin Luther, Professor für die Heilige Schrift an der Universität Wittenberg, verfasst 1517 seine 95 Thesen gegen die Praxis des Ablasshandels.

Wer dem Armen gibt oder dem Bedürftigen leiht, tut besser, als wenn er Ablaß löst.

Der Neubau der Peterskirche in Rom soll durch eine große Ablassoffensive finanziert werden, den »Petersablass«. Seine Thesen richtet Luther gegen die aggressive Praxis des Ablasshandels, wie sie von dem Prediger Johann Tetzel praktiziert wird.

Warum baut der Papst, dessen Vermögen heute größer ist als das des reichsten Crassus, nicht wenigstens die eine Kirche des heiligen Petrus lieber von seinem eigenen Geld als von dem der armen Gläubigen?

Der Legende nach schlug Luther seine Thesen am 31. Oktober 1517 an der Schlosskirche zu Wittenberg an. Auch wenn es nur Legende ist, das Datum bezeichnet den Beginn der Reformation. Innerhalb kurzer Zeit wurden die Thesen gedruckt und im ganzen Land verbreitet. Luther hatte einen Nerv getroffen, hatte einer Unzufriedenheit Worte gegeben, die schon lange im Volk schwelte.

Warum befreit der Papst nicht aus dem Fegefeuer allein um der heiligsten Liebe und der höchsten Not der Seelen willen statt um des unseligen Geldes willen?

Die Bewegung erreichte bald auch den Süden Deutschlands; vor allem gebildete Kreise in den Städten Schwabens und Frankens fühlten sich von ihr angezogen. Im Wittelsbachischen Bayern jedoch traf die neue Lehre auf einen erbitterten Gegner: auf Johannes Eck, den theologischen Berater der bayerischen Herzöge und Professor der Universität Ingolstadt.

Dieweil ich leb, will ich allen Ketzern, Abtrünnigen, Zwiespältigen in unserm heiligen Glauben wider sein und wider sie streben nach meinem höchsten Vergnügen.

Und das tat Eck mit großer Energie. 1519 kam es in Leipzig zu einer Disputation zwischen ihm und Luther, in der Luther die Heilige Schrift zur einzigen Quelle des Glaubens erklärte. – Während Luther immer bekannter und fast wie ein Held gefeiert wurde, betrieb Eck in Rom den Prozess gegen ihn und war mitverantwortlich für die Bulle »Exsurge Domine«, die Luther den Bann androhte. Da Luther die Frist zum Widerruf verstreichen ließ, wurde der Bann über ihn verhängt. Im April 1521 trat Luther auf dem Reichstag in Worms vor den Kaiser und die versammelten Fürsten. In seiner Rede weigerte er sich, seine Schriften zu widerrufen. Darauf wurde die Reichsacht gegen ihn verhängt. Seine Schriften durften nicht mehr erscheinen, niemand durfte ihn bei sich aufnehmen und ihm helfen. Das Gegenteil aber geschah. Während sich Luther für zehn Monate auf die Wartburg zurückzog, ging die Reformation von Wittenberg aus weiter. Die katholische Kirche leistete der immer stärker werdenden Bewegung wenig Widerstand, viele unzufriedene Mönche und Priester folgten der neuen Lehre sogar. Prediger zogen durch das Land, Flugschriften wurden verteilt, Mönche und Nonnen verließen die Klöster. Die Bewegung erfasste immer mehr Menschen, es war keine theologisch-akademische Auseinandersetzung, es war ein Sturm, der die Obrigkeit in Schwierigkeiten brachte.

Das Beispiel Nürnberg: Der Rat der Stadt sah sich einer wachsenden Unruhe der Bevölkerung gegenüber, die von den neuen Ideen fasziniert war und sie umsetzen wollte. Im März 1525 wurde das Religionsgespräch abgehalten, das Klarheit in die Beziehung zwischen Katholiken und Lutheranern bringen sollte. Am Ende trat Nürnberg zur neuen Lehre über, wohl die einzige Möglichkeit für den Rat der Stadt, die soziale Ordnung aufrechtzuerhalten. Die Klöster wurden aufgelöst, der katholische Gottesdienst verboten. Wie sehr die konfessionspolitische Entwicklung Menschen in Not stürzen konnte, zeigt das Schicksal der Äbtissin Caritas Pirckheimer und ihres Konvents, die sich über Jahre hin weigerten, ihr Kloster zu verlassen und der neuen Lehre zu folgen. Dem Rat der Stadt Nürnberg gelang es, durch die Konversion die Unruhe der Menschen einigermaßen zu bändigen. Aber die Bewegung, die durch die Reformation ausgelöst wurde, war viel zu ungeordnet, es wurden zu viele unterschiedliche Sorgen und Nöte angesprochen, und es gab viel zu wenig einfühlsame Gesprächspartner auf Seiten der Obrigkeit, als dass ein Ausbruch der Unzufriedenheit noch hätte verhindert werden können.

Ir großen hansen, ir muest mit uns tailn
und muest als reich sein als der ander.

Die Reformation ist nicht die Ursache des Bauernkrieges von 1525 gewesen, sie hat aber zu seinem Ausbruch wesentlich beigetragen. Am Vorabend des Aufstandes gärte es unter der ländlichen Bevölkerung, aber auch unter den ärmeren Städtern. Die wirtschaftliche Lage war schwierig, mehr als die Hälfte ihres Einkommens verloren die Menschen durch Abgaben und Steuern.

Die Gülten: Abgaben, die jährlich an den Grundherren zu leisten waren. Meistens in Naturalien, in Getreide, Wein, Geflügel oder Käse. 30 Prozent und mehr mussten die Bauern abgeben. Und was vom Grundherrn festgelegt war, das musste auch bezahlt werden, egal wie gut oder schlecht die Ernte ausfiel. In Jahren der Missernte führte dies zu existenzvernichtenden Katastrophen. Hatte der Bauer nicht genügend Getreide geerntet, musste er das Saatgut hergeben, um seine Schuld beim Grundherrn abzutragen. Hatte er kein Saatgut mehr, konnte er im nächsten Jahr auch keine gute Ernte einfahren und war bald ruiniert. Die Jahre vor dem Ausbruch des Bauernkrieges waren sehr schlechte Erntejahre.

Der Zehnt: Eine Abgabe, die auf sämtliche Früchte des Feldes erhoben wurde, auf Tiere, Honig, im Grunde auf alle landwirtschaftliche Produkte.

Die Steuern des Landesherrn und der Kirche: Feldzüge waren zu führen, Kirchen zu bauen, das höfische Luxusleben war zu finanzieren, die Beamten mussten auch von etwas leben, und dafür gab es diverse, oft unvorhersehbare Steuern.

Die Frondienste: Die Bauern mussten für den Grundherrn arbeiten, ihm ihre Pferde und Wagen leihen, ihm Felder und Gärten bestellen und anderes mehr, und alles ohne Bezahlung.

Die Leibeigenschaft: Eine ganz besondere Form der Demütigung. In Bayern und Franken gab es sie zur Zeit des Bauernkriegs nicht mehr, wohl aber in Schwaben. Leibeigene hatten erheblich viel weniger Rechte als Freie, sie konnten nicht wegziehen, sie durften nicht ohne Erlaubnis heiraten, starben sie, dann hatte der Herr das Recht auf ihr bestes Stück Vieh und einen bestimmten Teil des Erbes.

1524 begannen die Unruhen am Oberrhein, im Februar 1525 schlossen sich die Allgäuer Bauern zusammen. Nicht jeder der Bauern trat den Schwurgemeinschaften freiwillig bei, oft wurden ganze Dörfer gezwungen, sich anzuschließen. Die Fürsten, die sich im Schwäbischen Bund zusammengetan hatten, beratschlagten, wie sie mit den Bauern umgehen sollten. Der bayerische Gesandte Leonhardt von Eck warnte: *Ist den Fürsten je not gewesen, ihr Ansehen zu haben, so ist es jetzt und es gilt nimmer Lachens und mit halbem Wind fahren ... Es steht gleich an: hupfen oder springen.* Eck war für einen sofortigen Militärschlag, doch man einigte sich, vorerst noch zu verhandeln.

Anfang März 1525 fasste der bibelkundige Kürschnergeselle Sebastian Lotzer aus Memmingen die Forderungen der Bauern in den »Zwölf Artikeln« zusammen, einer Schrift, die eine ungeheure Verbreitung erfuhr. In vielen Städten wurde sie nachgedruckt, in Zürich und Regensburg, Breslau und Würzburg, Erfurt, Konstanz und Magdeburg. In den »Zwölf Artikeln« fanden die Bauern ihre Anliegen auf verständliche Weise vorgetragen und, was sehr wichtig war, der Aufstand wurde gerechtfertigt mit dem Evangelium.

Gewalt gegen die Adelsschlösser und Klöster wollten die Bauern zu diesem Zeitpunkt nicht ausüben, sie wollten mit den Herren sprechen, wollten verhandeln, um ihre Forderungen durchzusetzen. Die Herren aber hatten keine Absicht, die Bauern als gleichberechtigte Verhandlungspartner zu akzeptieren und sich mit ihren Forderungen auseinander zu setzen. Sie verhandelten, weil sie Zeit brauchten, um ihre Truppen zu sammeln. Von dem Aufruhr der Bauern und der Stärke der Bewegung waren sie überrascht worden. Als Ende März die Verhandlungen in Schwaben gescheitert waren, kam es zu ersten Anschlägen auf die Besitzungen der Herren.

Auch in Martin Luther konnten die Bauern keinen Fürsprecher finden. Anfang Mai schrieb er eine seiner schlimmsten Schriften. Unter dem Titel »Wider die räuberischen und mörderischen Rotten der Bauern« rief er zur Vernichtung der Bauern auf, wie sie kurze Zeit später durch die Truppen des Schwäbischen Bundes vollstreckt wurde. *Drum soll hier zuschmeissen, würgen und stechen, heimlich oder öffentlich, wer da kann und gedenken, daß nicht giftigeres, schädlicheres und teuflischeres sein kann als ein aufrührerischer Mensch.* Ein Verständnis für die Nöte der Bauern ließ Luther nicht erkennen und Gnade ließ er nicht walten. *Es gilt hier auch nicht Geduld oder Barmherzigkeit. Es ist jetzt des Schwertes und Zornes Zeit und nicht der Gnaden Zeit.* Seine Aufforderung an die Fürsten: *Steche, schlage, würge hie, wer da kann! Bleibst du drüber tot, wohl dir! Seliglichern Tod kannst du nimmermehr überkommen, denn du stirbst im Gehorsam göttlichs Worts und Befehls.*

Luthers Schrift erschien erst, als die Bauern in einem ungleichen und grausamen Krieg bereits besiegt waren und die Fürsten auf ihren blutigen Rachefeldzügen schrecklich gegen sie wüteten. Denn die Haufen der Bauern waren den Truppen des Schwäbischen Bundes unterlegen. Besonders erbarmungslos ging der Truchsess Georg von Waldburg vor, der »Bauernjörg«. Sein Herold berichtet: *Da hatte er schon zwei Fähnlein in ein großes Dorf gejagt. Das hieß Herr Jörg Truchseß ob ihnen anzünden, und verbrannten die Bauern darin. Und was heraus wollte laufen, das ward alles erstochen.*

Anfang Juni kam es zu einer Schlacht bei Ingolstadt.

Da galt's erst ein Würgen, und wurden die Bauern all erstochen bis auf 17, die nahm man gefangen. Da das geschah, da ließ der Pfalzgraf abermals die Trompete aufblasen vor Freuden, und befahl Herr Jörg Truchseß, etlich Pferd zu halten auf die Bauern, die noch im Holz wären, die zu erwürgen, die dahin geflohen wären. Und ich glaub ganz, daß ihrer nit viel davon kommen sind, von 7000 Bauern.

Am 8. Juni wurde Würzburg eingenommen.

Da verlas Herr Jörg Truchseß einen Zettel; und so oft er einen Namen las, so mußte sein Herold denselben rufen. Und der erste war der Stadtschreiber, darnach der Karthäuserschneider, darnach der Bildhauer und sein Sohn, der Vater aber war entlaufen.

Und befahl Herr Jörg den Profossen, daß er solle nehmen des Bildhauers Sohn. Das geschah. Dem schlug man das Haupt ab, darnach dem Kannengießer, darnach dem Laubbader. Er ließ 24 ihre Häupter abschlagen.

Der Bildhauer aber war der geniale Holzschnitzer Tilman Riemenschneider. Er wurde gefangen genommen und schwer gefoltert, kam allerdings, anders als sein Sohn und viele der Bauern, mit dem Leben davon.

Anfang Juni waren die Bauern in Franken, einen Monat später die in Oberschwaben endgültig besiegt. Es folgte die Rache der Sieger. Die Anführer wurden in Schnellverfahren zum Tode verurteilt und hingerichtet. Zahlreiche Höfe und Dörfer wurden niedergebrannt, viele Bauern erhielten Geldstrafen. Die Kosten, die ihnen der Aufstand bereitet hatte, ließen sich die Herren durch eine »Aufruhrsteuer« und andere Abgaben ersetzen. Und die Bauern, aber nicht nur sie, auch die Städter, ergaben sich in ihr Schicksal und zahlten.

Dass sich die Bauern nur in Franken und Schwaben, nicht aber in Bayern erhoben, hat mehrere Gründe. Einer liegt darin, dass Franken und Schwaben keine einheitlichen Herrschaftsgebiete waren. Vielmehr gab es auf engem Raum Reichsstädte und Reichsäbte, Reichsritter und Reichsfürsten, alle mit ihren eigenen Zuständigkeiten und Herrschaftsbereichen. Ein einzelner Bauer konnte mehrere Herren haben, die alle ihre Forderungen an ihn stellten. Ganz anders war die Situation der Bauern im Herzogtum Bayern: Sie waren rechtlich besser abgesichert, es gab keine Leibeigenschaft und ihre wirtschaftliche Lage war günstiger. Die Bauernpolitik der bayerischen Herzöge verhinderte eine Ausweitung des Aufstands.

Mit dem Ende des Bauernkrieges kam auch die evangelische Bewegung in Altbayern weitgehend zum Stillstand. In Schwaben und Franken dagegen sah es anders aus: Nachdem 1525 die Reichsstadt Nürnberg den neuen Glauben angenommen hatte und weite Teile Frankens in den 30er-Jahren protestantisch geworden waren, folgten Augsburg, Füssen, Donauwörth und weitere Städte.

Drei Herrscher prägten Bayern zwischen 1550 und 1650: Albrecht V., Wilhelm V. und Maximilian I., ab 1623 Kurfürst Maximilian. Alle drei waren kunstsinnig und religiös, alle drei bereicherten die Residenz in München mit kostbaren Bauwerken und Schätzen, alle drei versuchten, den Protestantismus in Bayern zurückzudrängen.

Als Albrecht V. 1550 die Regierung übernahm, stand es nach den Unruhen und Turbulenzen des letzten Vierteljahrhunderts nach wie vor schlecht um die katholische Kirche. Trotz der Reformation und der Kritik an den Verhältnissen innerhalb der Kirche war es noch nicht zu einer verbesserten, neuen Ordnung gekommen. Erst mit dem Ende des Konzils von Trient 1563 wurde eine Reform vorgelegt, an deren Umsetzung es dann aber haperte, denn zu sehr waren viele Geistliche am Status quo interessiert, an der fröhlichen Pfründensammelei, an der theologischen Unbildung, am oft recht weltlichen Luxusleben.

1555 wurde in Augsburg der Immerwährende Religionsfrieden geschlossen und die Spaltung der Christenheit damit besiegelt. Die Bestimmungen des Vertrages sorgten in den nächsten Jahrzehnten für immer neue Streitfälle. Einer der schwierigsten Punkte war der so genannte Geistliche Vorbehalt: Wechselte ein geistlicher Fürst, also zum Beispiel ein Fürstbischof, die Konfession, so war das für seine Untertanen bedeutungslos, er hingegen hatte seine Ämter niederzulegen – im Gegensatz zum weltlichen Fürsten, der bei einem Religionswechsel an der Macht blieb und seine Untertanen zwingen konnte, die neue Religion anzunehmen.

Zwei Neuerungen der lutherischen Konfession übten auch auf katholische Kreise in Bayern großen Reiz aus: die Priesterehe und die Forderung, das Abendmahl in beiderlei Gestalt zu gewähren, nämlich neben dem bisher üblichen Brot auch den Wein zu spenden. Vor allem in den größeren Städten formierte sich die so genannte Kelchbewegung. Wie wenig definitiv die Glaubensgrenzen in dieser Zeit noch waren, zeigt das Beispiel der katholischen Residenzstadt München, in welcher der Rat einen protestantischen Pfarrer an eine Kirche der Stadt berief und auch den Laienkelch forderte, also den Wein für die Gemeinde.

Herzog Albrecht, der zu Beginn seiner Regierungszeit eher moderat auf die neue Lehre reagiert hatte, verschärfte ab 1558 den Kurs. Er setzte eine große Visitation durch, die den Zustand der Kirche in Bayern überprüfen sollte. Die Ergebnisse waren teilweise niederschmetternd und führten zu einer harten katholischen Politik des Herzogs. Die Kelchbewegung wurde bekämpft, wer sich dazu bekannte, musste das Land verlassen. Für eine konsequente Kirchenpolitik war Albrecht auf die Mitarbeit des Klerus angewiesen. Aber der verweigerte sich zum Teil. Daher holte er 1556 die ersten Jesuiten nach Ingolstadt, das so zum Ausgangspunkt einer katholischen Erneuerung in Bayern wurde.

Als Albrecht 1579 starb, hatte er zweierlei erreicht: Die Reformation in Bayern war vollständig ausgeschaltet, und das Land steckte in einer katastrophalen Finanzkrise. Sein Sohn und Nachfolger ging den Weg konsequent weiter, sowohl was die katholische Politik als auch was die Verschuldung betraf.

> *Es thut sich als verkehren / zu diser letzen zeit.*
> *Den reichen müssen nehren / die armen handwerksleut.*
> *Die henn krät vor dem Hahn, / wer nichts hat, will vil zehren,*
> *der Narr den Weisen lehren, / die Fraw schlägt jren Mann.*
> (Orlando di Lasso 1573)

Ebenso wie sein Vater Albrecht war Wilhelm V. ein großer Kunstliebhaber. Während seiner Prinzenzeit residierte er in Landshut auf der Burg Trausnitz und unterhielt dort einen Hofstaat, der den Vergleich mit italienischen Renaissancehöfen nicht zu scheuen brauchte. Eine besondere Beziehung verband Wilhelm mit dem Leiter der Münchner Hofkapelle, mit Orlando di Lasso. Der in Mons im Hennegau geborene Komponist war einer der produktivsten und vielseitigsten Musiker seiner Zeit. Albrecht V. hatte Lasso 1557 an den Münchner Hof geholt. Unter seiner Leitung wurde München zu einem Zentrum der Musik und die Hofkapelle zu einem der besten und berühmtesten Ensembles.

Schon als Prinz hatte es Wilhelm geschafft, sich bis über den Hals zu verschulden. Als ihm alles über den Kopf zu wachsen drohte, die Schulden, die Sorge um seinen Hofstaat, die Schwierigkeiten mit dem Vater, brach er 1575 zusammen und wurde schwer krank. Dieser Zusammenbruch führte zu einer Wende: Aus dem leichtlebigen, prunkverliebten Prinzen wurde ein schwermütiger Melancholiker, der sich immer stärker der Religion und den jesuitischen Beichtvätern zuwandte. Als er 1579 die Regierung übernahm, führte er die strenge katholische Politik seines Vaters so konsequent weiter, dass er den Beinamen »der Fromme« erhielt.

Das wichtigste Ereignis in Wilhelms Regierungszeit war der Kampf um Köln. 1583 trat der Kölner Kurfürst und Erzbischof zum Protestantismus über. Nach dem im Augsburger Religionsfrieden ausgehandelten Geistlichen Vorbehalt musste er sein Amt nun niederlegen. Wilhelms jüngerer Bruder Ernst wurde vom Domkapitel in Köln zum Erzbischof gewählt, konnte aber nur durch ein militärisches Eingreifen der Bayern im Verbund mit spanischen Truppen das Kölner Erzbistum einnehmen. Von nun an erhielt der jeweils zweitgeborene Sohn des Wittelsbachischen Herrscherhauses das Kölner Erzbistum als Geschenk in die Wiege gelegt. So besaßen die Wittelsbacher über zweihundert Jahre lang einen mächtigen Außenposten.

Ein eindrucksvolles Zeugnis für Wilhelms Kirchenpolitik war der Bau der Michaelskirche in München, mit dem 1583 begonnen wurde. Das mächtige Gebäude, ein architektonisches Hauptwerk der Gegenreformation und der erste Kirchenbau der Renaissance nördlich der Alpen, spiegelt das politische Programm Wilhelms bereits in der Fassade wider. Neben dem Erzengel Michael sind die Bewahrer des katholischen Glaubens zu sehen, darunter neben Kaiser Karl V. auch Wilhelm selbst.

Ebenso wie sein Vater Albrecht konnte auch Herzog Wilhelm sein Leben lang nicht mit Geld umgehen. Der Kölner Krieg war sehr teuer gewesen, und die Ausgaben des Hofes überstiegen die Einnahmen bei weitem. Da er den Staatsbankrott nicht abwenden konnte, dankte Wilhelm 1597 ab und überließ die Regierung seinem Sohn.

Ich sehe halt, daß sowohl bei Geistlichen als Weltlichen nur auf die Ragion di stato gesehen wird und daß der respektiert wird, der viel Land oder viel Geld hat, und dieweilen wir deren keins, so werden wir sowohl bei den Welschen als andern nimmermehr keine Autorität haben, bis wir doch in Geldsachen uns besser schwingen, und wird gewiß daran alles gelegen sein, wie mich denn gedunkt, es soll dies Werk uns Ursach geben, auf diese Geldsachen äußerst acht zu geben, und da wir da wohl stehen, so werden wir den geldgeizigen Welschen wenig, sondern sie uns nachlaufen.

Maximilian I. von Bayern, ab 1623 Kurfürst

Als Maximilian 1597 die Nachfolge in Bayern antrat, versuchte er als Erstes, den Zusammenbruch der Staatsfinanzen abzuwenden, den sein Vater und sein Großvater zu verantworten hatten. Geld ist Macht, das war Maximilian sehr bewusst, wie der Brief an seinen Vater zeigt. Und Maximilian muss ein Finanz- und Organisationsgenie gewesen sein. Gleich zu Beginn seiner Regierungszeit führte er eine Finanzreform durch, die in ihrer Effizienz in Deutschland einmalig war. Es gelang ihm, die Landstände weitgehend auszuschalten und sich so eine große Unabhängigkeit und Eigenständigkeit zu sichern, eine Souveränität, wie sie später die absolutistischen Herrscher hatten. Man kann Maximilian daher als den ersten absolutistischen Fürsten in Deutschland bezeichnen.

Das Erstaunliche an dieser Figur ist, daß er trotz der Schrecknisse des Dreißigjährigen Krieges ein großer Mäzen gewesen ist. Er ist ein wahnsinniger Knicker gewesen und hat die Finanzverwaltung fest in der Hand gehabt und die Rechnungen selbst nachkontrolliert. Und dann hat er Kommissionen aufs Land geschickt und hat – ein echter homo politicus, also mißtrauisch gegen die Psyche der Menschen – jeder Kommission eine Geheimkommission nachgeschickt, die die Kommission kontrollieren sollte, ob die sich nicht bestechen läßt. (Friedrich Prinz)

110

Völlig neu war die Art, in der er sein Land regierte. Maximilian fühlte sich für alles verantwortlich und kümmerte sich auch um Kleinigkeiten. Von seinen Mitarbeitern verlangte er einen ähnlichen Einsatz. *Wir werden über die Maßen mit dem Laborieren überhäuft, sonderlich bei einem fleißigen Herrn, der Tag und Nacht keine Ruhe sich gönnt, sich und andere consumiert,* klagte einer seiner Beamten. Maximilian las sich durch Unmengen von Akten und schrieb an die Ränder seine oft bissigen, manchmal ironischen Bemerkungen. *Es ist zum Erbarmen, daß so wenig Hirn in so dicken Köpfen!* Er wollte über jeden Vorgang genau informiert werden. Unregelmäßigkeiten ließ er nicht durchgehen. Sein ungeheures Pensum schaffte er nur, indem er um vier Uhr morgens mit der Arbeit begann. Sein Arbeitsethos lautete: *Eiferige, arbeitsame Potentaten und Fürsten werden recht brennenden Kerzen verglichen, welche sagen künnten: Aliis lucendo consumor – ich brauch mich auf, um anderen zu leuchten.*

Neben den Finanzen reformierte Maximilian auch den Beamtenapparat. Die Beamten wurden nun streng kontrolliert und waren dem Fürsten direkt verantwortlich. Die Loyalität seiner Beamten ließ sich Maximilian allerdings einiges kosten. Ihre Gehälter wurden angehoben, und sie erhielten allerlei Vergünstigungen.

Maximilian war sicherlich einer der bedeutendsten Herrscher der Wittelsbacher. Ausgebildet bei den Jesuiten, verfügte er über eine außergewöhnliche Bildung, sprach Latein, Italienisch, Französisch und Spanisch, war ebenso wie seine Vorfahren ein großer Kunstkenner, war tief religiös, aber auch machtbewusst. Er fühlte sich verpflichtet, das Volk mit seiner Frömmigkeit zu durchdringen; religiöse Verordnungen bestimmten daher den Alltag. Für alle nur möglichen Verfehlungen gab es strenge Strafen. Bestraft wurden das Fluchen, das Spielen, Gotteslästerungen, das Tragen bestimmter Kleidung und, besonders schwer, der Ehebruch. Für die Unterstützung und Bildung der Volksfrömmigkeit holte Maximilian die Kapuziner nach Bayern, die bald zum beliebtesten Orden wurden.

Die Jesuiten dagegen, bereits von Maximilians Großvater, Herzog Albrecht, nach Bayern geholt, zogen mit ihrer Bildung und Wissenschaft vor allem den Adel und das Bürgertum an.

Es gab diesen sehr ausgeprägten jesuitischen Humanismus, vor allem Schulhumanismus, der so weit reichte, daß protestantische Fürsten ihre Söhne an jesuitische Schulen geschickt haben, weil die first class waren, es gab eben nichts besseres. (Friedrich Prinz)

Die Jesuiten prägten nicht nur die Schulen und Universitäten, sie bestimmten auch die Kultur am Münchner Hof. In lateinischer Sprache wurden Dramen aufgeführt wie der »Cenodoxus« des berühmten Dramatikers Jakob Bidermann. Der bedeutendste lyrische Dichter in München war Jakob Balde, und im Jesuiten Jeremias Drexel fand sich ein sprachgewaltiger Prediger, dessen Texte in hohen Auflagen erschienen.

Was ist das Leben? Das Leben ist ein Blum, ein Rauch, ein Schatten, des

Schattens Schatten, ein Wasserblas, ein auslöschende Wachskerz, ein durchlöcherter Sack, ein baufälligs Haus, ein Frühlingstag, ein unbeständiger April, ein einziger Ton einer Lauten, ein zerbrochner Krug, ein Spinnweb, ein Meertropfen, ein Strohhalm, ein Sonnenkraut, ein kurze Comedi, ein fliegendes Fünklein, ein Tauben so an der Sonnen gleißet. Das Leben ist ein zartes Glas, ein leichtes Baumblatt, ein guldiner innwendig fauler Apfel. Wann der Schatten nichts ist, was ist dann der Traum eines Schattens?

Apokalyptischer Reiter (Albrecht Dürer)

Der größte Teil von Maximilians Regierungszeit wurde überschattet von einem Ereignis, das sowohl für Bayern wie auch für das übrige Deutschland zur Katastrophe des 17. Jahrhunderts wurde: vom Dreißigjährigen Krieg.

Herzog Maximilian war von Anfang an in die Entwicklung, die zu diesem Krieg führte, eingebunden. Er hatte handfeste eigene Interessen: Da war zum einen die Pfalz, die im Norden an das Herzogtums grenzte und deren Gewinn Maximilian sehr reizte. Zum anderen hatte er schon lange einen Traum, den er sich unbedingt erfüllen wollte: die Kurfürstenwürde. Und schließlich wollte Maximilian auch nicht das kleinste Gebiet an die Protestanten verlieren. Zugleich gab es aber immer noch die alte Rivalität mit dem Hause Habsburg, dem großen Konkurrenten der Wittelsbacher. So war Bayerns Interessenlage am Vorabend des Krieges.

Im August 1619 wählten die böhmischen Stände keinen Habsburger, sondern den Protestanten Friedrich V. von der Pfalz zu ihrem König. Das rief die katholischen Fürsten und Bischöfe auf den Plan, die sich in der »Katholischen Liga« zusammengeschlossen hatten. Die Liga war gegründet worden als Antwort auf ein Bündnis der protestantischen Fürsten, die »Union zur Verteidigung des evangelischen Glaubens«.

Das Haus Habsburg, das den deutschen Kaiser stellte, stand mit dem drohenden Verlust der böhmischen Krone vor seinem Zusammenbruch. Ohne Habsburg hätte es im Deutschen Reich nur noch ein starkes katholisches Land gegeben, nämlich Bayern. Maximilian, das wichtigste Mitglied der Liga, beschloss daher, die alte Rivalität zwischen Habsburgern und Wittelsbachern zu überwinden und den Habsburger Kaiser Ferdinand II. zu unterstützen. Im Oktober 1619 wurde in München ein folgenschwerer Vertrag geschlossen.

Demnach von der Römischen Kaiserlichen, auch zu Ungarn und Böhmen Königlichen Majestät der durchleuchtigst Fürst Herr Maximilian Herzog in Bayern wegen der gegenwärtigen äußersten Gefahr auf das beweglichst ersucht worden, ob Ihre Fürstliche Durchleuchtigkeit das völlig Direktorium über der Katholischen Defensionswesen über sich nehmen und dem gemeinen Wesen zum besten führen wollte.

Maximilian sollte also den Oberbefehl über die katholischen Truppen übernehmen. Für seine Hilfe handelte Maximilian dem Kaiser weitreichende Zugeständnisse ab. Mündlich versprach ihm Ferdinand die pfälzische Kurwürde und jene Gebiete, die bisher Friedrich V. von der Pfalz gehörten.

Wir sind doch nunmehr ganz, ja mehr denn ganz verheeret!
Der frechen Völker Schar, die rasende Posaun,
das vom Blut fette Schwert, die donnernde Kartaun
hat aller Schweiß und Fleiß und Vorrat aufgezehret.
(Andreas Gryphius, Tränen des Vaterlandes)

Der Krieg konnte beginnen. Ein Krieg, wie ihn Deutschland noch nicht erlebt hatte, ein drei Jahrzehnte dauerndes Morden, Brennen, Vergewaltigen, Plündern und Zerstören. Für Maximilian brachte der Dreißigjährige Krieg in seiner ersten Phase eine Reihe von Erfolgen. Unter Führung des Feldherrn Johann Graf von Tilly errangen die Truppen der Liga am 8. November 1620 einen Sieg am Weißen Berg vor Prag. Der Böhmenkönig Friedrich wurde geschlagen und seither, wegen seiner kurzen Regierungszeit, »Winterkönig« genannt.

Mit diesem Sieg veränderten sich die politischen Verhältnisse in Europa, denn die böhmischen Städte huldigten Habsburg. Der Konflikt erhielt aber auch einen neuen Charakter, denn die europäischen Mächte begannen sich einzumischen.

Zunächst sah Maximilian wie der Gewinner aus. Er erhielt im Februar 1623 in Regensburg die lang ersehnte Kurwürde. Fortan durfte er sich, wie später auch seine Erben, Kurfürst nennen. Diesen Titel zu verteidigen war sein Bemühen in den kommenden Jahrzehnten. Außerdem erhielt er die Oberpfalz, ein wirtschaftlich wichtiges Bergbaugebiet.

Die Türme stehn in Glut, die Kirch ist umgekehrt,
das Rathaus liegt im Graus. Die Starken sind zerhaun,
die Jungfern sind geschänd't. Und wo wir hin nur schaun,
ist Feuer, Pest und Tod, der Herz und Geist durchfähret.

Was Anfang der 20er-Jahre noch wie ein lokaler Konflikt aussah, in dem der bayerische Herzog und Kurfürst die Fäden in der Hand hielt und zu seinem Vorteil agieren konnte, wurde nach und nach unübersichtlich, da die übrigen europäischen Mächte entdeckten, dass auch sie Interesse hatten an diesem Krieg in der Mitte Europas. Die Liga, Maximilian und das Haus Habsburg konnten die Entwicklung bald nicht mehr kontrollieren. Hieß die erste Phase der Auseinandersetzung Böhmisch-Pfälzischer Krieg, so bezeichnet man die nächste Phase, die 1625 begann, als den Dänisch-Niedersächsischen Krieg.

Der habsburgische Kaiser hatte bisher keine schlagkräftige eigene Armee gehabt und war von der Unterstützung der Liga und damit vom bayerischen Kurfürsten abhängig. Mit Albrecht von Wallenstein änderte sich das: Er wurde zum Feldherrn des Habsburgers und rekrutierte eine riesige Armee von bis zu 100 000 Mann. Nun glaubte die katholische Seite, unschlagbar zu sein, und die Selbstüberschätzung Wallensteins kannte bald keine Grenzen mehr. Als Maximilian die Macht, die Wallenstein auf sich konzentrieren konnte, zu bedrohlich wurde, erzwang er auf dem Kurfürstentag in Regensburg 1630 den Rücktritt seines schärfsten Gegners. Nun war die Liga wieder ohne Heer, denn Bayern war inzwischen nicht mehr in der Lage, die Führungsrolle zu übernehmen. Die Absetzung Wallensteins wirkte sich in der neuen Phase, in die der Krieg kurz darauf trat, verheerend aus. Es begann der Schwedische Krieg. König Gustav Adolf II., den die deutschen Fürsten zunächst verspottet hatten, griff mit seiner Armee ein, um die protestantische Sache zu retten und um seine Ostseebesitzungen zu sichern.

Am 17. September 1631 wurde der katholische Feldherr Tilly von den schwedischen Truppen bei Breitenfeld in Sachsen vernichtend geschlagen. Trotzdem stellte er sich mit seiner erschöpften und reduzierten Armee einige Monate später bei Rain am Lech Gustav Adolf nochmals entgegen, um ein Eindringen der Schweden nach Bayern zu verhindern. Aber es war umsonst, mit seiner starren altmodischen Schlachtordnung war das katholische Heer der wendigen, schnellen Armee der Schweden nicht gewachsen. Tilly wurde schwer verwundet und starb in Ingolstadt. Die Liga war nun ohne schlagkräftige Truppen und ohne Feldherrn.

Maximilian, der die Bedrohung von seinem Land nicht abwenden konnte, war an einem Friedensschluss interessiert, aber durch die vielen Mitspieler mit ihren unterschiedlichen Interessen hatte der Krieg längst eine Eigendynamik entwickelt, die nicht mehr zu stoppen war.

1632. Den 20. April ergab sich Augsburg ohne Schwertstreich den Schweden. Von unten herauf hat der Feind schon wirklich Regensburg, Landshut, Moosburg, Freising besetzet, und aller Orten mit unerschwinglichen Schatzungen, Verwüsten, Brennen und Morden übel gehauset. Zur Überzeugung dieser Wahrheit sahe man alle Nächte von weitem 4, 5 und noch mehr Feuersbrünste.

Maurus Friesenegger, Abt des Klosters Andechs, beschrieb in seiner Chronik eindringlich und detailliert den Verlauf des Krieges aus bayerischer Sicht. Über Friedberg, Aichach, Schrobenhausen und Pfaffenhofen zog Gustav Adolf nach München. Der schwedische König verlangte von der Stadt, sich mit der gewaltigen Summe von 300 000 Reichstalern freizukaufen. 300 000 Reichstaler, das waren ungefähr 40 Prozent der jährlichen Steuereinkünfte der schwedischen Krone zu der Zeit. Natürlich konnte die Stadt eine so hohe Summe nicht bezahlen. Daher wurden 42 Münchner Bürger als Geiseln genommen, die später ausgelöst werden sollten, was aber nie geschah.

Angesichts der Übermacht der Schweden blieb der Liga nichts anderes übrig, als Wallenstein wieder einzusetzen. Er erhielt diesmal noch größere Vollmachten als einige Jahre zuvor. Und er war siegreich: Er hatte sich perfekt auf die neue Kriegstaktik eingestellt und schlug die Schweden in der Schlacht bei Lützen. Gustav Adolf fiel, aber der Krieg dauerte fort, schlimmer nun und heftiger als zuvor. Die schwedischen Truppen zogen eine Schneise der Vernichtung durch Deutschland, vor allem durch Bayern, das ihnen schutzlos ausgeliefert war, da Wallenstein hier nicht eingriff. Auch das Kloster Andechs wurde überfallen.

Übrigens war im ganzen Kloster eine abscheuliche Verwüstung: keine ganze Tür, kein Schloß, kein Kasten, kein Schrank, kein Fenster, das nicht zerbrochen war; alle Gänge, alle Zimmer waren mit Stroh, zerschlagenen Fenster- und Türsplittern, mit Pferd- und Menschenunrat, mit Gestank und Grausen angefüllet. Vom ganzen Hausrat, von Kuchel- und Tischgeräten war nichts mehr da oder zerbrochen. Man kann aber nicht wirklich sagen, ob die Auswärtigen oder einheimischen Diebe mehr geraubet haben.

Das Land litt nicht nur unter der fremden Armee, auch die eigenen Truppen machten den Bauern zu schaffen. Als im zweiten Kriegswinter eine Einheit in Kloster und Dorf einquartiert wird, berichtet Maurus Friesenegger:

Eben damal klagten der Pater Prior und Pater Kellerer bei den Colonellen über die gar zu harten Pressungen und Feindseligkeiten, sowohl gegen das

Kloster als gegen die Bauern, besonders an Forderungen von Sachen, die sie gar nicht haben noch haben können. Die Colonellen wurden dadurch aufgebracht und befahlen von nun an alle Tage ihnen weißes Semmelbrot, Fleisch und Gemüse auf die Tafel zu liefern. Denn die Güter der Bauern, sagten sie, gehören den Soldaten so gut als den Bauern selbst, und also haben sie das Recht, davon zu leben. Und mit diesem Recht fordern sie alle Milch und Butter von allen Kühen. O! Die letzte und fast einzige Nahrung der Elenden!

Nördlich des Chiemsees und am Inn erhoben sich die Bauern gegen die eigenen plündernden, raubenden und brandschatzenden Soldaten, aber auch gegen die Steuern, die der Kurfürst aus dem geschundenen Land presste und die in diesen schweren Kriegsjahren doppelt so hoch waren wie in Friedenszeiten. In der skrupellosen Ausbeutung der Bevölkerung, die für den Unterhalt der eigenen und der feindlichen Armeen sorgen musste, stand Maximilian den gegnerischen Befehlshabern in nichts nach. *Man muß es machen, wie der Feind gethan, welcher von den Contributionen, Brandschatzungen und anderen Exactionen die Kriegscassa gespickt und davon alle Notdurft der Armada bestellt hat.*

Als Albrecht von Wallenstein 1634 ermordet wurde, entstand ein Machtvakuum, das der französische Kardinal Richelieu ausnutzte, um ein Bündnis mit den Schweden zu schließen. Der Krieg ging weiter. Anfang September 1634 fand bei Nördlingen das vielleicht blutigste Gefecht des Dreißigjährigen Krieges statt. Schweden verlor nun seine Stellungen in Süddeutschland, und Bayern blieb für mehr als ein Jahrzehnt von großen Kämpfen verschont. In der Folge des Krieges wütete jetzt allerdings die Pest und forderte immense Opfer.

Deutschland, lange schon plagen dich dunkle Gefahren des Krieges. Trefflicher Friedensschluß allen bring tausendfach Freud. In der geöffneten Stadt sollen jubeln Volk und Bürger. Allen erblühe ihr Heim neu mit rechtem Geschick.

In dieser Motette drückte Heinrich Schütz die tiefe Sehnsucht der Menschen nach Frieden aus. Aber 1646 ging es wieder los. Während in Münster und Osnabrück bereits über den Friedensvertrag verhandelt wurde, stand Bayern das schlimmste Kriegsjahr überhaupt bevor. Erneut drangen schwedische und französische Truppen ein. Das Land wurde bei dieser zweiten großen Invasion noch schonungsloser verwüstet als beim ersten Mal. Liest man Frieseneggers Tagebuch, so scheinen die kaiserlichen Truppen noch schlimmer gewütet zu haben als die Schweden.

Seither die Kaiserlichen in Baiern eingerücket, und hauptsächlich den Distrikt zwischen der Isar und dem Lech besetzet haben, so wünschte jedermann die noch besseren Schweden. Wer sich nicht schon vorhin weit hinweg geflüchtet hat, der mußte sich jetzt in Wäldern und finsteren Abwegen verbergen. Weder in den Häusern noch auf den Wegen entging jemand ihrer Barbarei und ihrem Mutwillen. Sie raubten, plünderten und marterten ohne zu denken, daß sie Menschen sind und mit Menschen umgehen. Ohne Unterschied des Alters und des

Geschlechtes banden sie die Menschen, entblößeten sie ganz und schändeten die einen zu Tode und die andern jagten sie bei sehr kalter Herbstzeit ganz nackend vor sich. Solche Bestien machet der anhaltende Krieg aus den Menschen!

Die bayerische Armee war dem Ansturm der Schweden und Franzosen nicht gewachsen und gab den Übergang über den Lech und später über die Isar bei Freising kampflos preis und flüchtete zum Inn. Was noch zu zerstören war, wurde nun von der nachrückenden schwedisch-französischen Armee vernichtet. Am Inn wurde der Vormarsch gestoppt und die kaiserlich-bayerische Armee begann unter Ottavio Piccolomini mit dem Gegenangriff. Auch der Rückzug der schwedischen Armee war wieder von Verwüstungen und Verheerungen des inzwischen völlig ausgepumpten Landes begleitet. Als am 24. Oktober 1648 in Münster und Osnabrück der Westfälische Frieden geschlossen wurde, blieb ein verwüstetes Bayern zurück, eines der am schwersten betroffenen deutschen Gebiete.

Hier durch die Schanz und Stadt rinnt allzeit frisches Blut.
Dreimal sind schon sechs Jahr, als unsrer Ströme Flut,
von Leichen fast verstopft, sich langsam fortgedrungen.
Doch schweig ich noch von dem, was ärger als der Tod,
was grimmer denn die Pest und Glut und Hungersnot:
daß auch der Seelen-Schatz so vielen abgezwungen!

Nach dem Friedensschluss von Münster und Osnabrück blieb dem Kurfürsten für den Wiederaufbau Bayerns nur noch wenig Zeit. Im September 1651 starb Maximilian in Ingolstadt im Alter von 75 Jahren.

D as Zeitalter der Renaissance und des Barock zeigt sich in Bayern, Franken und Schwaben als eine Zeit des Umbruchs, eine Zeit der großen Unsicherheit und Ängste. Zu den konfessionellen und politischen Wirren kam wirtschaftliches Elend. Krieg, Pest und Hungersnot – die Menschen waren überfordert, mit den Schicksalsschlägen dieser Jahrzehnte fertig zu werden. Sie suchten nach Schuldigen.

Hexensabbat
(Kupferstich, Stadtarchiv München)

Bamberg 1628. Unschuldig bin ich in das Gefängnis kommen, unschuldig bin ich gemartert worden, unschuldig muß ich sterben. Denn wer in das Haus kommt, der muß ein Hexer werden oder wird so lange gemartert, bis daß er etwas aus seinem Kopf erdachte und sich, daß Gott erbarm, auf etwas bedenke.

In der Zeit zwischen 1590 und 1630 erreichten die Hexenverfolgungen in Bayern, Deutschland und Europa ihren Höhepunkt. In München kam es 1590 zu einem großen Hexenprozess, die Bischöfe in Würzburg und Bamberg ordneten 1616 große Verfolgungen an. In Franken, Altbayern und Schwaben scheint es über 5000 Verbrennungen gegeben zu haben, wobei es in den fränkischen Hochstiften zwischen 1626 und 1630 zu den deutschlandweit schlimmsten Hexenjagden kam.

Auslöser der Hexenhysterie waren unter anderem die Missernten dieser Jahre und die darauf folgenden großen Hungersnöte. Die Getreidepreise stiegen damals ins Unendliche und lagen um 1000 Prozent höher als in normalen Jahren.

Oft war die Stimmung in der Bevölkerung der Anlass für eine Verfolgungswelle. Zuerst wurden sozial verdächtige Personen der Hexerei beschuldigt. Zu Beginn einer Welle waren das die klassischen Hexen, alte, alleinstehende, arme Frauen, Außenseiterinnen der jeweiligen städtischen oder dörflichen Gemeinschaften. Man klagte Hexen und Hexer wegen der unterschiedlichsten Delikte an, konnte sie für alle Schäden an Leib und Gut, für alle ungewöhnlichen Vorfälle verantwortlich machen. Man traute ihnen zu, die Ernten mit vielfältigen Zaubermitteln zu vernichten, *mit ungewöhnlichen donnern, Blitz, Schauer, Hagel, Sturmwinden, Wassernöten, Mäusen, Gewürm und was andere Sachen mehr sein ...,* heißt es in der »Erweytterten Unholden Zeyttung« von 1590.

Hexen, Druden, Unholde: Sie konnten Mensch und Vieh Krankheiten anhexen, sie machten die Alten lahm, die Gebrechlichen noch gebrechlicher, töteten ungetaufte Säuglinge, flogen zu ihren Satanstreffen durch die Luft, buhlten mit dem Teufel *und was andere Sachen mehr sein.*

Wie aber den Hexen ihr Tun nachweisen? Wie sie überführen? Und waren die Ankläger nicht auch gefährdet, denn wenn sie von den Hexereien wussten, wer sagte, dass sie nicht selbst mit dem Teufel im Bunde standen? Sehr schnell begann sich eine Spirale zu drehen aus Anklage, Selbstbezichtigung und Denunziation, die bald viele in ihren Strudel zog. Verantwortlich dafür war die Folter. Wer der Hexerei bezichtigt wurde, der kam ins peinliche Verhör. Jenseits sämtlicher damals gültigen Prozessordnungen wurde er oder meistens sie mit Beihilfe des Scharfrichters befragt. Unter der Folter blieb den Beschuldigten nichts anderes übrig, als die geforderten Auskünfte zu geben. Und so dachten sich die angeblichen Hexen abstruse Geschichten aus und beschuldigten andere Unschuldige der Mithexerei. Viele blieben bei ihrem ersten Verhör noch bei der Wahrheit; dass es aber unmöglich war, sich den grausamen Verhörmethoden auf Dauer zu widersetzen, das zeigen die erhaltenen Dokumente.

Coburg 1629. Ob Elisabeth Maderin gleich bey der ersten Marter nichts be-
kennet, habe man doch ohne rechtliches Erkenntniß, die Tortur wiederholet
und der Scharfrichter ihr die Hände gebunden, die Haar abgeschnitten, sie auf
die Leiter gesetzet, Brandenwein auf den Kopf gossen und die Kolbe vollends
wollen abbrennen. Ihr Schwefelfedern unter die Arm und den Hals gebrennet.
Hinten aufwärts mit den Händen bis an die Decke gezogen, so bei drei oder
vier Stunden gewähret, und sie gehangen, der Meister aber zum Morgenbrot
gangen. Und als er wiederkommen, ihr Brandenwein auf den Rücken gossen
und angezündet. Ihr viel Gewichter auf den Rücken gelegt und sie in die Höhe
gezogen. Nach diesem wieder auf die Leiter und ihr ein ungehoffeltes Brett
mit Stacheln unter den Rücken gelegt und mit den Händen bis an die Decke
aufgezogen. Furter die beide große Fußzehen und beide Daumen zusammen
geschraubet, eine Stange durch die Arm gestecket und sie also aufgehänget, daß
sie ungefähr eine viertel Stunde gehangen, während ihr immer eine Ohnmacht
nach der anderen zugangen.

Mit den großen Verfolgungen zwischen 1626 und 1630 nahm auch die Kritik an den Hexenprozessen zu. Nach 1630 ebbte der grausame Spuk in Süddeutschland ab.

Die 130 Jahre von 1520 bis 1650 umspannen ein widersprüchliches Zeitalter. Auf der einen Seite: die Schätze, die Herzog Albrecht im Antiquarium
der Münchner Residenz sammelte, die Musik Orlando di Lassos, die Bauten, die
Herzog Wilhelm anregte, die Kunstwerke des Sammlers Maximilian, die den
Grundstock der Alten Pinakothek in München bildeten. Auf der anderen Seite:
Glaubenswirren und Bauernkrieg, Dreißigjähriger Krieg, Seuchen und Hexenverfolgungen. Mit Kurfürst Maximilians Tod endete eine janusköpfige Epoche.

Reinhard Wittmann

Großmachtträumer, Aufklärer, Geheimbündler
Bayern zwischen Barock und Moderne

M *ein Madensack soll man nit lang ob der erden lassen, noch vil grandeza*
und ceremonien, sondern die spesa auf die armen verwenden und khei-
nen pomp machen.

So hatte es Kurfürst Maximilian in seinem Testament angeordnet. Als er am
frühen Morgen des 27. September 1651 im Ingolstädter Schloss starb, wurde sein
Herz in die Altöttinger Gnadenkapelle gebracht – zu jener Patrona Bavariae, unter deren Schutz er einst sich selbst und sein ganzes Land gestellt hatte. Er hatte
es geschafft, seinen mittelgroßen Flächenstaat, der im Wesentlichen aus dem
heutigen Ober- und Niederbayern (samt Innviertel) bestand, über alle Verwüstungen und Besetzungen, über Krisen und Katastrophen hinweg zu bewahren,
ja die Oberpfalz zurückzugewinnen und die Kurfürstenwürde zu erobern. Er hat
mit unerbittlicher Religiosität und unter Aufbietung aller eigenen und seiner
Untertanen Kraft den Katholizismus im Heiligen Römischen Reich maßgeblich
gerettet – und auch das habsburgische Kaisertum. In seinem Kampf für den alten Glauben hat er Bayerns Staat und Volk noch stärker als bisher mit dem mediterranen Kulturkreis verbunden.

Die Bilanz des generationenlangen Krieges freilich war katastrophal. Bayern
war nahezu ruiniert, die Kämpfe und eine Pestepidemie hatten ein Drittel der
Bevölkerung gefordert, hatten die wenigen Städte mit ihren Handwerkern und
Bürgern und das riesige Bauernland verarmt und verwüstet. Der sprichwörtliche
Dank des Hauses Habsburg blieb allerdings wieder einmal aus. Im Gegenteil:
Um sich der steten österreichischen Einverleibungsgelüste zu erwehren, begann
Kurbayern immer stärker auch die französische Karte zu spielen. So gewann das
erschöpfte Land nach dem Krieg eine ebenso lange Friedensperiode. Es war die
Regierungszeit von Maximilians Sohn Ferdinand Maria.

Die neue Freundschaft mit Frankreich wurde, wie im Absolutismus üblich,
mit einer Heirat besiegelt: Richelieus Nachfolger, Kardinal Mazarin, schlug
für das Söhnchen Maximilians als Braut die savoyardische Prinzessin Henriette Adelaide vor, eine sowohl zarte und nervöse wie auch temperamentvolle
und kokette südliche Schönheit. Sie wirbelte den sittenstrengen und geizigen
Münchner Hof gehörig durcheinander, nachdem der 18-jährige Ferdinand
Maria 1654 das Regiment angetreten hatte. Der stark kurzsichtige, schüch-
terne Melancholiker ließ seine verwöhnte Frau gewähren bei der Verfeine-
rung der Sitten, der Politur des Geschmacks. Ein ungewohnter Glanz kam
in die kalte Residenz, statt steifem spanischen Zeremoniell herrschten nun

Opern und Ballette, Maskenbälle und Musik.

Aber sie hatte größere Pläne – nämlich, ihrem braven Gemahl mit Frankreichs Hilfe die deutsche Kaiserwürde zuzuschanzen. Die Abneigung der meisten deutschen Fürsten gegen Habsburgs Dünkel ließ dies nicht aussichtslos erscheinen. Mit der Geburt Max Emanuels 1662 war auf jeden Fall der Fortbestand der Dynastie Wittelsbach gesichert. Aber Adelaides ehrgeiziges Spiel scheiterte am gänzlich unterentwickelten politischen Ehrgeiz ihres Mannes – immerhin nahm dieser nun auf Österreichs Interessen keine Rücksicht mehr, verfolgte eine vorsichtige Neutralitätspolitik und schloss 1670 mit dem »Sonnenkönig« Ludwig XIV. einen geheimen Bündnisvertrag.

Das Kurfürstenpaar Ferdinand Maria und Henriette Adelaide von Savoyen

Blieb auch die Kaiserkrone unerreichbar, so sollte wenigstens die Münchner Residenz mit der Wienerischen konkurrieren. Die Prunkaufführungen der Hofbühne im neu erbauten Opernhaus am Salvatorplatz (dem ersten freistehenden Theaterbau Deutschlands) bildeten einen Höhepunkt barocker Festkultur in Europa; außerdem gab es beispielsweise zur Geburt des Thronfolgers 1662 ein Ritterspiel im neuen Turnierhaus am Schwabingertor, eine Feuerwerks-Oper mit Seegefechten auf der Isar, aber auch ein Volksfest, bei dem die Brunnen der Residenz Wein spendeten. Münchens Bühnen waren international – hier spielten sowohl eine italienische wie eine französische und deutsche Schauspielertruppe, auf Lateinisch inszenierten die Jesuiten ihre Gymnasialstücke, und im unverfälschten Dialekt zog das Volksschauspiel im Faberbräu die Bürger an. Von den üppigen höfischen Festivitäten erholte sich der Naturfreund Ferdinand Maria gerne an der frischen Luft des Starnberger Sees, auf höchst feudale Weise freilich, auf seinem Prunkschiff nach dem Muster der Staatsgaleere des venezianischen Dogen, dem »Bucentaurus«, den der reisende Franzose Chapuzeau mit entzückten Worten schilderte:

Vom Vorder- bis zum Hinterteil ist er bis ins Wasser hinein vergoldet; es befindet sich auf dem Schiff eine Säulenhalle, vor der eine hohe und schöne künstliche Fontäne steht, von ihr kommt man in einen großen Salon und zwei

Kabinette. Rings um das Schiff läuft eine Galerie in Gestalt eines Balkons, auch sie ist vergoldet und mit Gemälden geziert. Der Hinterteil des Schiffes stützt sich auf zwei Löwen, die eine große Schiffslaterne tragen, und auf dem Vorderteil steht eine Statue des Neptun als Riese, der mit einer Hand einen Dreizack hält und mit der anderen zwei Segel aufzuspannen scheint. Das oberste Teil des Schiffes ist ebenfalls durch die Fontäne bewässert, alles Außenwerk vergoldet und mit Schnitzwerk verziert, bedeckt mit einer Masse von Wimpeln, Flaggen und Fahnen. Der Reichtum der Möbel im Innern entspricht ganz der Pracht von außen, und diese ungeheure Maschine wird von 150 Ruderern gesteuert, die man nicht sieht, und deren gemalte und vergoldete Ruder einen überaus schönen Anblick gewähren.

Begleitet wurde dieses schönste Schiff, das man je in Bayern gesehen hatte, von einem kleinen Geschwader samt Küchenschiffen, die mehr als zweitausend Personen zu verköstigen hatten. Der Nachschub war kein Problem: Die unerschöpflichen Reviere lieferten Rehe, Wildsauen, Gämsen, Steinböcke im Überfluss, und bei fröhlichen Hatzen wurden die Hirsche in den Starnberger See getrieben und vom Bucintoro aus erlegt.

Neben dem üppigen Wohlleben vergaß das Kurfürstenpaar allerdings keineswegs das Seelenheil. Mit dem einfachen Volk traf es sich in einer sehr barocken, intensiven Frömmigkeit. Auch hier nahm Adelaide das Heft in die Hand: Sie drängte den beherrschenden Einfluss der Jesuiten zurück zugunsten des jungen italienischen Ordens der Theatiner. Dessen Gründer Kajetan wurde auf bayerisches Betreiben heilig gesprochen, und Adelaide erklärte ihn gar zum Schutzpatron des Kurhauses und Landes. Kaum war 1662 ihre Niederlassung in München gegründet, brachten die Theatiner eine Vielzahl von Büchern heraus, die München zum Hauptdruckort italienischer Sprache diesseits der Alpen machten. Ebenfalls aus Italien wurden die Salesianerinnen berufen. Die welschen Klosterfrauen waren bis weit ins 20. Jahrhundert hinein vor allem in der Mädchenerziehung tätig, so in ihren Niederlassungen in Dietramszell und zuletzt in Zangberg. Diese geistige und geistliche Italianisierung Bayerns wurde verstärkt, ja potenziert durch die künstlerische und musikalische.

Von einer ausgedehnten Italienreise 1666–67 brachte das Kurfürstenpaar einen ganzen Schwarm italienischer Kunsthandwerker, Architekten, Dekorateure und Maler an den Münchner Hof. Sie drückten der Residenzstadt ihren Stempel auf, vor allem durch das triumphale Gebäude der Theatinerkirche, deren ockergelbe Fassade, wuchtige Kuppel und kupferne Hauben gerade bei blauem Föhnhimmel Münchens Silhouette so unerhört italienisch leuchten lassen und für den süddeutschen Barock zum großen Vorbild wurden. Neben der Umgestaltung der Residenz hat Adelaide sich insbesondere ihrem ganz persönlichen Lustschloss gewidmet: Nymphenburg. Vollendet vom großen Graubündner Hofbaumeister Enrico Zuccalli hat auch dieses italienische Gebäude zu einer vollkommenen

Synthese mit der oberbayerischen Landschaft gefunden. Ihr früher Tod hat es Adelaide nicht mehr erlaubt, diese Sommervilla zu bewohnen, die sie in allen Stadien geplant und deren Bau sie persönlich überwacht hatte. – Zur einzigartigen Musenresidenz wurde der Münchner Hof nicht zuletzt durch die italienische Oper. Der blutjunge Agostino Steffani wurde als Hofmusikus und später Kapellmeister verpflichtet, auch sein Lehrer Ercole Bernabei wechselte vom Petersdom nach München. Die glänzenden Opern der beiden (wie der berühmte »Servio Tullio«) verbinden die große italienische Tradition der Tonkunst mit einem durchaus bajuwarischen, kräftig-barocken Kolorit und bilden eine klingende Synthese von Nord und Süd.

Diese von Südlichtern überstrahlte Blütezeit von Kunst und Architektur, Spiritualität und Musik ging jäh zu Ende, als in der Nacht vom 9. auf den 10. April 1674 eine schreckliche Brandkatastrophe die prunkvoll neugestaltete Residenz verwüstete. Nach diesem Schock begann die Kurfürstin Henriette Adelaide zu kränkeln – und knapp zwei Jahre später starb sie, gerade erst 39 Jahre alt. Wiederum drei Jahre darauf folgte ihr mit 43 Jahren Ferdinand Maria nach.

N immt man König Ludwig II. aus, so hat wohl kein Wittelsbacher die Mit- und Nachwelt mehr fasziniert als Max Emanuel. Die Geschichtsschreibung ist mit ihm meist recht unfreundlich umgegangen, weil kein bayerischer Herrscher zuvor so unverblümt eine europäische Großmachtstellung beansprucht hatte – nicht zur höheren Ehre des Landes, sondern ausschließlich um seines eigenen dynastischen Ehrgeizes willen. Der schlachtenerprobte Türkensieger war zugleich Rebell gegen Kaiser und Reich, der Gouverneur der Spanischen Niederlande und glanzvolle Bauherr war zugleich hemmungsloser Frauenheld, eiskalter Machtmensch und Geldverschwender. Von den 46 Jahren, die er als absolutistischer Regent Bayerns Geschicke bestimmte, hatte das Land 34 lange Jahre schwerste Kriegslast als Folge seiner Politik zu tragen – aber es verdankt ihm auch grandiose Baudenkmäler.

Aufsehen erregte der junge Prinz als verwegener Kriegsmann und Draufgänger, der nach der bedrohlichen Türkenbelagerung Wiens 1683 die osmanischen Heere erstmals Schritt um Schritt zurückzutreiben vermochte. Doch nach langem Zögern erst vertraute der Kaiser dem hitzigen »blauen König«, wie ihn die

Kurfürst Max Emanuel

123

islamischen Gegner respektvoll nannten, 1688 endlich den Oberbefehl über das schwache Heer in Ungarn an. Mit diesem wandte sich Max Emanuel direkt gegen das Hauptbollwerk türkischer Macht – »Stadt und Festung Belgerad«. Gegen alle militärische Vernunft stürmte er an der Spitze seiner Soldaten, wurde zweimal verwundet, eroberte Belgrad und gewann damit die Herrschaft über das riesige Königreich Ungarn für den Kaiser (freilich musste später Prinz Eugen, der nicht nur edle Ritter, die Feinde ein zweites Mal vertreiben). Als Kriegsbeute brachte der Kurfürst auch viele türkische Gefangene nach Bayern. Sie bauten nicht nur den Nymphenburger und andere Kanäle, sondern wurden, sofern sie zum alleinseligmachenden katholischen Glauben übertraten, erstaunlich schnell integriert, gründeten Familien und waren spätestens in der nächsten Generation Einheimische.

Wie für seine Mutter, blieb auch für Max Emanuel die Wittelsbachische Kaiserkrone eine fixe Idee. Um ihretwillen nahm er die Heirat mit der wenig attraktiven Habsburgertochter Marie Antonia in Kauf. Immerhin war man in Wien bei der Produktion eines männlichen Thronerben bisher erfolglos geblieben. Auf jeden Fall fiel ihm aus Maria Antonias Mitgift die Statthalterschaft in den spanischen Niederlanden zu. Dort hielt er rauschend Hof in süßer Vorfreude auf sein Wittelsbacher Königreich – wofür das Bayerland zahlte und seufzte: *In Brüssel geht's zu wie im ewigen Leben.*

Das Warten schien sich zu lohnen. Der letzte spanische Habsburger Karl II. war unschlüssig, wem er sein Erbe übergeben sollte – natürlich hatten sowohl die österreichischen Verwandten wie Ludwig XIV. von Frankreich auf das riesige Weltreich zwischen Philippinen und Südamerika ein begehrliches Auge geworfen. Als Ausweg aus diesem machtpolitischen Patt erschien im Alcazar schließlich Max Emanuels Sohn und Kaiserenkel Joseph Ferdinand. Der frischgebackene Prinz von Asturien, kaum siebenjährig, machte sich reisefertig für Madrid, als er aus heiterem Himmel erkrankte und nach heftigen Magenkrämpfen am 5. Februar 1699 starb. Der mysteriöse Tod ließ wilde Gerüchte wuchern – nicht nur Max Emanuel war überzeugt, dass es habsburgisches Gift gewesen sei, das ihn und Wittelsbach um ein Weltreich gebracht hatte.

Nun stand er mit leeren Händen da; seine Frau, die Kaisertochter, wegen seiner steten Amouren tief gekränkt, hatte ihn verlassen und enterbt. Seine Spielernatur verleitete ihn zu einer europäischen Schaukelpolitik: Welcher der beiden Rivalen, Frankreich oder Österreich, ihm endlich eine Königskrone verschaffte, ob in den Niederlanden oder in Mailand, war gleichgültig – nur schnell musste es gehen. 1702 sollte ein Überfall auf Ulm den Kaiser unter Druck setzen. Doch dieser reagierte unerwartet hart und erteilte Max Emanuel eine vernichtende Lektion. In der Schlacht bei Höchstädt 1704 trieb eine englisch-österreichische Koalitionsarmee unter Prinz Eugen und Marlborough das bayerische Heer in die Niederlage – 20 000 Tote und Verwundete blieben auf dem Schlachtfeld. Nicht genug damit: Nun besetzten die selber fast bankrotten Österreicher das Kurfürstentum und bürdeten ihm schier unerträgliche Lasten auf. Der rachsüchtige Kaiser selbst befahl, dass *das Land so viel als immer möglich gezwackt und ausgesaugt würde.*

In Wien interessierte nicht, dass nur wenige Jahre zuvor im Kampf gegen die Türken zehntausende Bayern für Habsburgs Ehre gestorben waren. Die Steuern wurden verzehnfacht, die Besatzer schikanierten mit Einquartierungen und Rekrutierungen, Plünderungen und Folter die Bevölkerung bis aufs Blut. Erst recht als 1705 Leopold I. stirbt und sein Nachfolger Kaiser Josef I. an die Macht gelangt, tut dieser alles, um das Herrschaftsgebiet seines persönlichen Feindes, über den er die Reichsacht verhängt, zu ruinieren. Beamte, Adel und Stadtbürgerschaft arrangieren sich mit den Besatzern. Die Leidtragenden sind vor allem die Bauern, die schließlich mit dem Ruf »Lieber bayrisch sterben als kaiserlich verderben« aufbegehren, zunächst in Niederbayern, dann auch im Oberland. Sie leitet eine naive Treue gegen den Landesherren, der längst ins feudale Brüsseler Exil geflüchtet ist, aber dessen Kinder in der Münchner Residenz als Faustpfand interniert sind. Zu ihrer Rettung wollen sich Oberlandler und Unterlandler vereinigen. Doch in der Frühe des ersten Weihnachtstages 1705 vollziehen die militärisch weit überlegenen Österreicher an den schlecht bewaffneten und dilettantisch geführten Bauern ein Massaker: Auf einem Feld vor Sendling wird ihre Wagenburg umstellt. Sie ergeben sich, liefern ihre Waffen ab und müssen sich auf die Knie werfen. Gegen die etwa dreitausend um ihr Leben flehenden Wehrlosen reiten die kaiserlichen Husaren eine Attacke, hauen im Blutrausch mit den Säbeln drein.

Ein Augenzeuge berichtet: *Ja sogar macheten sich auf zwei verwögne Gesellen under den Toten herumbsuechent, der eine mit einer Holzaxt in der Hand und der andere mit einem Waidmesser versehen, welche denen Toten, Halbtoten und Verwundeten ohne unterschied einen Straich auf die Hirnschal und Kopf oder einen Hib in die Gurgel versetzten und also den letzten Garaus vilen unmenschlich machten …*

Die Sendlinger Mordweihnacht ist ein exemplarisches Sinnbild für die bayerische Geschichte, die ja überwiegend aus verpassten Gelegenheiten, schlecht gedankter Loyalität zur eigenen Dynastie, Aufopferung für großdeutsche Interessen und sinnlosem Aufbegehren besteht. Kaum ein Ereignis ist im historischen Gedächtnis Altbayerns noch so lebendig wie diese erbärmliche Niederlage. Symbolisiert im legendären Schmied von Kochel hatte sich das namenlose, anonyme Volk erstmals verzweifelt und vergebens gewehrt gegen seine kalte, skrupellose Ausbeutung, die ja ein Kennzeichen der Moderne werden sollte. Was mit den Führern des Aufstands geschah, vermeldete ein österreichisches Flugblatt mit unverhohlenem Behagen …

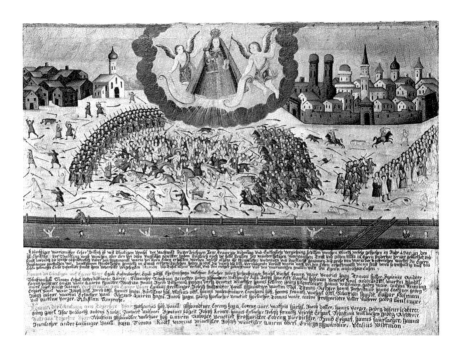

Hoeret was jetzo zu München vorgegangen
Mit den Rebellischen Führeren dort
Deren sehr vile noch würcklich gefangen
Viere derselben die musten schon fort
Welchen das Urthel zum Schwerd wurd gefällt
Dieser ihr Tod der wurd also bestellt.
Erstlich so muste der Lieutenant sterben
Der da 4. Streich in den Nacken bekam
Welcher sich einen Ruhm wolte erwerben
Und derowegen sich dessen annahm
Aber sein Pralen nam bäldist ein End
Weilen das Blättlein sich nunmehr gewendt.
(...)
Aber der Letzte so Küttler sich nannte
Und ein Anführer der straffbaren war
Wurde dieweilen man auf ihn bekannte
Erstlich geköpffet und g'viertheilt so gar
Weilen zum Auffstand er vile verhetzt
Alles in völlige Aufruhr gesetzt.
(...)

Votivtafel der Tegernseer
und Egerner
Aufständischen (1705)

Seine 4. Theile die wurden gehänget
Auf die 4. Strassen von München hinaus
Alles mit eigenem Blute vermenget
Welche zusehen mit Schrecken und Grauß
Und sein Kopff steckt auf dem Iseren=Thor
So die Rebellen eing'nommen zuvor
Schaut dann ihr teufflisch Rebellische Sorten
Schaut ihr untreue was ende gewinnt
Wann man Rebellisch bald da und bald dorten
Solcher Rebellische Sachen anspinnt.

Max Emanuel selbst hat in seinem luxuriösen Exil in Brüssel und Versailles die selbstmörderische Aktion seiner treuen Untertanen nur mit angewidertem Kopfschütteln zur Kenntnis genommen. Er hatte wirklich wichtigere Sorgen. Noch immer zögerte Ludwig XIV., endlich einen passenden Ersatz für das verlorene Bayern herbeizuschaffen – weder mit den südlichen Niederlanden noch mit Neapel-Sizilien oder einem Königreich Mailand-Mantua-Sardinien klappte es. Es war eine herbe Enttäuschung, was ihm schließlich blieb, als sein Feind Kaiser Joseph I. erfreulicherweise 1713 das Zeitliche segnete – nur die Wiedereinsetzung in seine bayerischen Besitzungen und Rechte. Sein Bruder, der Kölner Kurfürst, bemerkte: *Mein Bruder hat allzugroße Aversion, wieder in Bayern zu wohnen, daher um eine Scheune aus Niederland er eine Stadt in Bayern zedieren würde, um nur außer Landes bleiben zu können.*

So kehrte er denn tief frustriert 1715 in sein Land zurück, von der vergesslichen Bevölkerung mit stürmischer Begeisterung empfangen. Natürlich war er an einer Sanierung der gänzlich zerrütteten Staatsfinanzen, am Wiederaufbau des Kurfürstentums nicht interessiert. Um sich's im heruntergekommenen Land einigermaßen erträglich zu machen, wurden schleunigst die üppigen Hofjagden, die glanzvollen Feste wieder aufgenommen. Dazu gehörte natürlich ein repräsentativer Rahmen. Nach Versailler Vorbild wurden die Schlösser in Schleißheim und Nymphenburg ausgebaut und mit prächtigen Barockgärten versehen, in denen versteckt so hübsche, kostspielige Delikatessen lagen wie die Pagoden- und Badenburg. Nach so vielen politischen Niederlagen hatte er die Kaiserträume noch immer nicht aufgegeben – und um ihretwillen brachte er endlich die längst überfällige Versöhnung der beiden Wittelsbacher Linien Bayern und Pfalz zustande. Mit dieser Hausunion von 1724 war ein gemeinsames Handeln bei künftigen Kaiserwahlen sichergestellt.

Zwei Jahre darauf starb Kurfürst Max Emanuel, für dessen persönliche Ambitionen und für dessen Kriegsruhm das Land einen hohen Blutzoll bezahlt hatte. Etwa 32 000 Bayern, vor allem Bauernsöhne und Knechte, sind auf den Schlachtfeldern geblieben. Er hinterließ neben prächtigen Barockschlössern eine

Schuldenlast von mehr als 27 Millionen Gulden; das entsprach den gesamten Staatseinnahmen Kurbayerns innerhalb von sieben Jahren. – Doch er hatte vorgesorgt, dass seine fehlgeschlagenen Großmachtträume nicht mit ihm zugrunde gingen und den 1697 in Brüssel geborenen Thronfolger Karl Albrecht wiederum mit einer Habsburger Prinzessin verheiratet. Josephs I. Tochter Maria Amalia war jagdversessen und vor allem hundenärrisch, wie die Amalienburg im Nymphenburger Park demonstriert.

Der neue Kurfürst trat in die väterlichen Fußstapfen. Ihm war die glanzvolle Repräsentation des Hauses Wittelsbach ebenso wichtig wie Max Emanuel. Der Münchner Hof demonstrierte weiterhin, dass trotz des ausgesaugten Landes schier unerschöpfliche Gelder zur Verfügung standen für Festivitäten und Jagden, vor allem für den berüchtigten Wittelsbachischen Bauwurm. In der Regierungszeit Karl Albrechts entfaltet sich die grandiose Blüte des bayerischen Rokoko. Der schwerblütige Effner wurde abgelöst vom neuen Lieblingsbaumeister Francois Cuvilliés. Zwar blieb das große Projekt einer eigenen »Karlstadt« in Nymphenburg schnell stecken, aber mit der Amalienburg und den Reichen Zimmern der Residenz entstanden einzigartige Höhepunkte des europäischen Rokoko, ja der Weltkunst. Wer so bauen ließ, signalisierten sie der politischen Welt, der war für Höheres geschaffen als das rückständige Bayern.

Mit der Hausunion von 1724 war gesichert, dass die Wittelsbacher über wenigstens drei, zeitweise auch fünf Kurstimmen verfügten und damit über die Mehrheit bei der Kaiserwahl. Zwar hatte der söhnelose Habsburger Karl VI. die »Pragmatische Sanktion« erlassen, mit der die weibliche Erbfolge seines Hauses (also Maria Theresias) gesichert werden sollte. Doch als 1740 der Erbfall eintrat, sahen der alte Rivale Frankreich und der machthungrige junge Preußenkönig Friedrich II. die Chance, die Dynastie Habsburg entscheidend zu schwächen – mit Karl Albrecht als Kandidaten. Im »Österreichischen Erbfolgekrieg« konnte der bayerische Kurfürst zunächst auch Prag erobern und ließ sich dort von den böhmischen Ständen zum König krönen. In Frankfurt siegte er gegen Maria Theresias Gemahl Franz Stephan von Lothringen bei der Kaiserwahl.

Endlich schien das Haus Wittelsbach wieder am Ziel, 414 Jahre nach Kaiser Ludwig dem Bayern. Der Kölner Kurfürst Clemens August setzte seinem Bruder die Krone des Heiligen Römischen Reiches Deutscher Nation aufs Haupt – am 12. Februar 1742. Zwei Tage später besetzten österreichische Truppen München, massakrierten und plünderten. Preußens Friedrich hatte nämlich mit Österreich einen Separatfrieden geschlossen, sodass die habsburgische Armee in Bayern einmarschieren konnte. – Über seine Krönung im Winter 1742 hat Kaiser Karl VII. seinem Tagebuch anvertraut: *Ich stieg aufs Pferd und ritt unter einem Baldachin einher, der von sechs Bürgermeistern der Stadt Frankfurt getragen wurde. Das Kollegium der Reichserbämter trug die Insignien des Reichs zu Pferd voraus und der Reichserbmarschall ritt mit gezücktem Schwert vor mir her. So zog ich durch die von Menschen überfüllten Straßen, wo man von beiden Seiten Beifallrufe hören konnte. Ich selbst würde nur sagen, daß nach allgemeinem Urteil, niemals eine Krönungszeremonie glanzvoller und prächtiger war als meine, wo Luxus und Überfluß in jeder Hinsicht die Vorstellungskraft überboten haben. Als ich mich so auf dem höchsten Gipfel menschlichen Glanzes angelangt sah, konnte ich nicht umhin über die Macht Gottes nachzusinnen, der auch in dem Augenblick, wo er uns auf die höchste Stufe hebt, uns nicht vergessen lassen will, daß wir seine Geschöpfe sind. Er will vielmehr, daß man bei dieser Gelegenheit sich ganz als Mensch fühlt, und dies hat er mir auch deutlich werden lassen. Nachdem ich am Portal des Domes von den geistlichen Kurfürsten empfangen worden war, führten sie mich zu dem Platz, der für die Krönungsfeierlichkeit hergerichtet war. Die Römische Königin, eine unendliche Menge von Fürsten und Fürstinnen, die Gesandten, kurz alle richteten die Augen auf mich, der ich zum einen die Herrlichkeit der Kaiserwürde, zum anderen aber die lange Zeremonie und die schmerzhaften Nierensteine zu tragen hatte. Gerade in diesem erhabenen Moment fühlte ich mich, mehr denn je zuvor, als ein gebrechlicher Mensch, wie kein anderer den Schwächen einer Welt ausgeliefert, die mir dem Scheine nach untertan war. Mein Bruder, der Kurfürst von Köln, setzte mir die Krone aufs Haupt, ein vielleicht außergewöhnlicher Fall in der Geschichte des Hl. Römischen Reiches … Dann begab ich mich an die Festtafel, … sehr zufrieden über den Gewinn der höchsten Würde der Welt, aber gleichzeitig schrecklich angeschlagen von der Krankheit, die der Allmächtige mir geschickt hatte, zu einer Zeit, da ich eine gute Gesundheit so nötig gehabt hätte. Wenige Tage später erlitt ich einen sehr heftigen Gichtanfall, weshalb ich die Krönung der Kaiserin von Tag zu Tag verschieben mußte. Die Hiobsbotschaften, die plötzlich aus Bayern eintrafen, trugen nämlich wenig zu meiner Gesundung bei, besonders die Nachricht, daß am Tage meiner Krönung die Feinde München, meine Hauptstadt besetzt haben. So verbrachte ich, schwer bedrückt durch Kummer und Krankheit, den restlichen Januar und einen großen Teil des Februar …*

Noch mehr als zwei lange Jahre musste der machtlose, kränkelnde Kaiser als Marionette fremder Interessen im Frankfurter Exil verbringen. Endlich erlaubte das Kriegsglück Friedrichs II. von Preußen eine Rückkehr Karl Albrechts nach München. Am 23. Oktober 1744 zog er in seine nun kaiserliche Residenzstadt ein, während die Österreicher noch immer in Ingolstadt und am Inn standen. Die Unfähigkeit der bayerischen Generäle war bodenlos, und als Friedrich wiederum eine Schlappe erlitt, war des Regenten und des Landes Lage verzweifelt wie zuvor. Am 20. Januar 1745 starb, erst 48-jährig, der zweite und letzte Wittelsbacherkaiser Karl VII., nach Voltaires Urteil *einer der unglücklichsten Herrscher der Erde, gerade durch seinen Aufstieg.*

Was die Historiker gerne als unvermeidliches Ende unrealistischer, übersteigerter Großmachtphantasien eines bemitleidenswerten Schwächlings qualifizieren, besaß freilich noch eine weitere, bis heute aktuelle Dimension. Mit Karl Albrecht gescheitert war auch das Modell einer Union der mittleren und kleineren Reichsstände unter Führung Bayerns und unter Anlehnung an Frankreich – sozusagen ein »Rheinbund«, wie ihn Napoleon achtzig Jahre später verwirklichte. Ein solches »drittes Deutschland« hätte die Balance der Macht austariert und den unaufhaltsam auf die Katastrophe zusteuernden Dualismus und Machtkampf zwischen Österreich und Preußen verhindert, an dem das Reich schließlich zugrunde ging. Die preußische Lösung der deutschen Frage mit ihren blutigen Konsequenzen wäre uns erspart geblieben.

M it dem frühen Tod des Wittelsbacher Kaisers war Bayern fürs große europäische Macht- und Intrigenspiel unwichtig geworden. Sein achtzehnjähriger Sohn Maximilian III. Joseph beendete das Hasardspiel, suchte sofort den Ausgleich mit Österreich, verzichtete im Frieden von Füssen auf Kaiserambitionen und Großmachtpläne und erhielt dafür das Kurfürstentum in den Grenzen von 1741 zurück. Der neue Regent, gutmütig und friedliebend, bemühte sich um außenpolitische Neutralität und holte endlich nach, was Vater und Großvater über ein halbes Jahrhundert lang versäumt hatten: die überfällige Modernisierung und mühsame Entschuldung des Staatswesens.

Der Ruf des barocken Bayern war um die Mitte des 18. Jahrhunderts ziemlich kläglich – man sah nicht auf die architektonischen und künstlerischen Meisterwerke des Rokoko, sondern auf den Zustand des wirtschaftlichen, sozialen und des Geisteslebens. Während im protestantischen Norden der frische Wind der Aufklärung blies, verharrte das stockkatholische Land scheinbar in Bigotterie und Aberglauben unter der Knute der Pfaffen und Mönche, eines schmarotzerischen Adels und blutsaugerischer Beamter. Tatsächlich gehen die Anfänge der Aufklärungsbewegung im Kurfürstentum und den darein gesprenkelten und umliegenden geistlichen Territorien Altbayerns bis auf die Zeit Max Emanuels zurück.

Ab 1722 erscheint die Zeitschrift *Parnassus Boicus oder Neu Eröffneter Musenberg, worauff verschiedne Denck- und Leswürdigkeiten aus der gelehrten Welt, zumahlen aber aus denen Landen in Bayern abgehandelt werden.* Sie ist ein respektables Dokument undogmatischer Neugier auf die natur- und geisteswissenschaftlichen Fortschritte Europas wie auch bayerischen intellektuellen Selbstbewusstseins im Anspruch auf eine Vorreiterrolle im katholischen Deutschland. In den Prälatenklöstern hatte die moderne Naturwissenschaft und Gelehrsamkeit schon eine Heimstatt gefunden. Aber erst in der Regierungszeit Max III. Josephs konnte solch gemäßigt fortschrittliches Denken sein umfängliches soziales, ökonomisches, religiöses und kulturelles Reformwerk beginnen und auch das Staatswesen nach modernen säkularen Prinzipien organisieren.

Doch dieser Prozess war nur im Machtkampf mit der Kirche zu verwirklichen. Sie besaß nicht nur das Monopol auf Bildung und Erziehung von der Dorfschule bis zur einzigen Landesuniversität Ingolstadt, sondern war auch mit ihren zahllosen Pfarreien und Klöstern stärkste Wirtschaftsmacht und weitaus größter Grundbesitzer, ja herrschte über zahlreiche selbständige Hoheitsgebiete innerhalb Altbayerns (etwa Passau, Freising, Eichstätt, Werdenfels, Salzburg). Die Entstehung eines modernen, reformierten und aufgeklärten Staatswesens musste deshalb zwangsläufig immer wieder Konflikte mit der Amtskirche als Machtfaktor, aber auch mit der tief eingewurzelten, wenngleich oft abergläubischen Frömmigkeit der Bevölkerung heraufbeschwören. Dem Verbot der großen Prozessionen und des Passionstheaters beispielsweise setzen die spielnärrischen Dörfer jahrzehntelang hinhaltenden Widerstand entgegen. Und unbeeindruckt vom Kirchenkampf der Aufklärung entstanden in diesen Jahrzehnten weitere Höhepunkte bayerischer und europäischer Rokokobaukunst: etwa in Weltenburg und Osterhofen, vor allem aber Dominikus Zimmermanns unvergleichliche Wieskirche. Sie sind die letzten Zeugnisse der traditionellen bayerischen Orientierung an der »alten, großen und weiten katholisch-romanischen Welt« (Max Spindler).

Die gut drei Jahrzehnte der Regierung Max III. Josephs sind von diesem innenpolitischen Streit zwischen Traditionalisten und Reformern geprägt, der auf beiden Seiten nicht gerade zimperlich mit einer Fülle von Schmäh- und Spottschriften ausgetragen wurde. Landesgesetze beschnitten die wirtschaftliche Macht der Kirche und griffen in die Autonomie der Klöster ein. Überhaupt wurde das Land nun überschwemmt mit Mandaten, die Wirtschaft, Ackerbau und Handwerk zu reglementieren versuchten, um endlich geordnete Finanzverhältnisse zu erreichen und die immensen Staatsschulden zu sanieren. Der Staatskanzler Wiguleus von Kreittmayr reformierte das überalterte bayerische Rechtswesen mit gesundem Hausverstand. Das wichtigste Instrument der geistigen Öffnung des Landes wurde die 1759 gegründete Akademie der Wissenschaften, deren Mitglieder vor allem fortschrittsfreudige Geistliche bildeten. Zu diesen geistigen Erneuerern gehörten (heute vergessene) Männer wie der Pädagoge und Sprachreformer Heinrich Braun, der Publizist Franz Seraph Kohlbrenner, der glänzende Satiriker Anton von Bucher und der überaus fruchtbare Volksaufklärer Lorenz Westenrieder.

Gegen Ende der Siebzigerjahre regt sich ein frischer Wind auch auf dem bisher arg rückständigen bayerischen Buchmarkt. Die ersten eigenständigen Entwicklungs- und Schlüsselromane erscheinen, patriotische Ritterdramen und Rührstücke, auch Zeitschriften wie der spottlustige »Zuschauer in Bayern«. Zu den Zielscheiben ihrer Kritik zählt auch die bayerische Landbevölkerung, die sich um neumodische Reformen nicht schert und wie seit jeher versteht, Himmlisches und Irdisches aufs Schönste zu vereinen. So hat Anton von Bucher 1784 einen gewissen Stöffl belauscht, der vom sommerlichen Portiunkula-Ablass zu berichten weiß …

Als ich den heiligen Ablaß ein Stück dreimal gewonnen hatte, dachte ich mir: Ist schon gnug für heuer, und mit dem wollt ich zum Wirt gehen. – Aufn Weg begegnet mir dem Görgl sein Mensch. Bist allein? frage ich – Ja, sagts. – Ist dein Görgl nit da? Nein, sagts. – Magst mit mir gehn? Ja, sagts. Gehn wir miteinander heim auch? – Ja, sagts. Durchs Waldl? sag ich, und lache. – Versteh dich schon, sagts, und lacht auch. – Wenn aber der Görgl kommt? Wir haben uns zerkeit, sagts. So, sag ich drauf. Hast recht. Einen solchen Görgl kannst allemal haben. – Aber, verstehst mich, vor Nacht geh ich nit heim. – Ich auch nicht, sagts. – Und durchs Waldl? sag ich wieder. Wenn ichs einmal sag, sagts. – D'Hand drauf, sag ich. – Da hast sie, sagts, und druckt mich. Wir verstunden einander.

Solch vollsaftige Lebensfreude kennzeichnete nicht überall die Lage des Landvolkes. Das beweist der Erfolg des oberpfälzischen Abenteurers Johann Caspar Thürriegel, der ab 1764 seine Landsleute dazu aufrief, ein besseres Leben in der andalusischen Sierra Morena zu suchen und schnell rund zehntausend bayerische Kolonisten beisammen hatte. Doch ist kaum hoch genug einzuschätzen, dass Max III. Joseph sein Kurfürstentum beharrlich aus den politischen Kämpfen seiner Zeit heraushielt, dass er im Siebenjährigen Krieg auf Neutralität beharrte und in Kauf nahm, als langweiliger Friedensfürst bespöttelt zu werden. Zum Bild des sparsamen Haushalters gehört freilich auch, dass der fürstliche Musikfreund dem jungen Mozart die Anstellung in der Hofkapelle verweigerte – mit dem kleinkarierten Argument, es sei halt leider »keine Vacatur da«.

Wie sehr der Münchner Hof noch dem alten barocken Denken und Glauben verpflichtet war, wurde aufs Tragischste beim Ende dieses letzten altbayerischen Wittelsbachers sichtbar. Als er im Dezember 1777 qualvoll an den Pocken erkrankte, überboten sich seine Leibärzte Sänftl und Branca an Stümperei. Sie behandelten, ohne Kapazitäten hinzuzuziehen, die scheinbaren Masern so lange mit Mohnsaft, Kirsch-Wasser, Krebsaugen und Zuckerzeltln, Klistieren und Hollermus, schließlich gar mit einem Muttergottesbildchen zum Schlucken – bis es zu spät war. Erst 52 Jahre alt starb Max III. Joseph kinderlos am 30. Dezember 1777.

Sein Nachfolger war, gemäß den Hausverträgen längst bestimmt, der etwa gleichaltrige pfälzische Herzog Karl Theodor, der schon seit Jahrzehnten in Mannheim residierte. Dieser gebildete Aufklärer und Kunstmäzen war freilich von der Notwendigkeit, ins bajuwarische Kernland umzuziehen, wenig erbaut. Lieber hätte er dafür jenes habsburgische Belgien als »Königreich Burgund« eingetauscht, wo schon Max Emanuel residiert hatte. Österreich hätte den Tausch auch gerne vollzogen, doch die bayerischen Patrioten waren empört, unter Habsburgs blutbesudelte Fuchtel zu kommen. Ihren wichtigsten Verbündeten fanden sie in Preußens Friedrich, dem zwar Bayern gänzlich gleichgültig war, ja das er als »Paradies auf Erden, bewohnt von dummem Vieh« bezeichnete. Aber den österreichischen Gegnern vergönnte er es keinesfalls.

So begann der bayerische Erbfolgekrieg. Wieder einmal marschierten die Österreicher in Bayern ein, doch diesmal einigte man sich schnell. Im Frieden von Teschen 1779 durfte Joseph II. immerhin ein Stück altbayerischen Kernlandes als Beute behalten: das Innviertel. Karl Theodor musste wohl oder übel mit dem ungeliebten Bayern vorlieb nehmen. Bei seinem Regierungsantritt hatten die fortschrittlichen Geister große Hoffnungen auf den neuen Herrscher gesetzt, dem der Ruf eines liberalen und kunstsinnigen Regenten vorausging. Doch die enthusiastische Aufbruchstimmung dauerte nur kurz. Nach anfänglichem liberalem Tauwetter vereiste das geistige Klima sehr bald wieder. Den einflussreichen kirchentreuen Ratgebern des Kurfürsten gelang es, ihm die Kehrseiten der Modernisierung vor Augen zu führen – schrankenlose Aufklärung führe zu Unruhe im Volk und bedrohe letztlich nicht nur die Altäre, sondern auch die Throne, also die Herrschaft des Regenten.

Überall witterte Karl Theodor nun Verschwörer – und er hatte sogar Recht damit. Denn ausgerechnet im scheinbar so verschlafenen und rückständigen Bayern war ein Geheimbund entstanden, dessen Radikalität nirgendwo in Europa Vergleichbares besaß, ja der auf die Umwälzungen der Französischen Revolution vorauswies. Der preußische König berichtete entsetzt, allerdings etwas übertrieben, dem sächsischen Kurfürsten: *Sie beabsichtigen nichts Geringeres als 1. die christliche Religion und jede andere Religion überhaupt abzuschaffen, 2. die Untertanen ihres Eides der Treue gegen ihre Landesherren zu entbinden, 3. ihren Anhängern unter dem Namen »Rechte der Menschheit« Extravaganzen gegen die in jedem Lande zur Wahrung der gesellschaftlichen Ruhe und Wohlfahrt eingesetzte gute Ordnung zu lehren, ihre Einbildung durch die Vorstellung einer allgemeinen Anarchie zu erhitzen, damit sie sich jedwedem Gebot unter dem Vorwand, das Joch der Tyrannei abzuschütteln, entziehen.*

An der kurbayerischen Universität Ingolstadt hatte Professor Adam Weishaupt nach dem Vorbild der Freimaurer diesen elitären und kosmopolitischen Bund der Illuminaten gegründet. Er verstand sich als verschworener Kreis zur grundlegenden, aber gewaltlosen Reformierung des korrupten absolutistisch-feudalen Staatswesens mittels einer Art von »Marsch durch die Institutionen«. Dieser konspirativen Elite schlossen sich schnell zahlreiche Angehörige der Führungsschichten in und außerhalb Bayerns an, darunter zahlreiche Münchner Hofbeamte, Professoren und Mitglieder der Akademie. Im Ausland gehörten dazu beispielsweise Adolph von Knigge und Johann Wolfgang von Goethe. Als Karl Theodor mit Josef II. das Projekt eines Ländertausches von Kurbayern gegen die österreichischen Niederlande wieder aufwärmte, mischten sich einige Illuminaten in die hohe Politik ein. Das musste der Kurfürst als staatsgefährdende Verschwörung deuten. 1784 sickerten erste Informationen über den Geheimbund durch, und die Regierung reagierte mit Verboten, Razzien und Verhaftungen. Aus dem Lande verwiesen wurde neben anderen Menschheitsbeglückern auch der junge freisinnige Beamte Maximilian Joseph Graf Montgelas, der spätere Schöpfer des modernen Bayern. Das geistige Klima im Lande wurde eisig.

Überall in Deutschland verfolgten die progressiv gesinnten Intellektuellen diese Auseinandersetzung mit leidenschaftlicher Anteilnahme. Das große Projekt Aufklärung schien in Bayern erstmals von einer schmerzhaften Niederlage bedroht, deren Signalwirkung auf andere Länder übergreifen, ja gar zu einem Triumph der Fortschrittsfeinde führen konnte. Nun begann ein großangelegter publizistischer Federkrieg mit Pamphleten gegen Karl Theodor, seine Hofschranzen und Maitressen, Pfaffen und Dunkelmänner. Dank heimlicher Informanten in München waren auswärtige Journale über politische Affären und höfische Interna Bayerns genauestens im Bilde. Kein Geringerer als Adolph von Knigge, der regste Illuminat des Nordens, sah im rückständigen Bayern eine finstere Verschwörung der Exjesuiten gegen Geistesfreiheit und Bürgerrechte am Werke. Das lesende Publikums hungerte danach, aus dem Reich der Finsternis am Alpensaum neue Skandale und Schauermärchen zu erfahren. Anonyme Schlüsselromane aufmüpfiger bayerischer Jungliteraten wie Milbiller, Pezzl und Wolf erschienen, zugleich durchstreiften reisende Aufklärer beherzt das Kurfürstentum, um ihre Vorurteile bestätigt zu finden. Wie verrottet und korrupt die Regierung, wie geistesschwach und primitiv die Untertanen waren, konnte gar nicht schonungslos genug enthüllt werden.

Am wirkungsvollsten gelang dies dem Berliner Verleger Friedrich Nicolai, weitberühmt als Herausgeber des maßgeblichen Rezensionsorgans, als ätzender Satiriker und unfehlbarer Literaturpapst der Berliner Aufklärung (wenngleich von Goethe und Schiller weidlich verspottet). Seine berüchtigte Reisebeschreibung von 1781 ist eine schonungslose Abrechnung mit dem so rückständigen und beschränkten katholischen Süden. Überzeugt, im alleinigen Besitz der Wahrheit zu sein, klammerte der eifernde Aufklärer in selektiver Wahrnehmung alles aus, was seine Vorurteile irritieren könnte. Schonungslos fällt sein Urteil über Bayern, vor allem die Hauptstadt München, aus, fast nichts findet Gnade vor seinen Augen. Die Rokokopracht von Schloss und Gärten Nymphenburgs? Hier sollten besser große Viehherden weiden. Die Mariensäule? Ein *Denkmal stumpfer Bigotterie*. In den Gesichtern der Mönche sind *Dummheit, Gefräßigkeit, Hartherzigkeit und Niederträchtigkeit schreyend abgebildet*. Unerhört ist die nutzlose Zeitverschwendung durch abergläubische Bräuche, endlose Messen, lächerliche Prozessionen, zahllose Feiertage. Obwohl die tückischen Pfaffen das Volk unter der Knute halten, sind Diebstahl, Straßenraub und Mord viel häufiger als anderwärts, die Arbeitsmoral erschütternd gering. Genusssucht, Völlerei und Sittenlosigkeit regieren allerorten, die hohe Zahl unehelicher Kinder ist skandalös. Natürlich ist auch die Charakteristik der Einwohner wenig schmeichelhaft. Jene *stumpfe Bigotterie, die in Bayern seit hundert und mehr Jahren herrscht,* hat *unauslöschliche Züge von stierem, und gedankenlosem Wesen über alle*

Gesichter verbreitet. Immerhin räumt Nicolai barmherzig ein: *Die Baiern sind rohe Kinder der Natur, unverwöhnt, voll Trieb, voll Kräfte, die nur recht geleitet zu werden bedürfen.*

Nicolais bezopfte Selbstgerechtigkeit wurde noch übertrumpft durch die unter Decknamen publizierten Reisesatiren von frechen, jungen Journalisten, die nicht nur den politischen, sozialen und kulturellen Zustand Bayerns in den grellsten Farben malten, sondern die ätzende Lauge ihres Spottes auch auf seine Bevölkerung ausgossen. Schon 1778 lästerte der Württemberger Wekhrlin: *Das Temperament der Baiern ist bei weitem nicht so menschlich wie der Österreicher, ihrer Nachbarn. Der Baier ist falsch, grausam, abergläubisch und verwegen. Nirgendwo trifft man mehr Räder, Galgen und Schergen an als in Bayern.* Und Kaspar Riesbeck, der sich als »reisender Franzose« ausgab, sekundierte 1783: *Das Landvolk ist äußerst schmutzig. Liederlichkeit ist der Hauptzug des Baiern, vom Hofe an gerechnet bis in die kleinste Hütte. Mit dieser großen Liederlichkeit kontrastiert ein ebenso hoher Grad von Bigotterie auf eine seltsame Art.* Carl Ignaz Geiger wiederum, maskiert als Engländer, wusste 1789: *Überhaupt ist Religionsdummheit und Aberglaube ein herrschender Zug in dem Bilde von München und ganz Bayern ... Das Volk ist hier mehr als irgendwo ein Lastthier, dem von Fürsten, von Pfaffen und Weibern Bürden aufgehalst werden, worunter es fast erliegt. Ihre natürliche Trägheit ist glücklicherweise Ursache, daß sie diese Bürden nicht abwerfen ... Nirgends ist vielleicht die zügelloseste Ausgelassenheit so weit eingerissen als hier. Schwerlich ist ein Drittel der Inwohner sowohl männlich als weiblichen Geschlechts, das nicht von der Lustseuche angesteckt wäre ... Die Konsumtion des Bieres übersteigt allen Glauben.*

Eines muss man den reisenden Bayernverächtern allerdings zugestehen: Ihr Urteil über die Weiblichkeit fällt einstimmig aus. Enthusiastisch formuliert etwa Kaspar Riesbeck: *Die Weiberleuthe gehören im Durchschnitt gewiß zu den schönsten der Welt. Sie fallen zwar auch gerne etwas dick ins Fleisch, aber dieses Fleisch übertrifft alles, was je ein Maler im Inkarnat geleistet hat. Das reinste Lilienweiß ist am gehörigen Ort wie von den Grazien mit Purpur sanft angehaucht. Ich sah Bauernmädchen, so zart von Farbe und Fleisch, als wenn die Sonne durchschiene.* Desto lächerlicher erscheint nicht nur bei Riesbeck der männliche Ureinwohner: *Das Eigne eines Baiern ist ein sehr runder Kopf, nur das Kinn ein wenig zugespitzt, ein dicker Bauch, und eine bleiche Gesichtsfarbe. Es giebt mitunter die drolligsten Figuren der Welt, mit aufgedunsenen Wänsten, kurzen Stampffüssen und schmalen Schultern, worauf ein dicker runder Kopf mit einem kurzen Hals sehr seltsam sitzt.*

Damit ist das unsterbliche Klischee schon ziemlich perfekt, das fürderhin ein tumber Schreiberling vom anderen abkupferte und das bis ins 20. Jahrhundert hinein auch von den Karikaturen im »Simplicissimus« und Juxpostkarten in alle Welt getragen wurde.

Der klügste Kopf unter den unerbittlichen Kritikastern freilich war ein Altbayer: Johann Pezzl, Sohn des Klosterbäck aus Mallersdorf und entlaufener Benediktinernovize. Auch er nahm kein Blatt vor den Mund, aber stellte in seiner »Reise durch den Baierschen Kreis« (1784) nachdrücklich fest, *daß die Baiern keine so finstere Köpfe seyen, wie einige Nachbarn derselben auszuposaunen belieben. Es geht dieser Nation wie der Spanischen; sie ist nicht dumm und verdorben; aber es hat zuweilen an der Regierung gefehlt, und an dieser liegt gemeiniglich das meiste.*

Ähnlich wie in Österreich und Preußen war das geistige und gesellschaftliche Leben in Bayern in den Achtziger- und Neunzigerjahren des 18. Jahrhunderts so reaktionär wie kaum je zuvor und danach. Der Kurfürst wurde immer kirchentreuer und starrsinniger, zugleich herrschte über seine zügellose Mätressenwirtschaft allgemeines Gespött. Wenig halfen da auch die Reformbemühungen seines Beraters Benjamin Thompson, des Grafen Rumford, der die Kultivierung des Donaumooses vorantrieb und den Englischen Garten in München für das Volk öffnete. Benno Hubensteiner hat festgestellt: *Ein alternder Herrscher, der die fehlende Autorität durch Polizeidruck zu ersetzen suchte, ein Volk, das mit allem unzufrieden war, ein geistiges und staatliches Leben, dessen treibende Säfte zu stocken begannen – so ging Bayern in eine der schwersten Stunden seiner Geschichte hinein.*

Auch auf die französischen Umwälzungen und die kriegerischen Folgen reagierte der alte Kurfürst schwankend und unentschlossen. Seine hartnäckigen Bemühungen, mit der blutjungen Fürstin Marie Leopoldine einen Thronerben zu zeugen, blieben erfolglos. Endlich wurde er im Fasching 1799 beim Kartenspiel vom Schlag getroffen. Welche Erlösung die Nachricht von Karl Theodors Tod für das Kurfürstentum bedeutete, das nun erst über die Schwelle der Moderne treten konnte, hat der Münchner Aufklärer Lorenz Westenrieder in seinem Tagebuch notiert: *Sogleich öffneten sich die Flügeltüren und die Kuriere und mit ihnen eine Menge anderer Leute stürzten in wildem Laufe heraus. Niemand sprach etwas, aber man sah, was es war (…) Man läutete bei den Theatinern, und die ganze Stadt fing endlich an, frei zu atmen: denn jedermann beklagte sich dieser Tage, daß man vor innerer Unruhe und vor Furcht und Kummer, daß es wieder besser gehen könne, nicht essen, nicht schlafen und nicht denken könne …*

Wolf Euba

Die kalte Revolution
Napoleon, Max Joseph und Montgelas – oder wie Bayern zu einem modernen Staat wurde

MONTGELAS:	Allons! Vorwärts, dicke Sau! Aufstehn!
ALTBAYER:	Hoppla! Wem pressiert's denn da gar so?
MODERATORIN:	Herr von Montgelas, Minister in Diensten des Herzogs Max Joseph von Zweibrücken-Birkenfeld, drängelt seinen Geheimsekretär.
GSCHAFTLER:	Hätte man dem feinen Herrn gar nicht zugetraut, diese Sprache, nicht wahr?
MONTGELAS:	Los, los, los – zum Diktat!
GSCHAFTLER:	Haben alle schon drauf gewartet, auf diesen Augenblick. Februar 1799! Kurfürst Karl Theodor liegt im Sterben! Schlaganfall! Kann nicht mehr sprechen!
ALTBAYER:	Gottseid…
GSCHAFTLER:	Bitte?
ALTBAYER:	Gottseiseinerseelegnädig, wollt i sagn.
MONTGELAS:	Seine Durchlaucht wird bei Eintritt des Ereignisses sofort abreisen.
MODERATORIN:	Aus Mannheim, wo Max Joseph weilt, denn seine Heimat ist von den Franzosen besetzt!
GSCHAFTLER:	Warum reist denn die Durchlaucht nicht jetzt gleich?
MAX JOSEPH:	Da ich auch nur den Schatten eines Anlasses zu Verdrießlichkeiten bei einer wenn auch nicht wahrscheinlichen Erholung vermeiden will.
GSCHAFTLER:	Aber man muss doch den Österreichern zuvorkommen.
ÖSTERREICHER:	Er braucht ja gar nix mehr redn, Seine kurfürstliche Gnadn. Bloß no den Wisch unterschreibn, den ihm unser Gesandter ins erblassende Handerl druckt …
ALTBAYER:	Und die bayerische Armee wär unter österreichischem Kommando!
MODERATORIN:	Es kommt nicht dazu. Karl Theodors junge Gattin …
GSCHAFTLER:	Max Joseph *äußerst* zugetan …
MODERATORIN:	… lässt den österreichischen Gesandten nicht an sein Sterbebett. Hingegen tut sie alles dafür, dass Max Josephs Vetter, Wilhelm von Birkenfeld, ungehindert die Machtübernahme in Bayern vorbereiten kann.

GSCHAFTLER: Bekommen Sie ein Kind von Ihrem Gemahl?, wird die Schwangere ganz offiziell gefragt. Nein, sagt sie klar und deutlich. Und stellen Sie sich vor, es stimmt! Viel später mal hat sie's erzählt. Das Kind war von – na is ja egal: jedenfalls nicht von ihrem Al…, pardon, vom Kurfürsten, und damit war der Weg frei.

ALTBAYER: Jetzt lassen S'n doch erst mal gstorbn sei. A bissl Reschpekt muass ja dann do no sei. Sagt ja sogar der Westenrieder, der ihn gwiss net mögn hat: Karl Theodor war zwar ein schlechter Regent, aber …

GSCHAFTLER: … doch auch ein Mensch. Jaja, ist ja gut. Der Kurfürst ist tot, es lebe der Kurfürst: Max IV. Joseph! Ist übrigens, weil er ein anständiger Mensch ist, über Friedberg gereist, wo das österreichische Hauptquartier war.

ÖSTERREICHER: Hat sich als neuer Kurfürst bei unserm Erzherzog Karl vorgstellt und gsagt, dass er sich von uns in kan Krieg mehr neiziehn lasst. Hat er sich halt so denkt, der Herr Franzos.

ALTBAYER: Was? Unser Maxl a Franzos?

MAX JOSEPH: Ich bin in Frankreich aufgewachsen und bitte Sie, mich als Franzosen zu betrachten.

MODERATORIN: Nicht nur eine opportunistische Phrase. Max Joseph, der ein elsässisches Regiment kommandiert hatte, fühlt sich Frankreich, obwohl ihn die Franzosen aus der Pfalz vertrieben hatten, viel näher als Österreich. Überdies ist er ein Freund der Aufklärung.

GSCHAFTLER: Gewiss, gewiss, aber er will natürlich auch etwas haben von den Franzosen.

MODERATORIN: Ausgleich für die linksrheinischen Gebiete, die fest in französischer Hand sind!

Max Joseph im Alter von vier Jahren beim Federballspiel (Johann Georg Ziesenis, 1760)

GSCHAFTLER: Bewaffnete Neutralität wäre dem neuen Kurfürsten das Liebste. Unter den herrschenden Umständen allerdings unmöglich!

ÖSTERREICHER: Mit unsern Truppen im Land und der bayerischen Zwergerlarmee! Und einem Koalitionsvertrag, bitte sehr!

ALTBAYER: Ihr hätts uns halt gar zu gern gschluckt. Immer wieder.

MODERATORIN: Die Franzosen hingegen zeigen sich interessiert an einem eigenständigen Bayern als Puffer zu Österreich.

GSCHAFTLER: Aber wie soll man den übermächtigen habsburgischen »Verbündeten« loswerden?

MODERATORIN: Es wird noch eine Weile dauern. Und zum Glück steht Max Joseph nicht allen auf weiter Flur …

ALTBAYER: Weil er sei jungs Weibi mitbracht hat, gellns? Die … badische Prinzessin.

GSCHAFTLER: Die Caroline, ganz richtig, hat er mitgebracht, ist aber politisch nicht sonderlich hilfreich, erstens, weil sie schon mal gar nicht gern in Bayern ist.

ALTBAYER: Ja gibt's denn sowas aa?

GSCHAFTLER: Zweitens, weil sie keine Franzosenfreundin ist, worin sie sich übrigens mit ihrem Stiefsohn, dem Kronprinzen Ludwig, blendend verstehen wird, vor allem als dann Napoleon …

MODERATORIN: Augenblick, Napoleon braucht noch ein paar Wochen, bis er von seinem ägyptischen Feldzug wieder in Paris angelangt ist, um dort die Macht zu ergreifen. – In der Zeit hat sich in Bayerns Chefetage …

GSCHAFTLER: Gleich unter dem Aufsichtsratsvorsitzenden Max Joseph sozusagen!

MODERATORIN: … bereits jener in Frankreich erzogene, aber in Bayern geborene Herr mit dem savoyardischen Namen, der scharfen Nase und dem scharfen Verstand, der Bayerns Geschicke in den nächsten 18 Jahren maßgeblich bestimmen wird, fest etabliert.

GSCHAFTLER: Auftritt Maximilian Joseph – Baron, später Graf – Montgelas! Als Mitglied des Illuminatenordens bei Karl Theodor missliebig geworden und freiwillig ins Exil gegangen.

MODERATORIN: Ins kleine Herzogtum Zweibrücken.

ÖSTERREICHER: Dabei war er »einer der wenigen geschickten Männer, die man in München hatte«! Hat unser Gesandter, der Graf Trautmannsdorf, 1787 geschrieben: »… der Einäugige im Reiche der Blinden, … indem man, wenn von jemand Einsichtigem die Rede war, jederzeit nur ihn allein nannte.«

MONTGELAS: Danke, danke! Wenn die Dame und die Herren mir nun gestatten würden, selbst ein paar Worte …

GSCHAFTLER: Oh ... Durchlaucht persönlich.
MAX JOSEPH: Parlez-donc, mon cher Montgelas. Il y a longtemps que nous ne nous sommes rencontrés!
MONTGELAS: Je vous remercie, mon prince ...
ALTBAYER: Also bittschön, wo samma denn!
MONTGELAS: In meinem geliebten Bayern natürlich!
ALTBAYER: Er hat uns liaber mögn wia mir eahm!
MONTGELAS: Verzeihen Sie! Sie sprachen von der Hinwendung zu Frankreich. Tatsächlich ein äußerst riskantes diplomatisches Manöver. Für mich persönlich übrigens keine Herzensangelegenheit, sondern reines Vernunftsgebot! Ohne sie aber wäre mir nie gelungen, worüber ich mir schon lange vor unserm Einzug in München Gedanken gemacht habe ...

Maximilian Joseph Freiherr von Montgelas

GSCHAFTLER: ... wie ein Staat und ein Volk nach vernünftigen und menschenfreundlichen Prinzipien zu regieren sei ...
MONTGELAS: ... so dass es nicht zu einer Revolution mit ihren abscheulichen Exzessen und Grausamkeiten kommen kann.
GSCHAFTLER: Ich liebe den philanthropischen Rahmen der neuen Regierungsform ...
MONTGELAS: Bitte?
GSCHAFTLER: Haben Sie geschrieben.
MONTGELAS: Ah ja.
GSCHAFTLER: Schon 1791.
MONTGELAS: Als die Revolution noch eingrenzbar schien.
GSCHAFTLER: Ich zolle Beifall dem Ruin des Klerus, ...
ALTBAYER: Aha!
MONTGELAS: Als Stand natürlich nur, als Korporation!
GSCHAFTLER: ... der uneingeschränkten Gewissensfreiheit, der Gleichheit der Besteuerung, der Permanenz der Gesetzgeber, den getroffenen Vorkehrungen zur Sicherung der persönlichen Freiheit. Ich liebe

nicht die Abschaffung des Adels, die Erniedrigung des Thrones, die zu häufige Wiederkehr der Wahlen, den periodischen Wechsel der Richter, und ich verachte vor allem … die Schurken, die sich die Ausschweifungen der Übertreibung zunutze machen und auf den kostbaren Grundsätzen herumtrampeln, welche das Glück der Staaten und die Würde des Menschen ausmachen.

MONTGELAS: Ausgehend von diesen Gedanken habe ich dann meine … zukunftweisende Denkschrift zu einem grundlegenden Umbau des bayerischen Staates konzipiert.

GSCHAFTLER: Das »Ansbacher Mémoire«. 1796.

MODERATORIN: Im damals preußisch regierten Ansbach hatten der aus der Pfalz vertriebene Max Joseph und sein Hof vorübergehend Zuflucht gefunden.

MONTGELAS: Das große Problem, wo die Freiheit endet und die Zügellosigkeit beginnt, ist noch in keinem Staat gut gelöst worden!

GSCHAFTLER: Zitat!

MONTGELAS: Ich wollte es lösen! Und ich schmeichle mir, dass ich in vielem, wenn ich nicht im meisten, erst in meiner Theorie, dann in meinem praktischen Handeln einer guten Lösung ziemlich nahe kam.

GSCHAFTLER: Immer natürlich die Zeitumstände eingerechnet. Die Revolution hatte erst vor wenigen Jahren stattgefunden, zur Demokratie war noch ein weiter Weg.

MONTGELAS: Mit Demokratie hatte ich nichts im Sinn, dagegen sprachen die Erfahrungen mit den jakobinischen Schrecken! Mir war das Wichtigste ein starker Staat mit einer, wie Sie heute wohl sagen, effizienten Regierung. Alles für das maximale Wohlergehen der Bürger, versteht sich. Von eminenter Bedeutung dafür schien mir neben einer gründlichen Reform des Rechtswesens – Gerechtigkeit für alle, nicht nur für die privilegierten Stände! – eine gut geschulte und absolut loyale Beamtenschaft, die natürlich entsprechend gut bezahlt werden würde.

ALTBAYER: Und wo hätt dann 's Geld für des alles herkommen solln?

MONTGELAS: In der Tat – das größte Problem.

ALTBAYER: Von der Kirch, oder?

MODERATORIN: Wir kommen darauf zu sprechen!

MONTGELAS: In jedem Fall – und das ist nur gerecht! – die Steuerprivilegien für Adel und Geistlichkeit mussten abgeschafft werden! – Besonders betonen möchte ich übrigens – bei manchen Ihrer Zeitgenossen scheint das gelegentlich ein wenig übersehen zu werden, weil man in mir ausschließlich den unerbittlichen Ordnungspolitiker sehen will! – betonen also möchte ich, dass ich bereits damals schon Meinungsfreiheit forderte, Abschaffung der Zensur mit ihren geradezu kindischen Auswüchsen, Freiheit von Presse und Buchhandel.

GSCHAFTLER: Eine »vernünftige Freiheit« forderten Sie!

MONTGELAS: Gewiss, gewiss. Beleidigungen sind Beleidigungen! Vernünftig ist, wenn Presseerzeugnisse mit dem Namen des Verfassers gezeichnet sind, so dass er gegebenenfalls juristisch zur Verantwortung gezogen werden kann! – Lassen Sie mich bitte ferner daran erinnern, dass ich mich in meinem Ansbacher Mémoire bereits auch dezidiert für religiöse Toleranz ausgesprochen habe, zugegebenermaßen auch aus Gründen der wirtschaftlichen Nützlichkeit. Dass mir auch die Bildung des Volkes am Herzen lag, ist eine Selbstverständlichkeit, denn – glauben Sie mir, meine Dame, meine Herren – es ist bewiesen, dass Revolutionen ihre Ursache vor allem in der Unwissenheit der Menschen haben!

MAX JOSEPH: Was soll man da noch sagen, wenn man mit so einem Mann einen neuen Staat aufbauen darf. Ein großes Glück ist das, meine Herrschaften! Ein Sauglück!

MODERATORIN: Max Joseph im Glück.

ALTBAYER: Ham ihm a glei sovui gratuliert, wie er Kurfürst worn is. Und ganz narrisch warn d' Leid auf der Strass in München!

ÖSTERREICHER: Hat ihm alls nix gnützt. Im September 1800 hat er scho wieder wegmüssen aus München, weil Krieg war und die Franzosen eingrückt sind.

ALTBAYER: Aber die hunderttausend österreichischen Soldaten in Bayern habn auch nix gnützt. Net uns und net euerm Kaiser! 12 000 Tote und Vermisste – lauter Bayern und Österreicher! – in der Schlacht bei Hohenlinden. Und statt euch hamma dann die Franzosen im Land ghabt. Des war a grausame Zeit … mit dene Einquartierungen und Kontributionen. Wo ma eh hint und vorn nix ghabt haben! Und ihr seids einfach davon und habts uns sitzen lassen.

MAX JOSEPH: Die Wende war fällig!

MONTGELAS: Überfällig.

MAX JOSEPH: Ach, wenn Sie wüssten, was mir dieses Hin und Her für Sorgen gemacht hat.

MONTGELAS: Aber Sie hatten doch mich, Durchlaucht.

MODERATORIN: Und den Mann, nach dem sich ganz Europa in den kommenden eineinhalb Jahrzehnten wird richten müssen.

GSCHAFTLER: Napoleon Bonaparte. Erster Konsul der französischen Republik.

MODERATORIN: Im Friedenschluss von Lunéville –

ÖSTERREICHER: Muss denn der alte Schmäh unbedingt wieder aufgewärmt werden?

MODERATORIN: Er muss! – hatte Kaiser Franz …

GSCHAFTLER: … Immerhin *noch* der Kaiser *aller* Deutschen, bitte sehr!

MODERATORIN: … noch einmal bestätigen müssen, was er Napoleon *heimlich* …

GSCHAFTLER: Und unter Bruch der Reichsverfassung!

MODERATORIN: … schon nach dem ersten gegen ihn verlorenen Krieg zugestanden hatte.

ÖSTERREICHER: Was hätt er denn machen sollen?

MODERATORIN: Der Rhein wird unwiderruflich die Grenze zwischen Frankreich und Deutschland. Für den Verlust der linksrheinischen Gebiete werden die deutschen Fürsten entschädigt.

GSCHAFTLER: »Aus dem Schoße des Reiches.«

MONTGELAS: Dass mein Fürst oder besser mein Staat dabei besonders gut wegkommen würde, war natürlich meine Hauptsorge. Daher mein Sondervertrag mit Napoleon vom Sommer 1801.

MAX JOSEPH: General Consul! Hab ich ihm damals geschrieben. Der Augenblick völliger Wiederherstellung der freundschaftlichen Beziehungen des guten Einvernehmens zwischen der französischen Republik und meinem Haus ist glücklicherweise gekommen.

ALTBAYER: Woher dann die Entschädigungen kommen sin, wissma ja.

MONTGELAS: Mediatisierung und – Säkularisation.

ALTBAYER: I muss nausgehn. Des halt i net aus.

ÖSTERREICHER: Bleibn S' doch da. Es is ja scho so lang her.

ALTBAYER: Aber diese Grausamkeiten!

MONTGELAS: Es waren *notwendige* Grausamkeiten!

ALTBAYER: Weil Sie als Illuminat immer schon was gegen die Kirche ghabt habn!

GSCHAFTLER: Bayern brauchte Geld!

MONTGELAS: Und also neue Steuerzahler. Wir steckten nach dem Krieg gegen Frankreich in einer katastrophalen Finanzkrise! Außerdem: Wollten wir einen lebensfähigen und beständigen Staat haben, mussten wir auch ein zusammenhängendes Staats*gebiet* schaffen.

GSCHAFTLER: Quasi gesetzliche Grundlage dafür: der Reichsdeputationshauptschluss.

MODERATORIN: Eine Deputation der deutschen Fürsten ist nach dem Willen Napoleons, der sich darüber mit Russland verständigt hat, zusammengetreten, um über die Entschädigungen für die verlorenen Gebiete zu beraten. 1803 sind die Beratungen abgeschlossen. Im »Hauptschluss« …

MONTGELAS: Bei dessen Zustandekommen ich eine nicht ganz unbedeutende Rolle spielte!

MODERATORIN: ... wird die Mediatisierung ...

GSCHAFTLER: ... also Eingliederung in den jeweiligen Staat ...

MODERATORIN: ... fast aller freien Reichsstädte verkündet, die Aufhebung der meisten geistlichen Fürstentümer ... und die Genehmigung, den Kirchenbesitz einzuziehen!

MONTGELAS: Paragraph 35! Auf meinen Antrag!

ALTBAYER: Da is er no stolz drauf.

MONTGELAS: Auch sollen die, ich zitiere, Güter der fundierten Stifter, Abteien, und Klöster in den alten sowohl als in den neuen Besitzungen der freien und vollen Disposition der respektiven Landesherren sowohl zum Befehl des Aufwandes für Gottesdienst, Unterricht und andere gemeinnützige Anstalten als zur Erleichterung ihrer Finanzen gestellt werden!

ALTBAYER: Und was is dabei rauskommen: Der Klostersturm! Da! Ich les Ihnen vor!

MODERATORIN: Erst ein Wort zu dem gewaltigen Gebietszuwachs, den Bayern damit erhält. Der ganze Fleckerlteppich von freien Reichsstädten, Reichsritterschaften, von Klein- und Kleinstherrschaften, Hochstiften, Klöstern und Abteien in Schwaben und Franken wird Stück für Stück aufgelöst und dem neuen Staat zugeschlagen.

GSCHAFTLER: Die Hochstifte Freising, Augsburg, Bamberg, Würzburg! Teile der Hochstifte Eichstätt und Passau! Dreizehn Reichsabteien und fünfzehn Reichsstädte, alle in Schwaben und Franken!

MODERATORIN: Ausgenommen – nur vorerst – Augsburg und Nürnberg.

GSCHAFTLER: Ein Zuwachs von 288 Quadratmeilen und 843 000 Einwohnern!

ÖSTERREICHER: Dafür habts linksrheinisch 200 Quadratmeilen und 730 000 Einwohner verloren.

MAX JOSEPH: Und meine rechtsrheinische Pfalz hamse mir auch genomme! Heidelberg, Mannheim, alles zu Baden! Das war mir äußerst schmerzlich, meine Herrschaften.

ALTBAYER: Mir is was ganz anders schmerzlich. Heut noch.

GSCHAFTLER: Der Klostersturm.

ALTBAYER: Jawohl! Die Brutalität, mit der dem Herrn von Montgelas seine Beamten gegen unsere armen Klosterbrüder vorgangen sind, ganz abgesehen von ...

MONTGELAS: Bitte, das waren Auswüchse Übereifriger, die ich nicht billigte, und seine kurfürstliche Durchlaucht ...

MAX JOSEPH: Sowieso nicht, sowieso nicht. Gewiss nicht.

144

ALTBAYER:	Ganz abgesehen von dem, was an unersetzlichen Werten von unserer schönen bayerischer Kultur in unseren Klöstern und Kirchen kaputtgmacht worden is. Eine Barbarei sondergleichen!
MAX JOSEPH:	Kommen Sie, Montgelas. Das müssmer uns net anhören. Il y a de bon vin du Palatinat – ein guten Pfälzer – pas loin d'ici.
ALTBAYER:	Jetzt zitier' ich a mal: »Während man die Mönche«, schreibt der Professor Hubensteiner, »mit schmalen Pensionen in die Welt hinausschickte, plünderte man ihre Kirchen und Klöster bis aufs Letzte und brachte unter den Hammer, was nur irgend ging: Liegenschaften und Baulichkeiten, Hausrat und Fahrnis, Vorrat und Vieh, Kelche, Messgewänder, Bischofsstäbe, Kirchenglocken, Grabmäler und Reliquienschreine. Das Massenangebot drückte alle Preise, und nicht der Staat machte das Geschäft, sondern der Grundstücksspekulant, der Handelsjude, der schuftige Beamte, der in die eigene Tasche wirtschaftete. Ein böhmischer Kattunfabrikant erstand das Kloster Fürstenfeld um 120 459 Gulden, ein Generallandesdirektor das ganze Stift Dietramszell um den Pappenstiel von 32 333 Gulden! Der einzige Gewinn des Staates lag in den eingezogenen Klosterwaldungen, die mit ihren rund 270 000 Tagwerk geradezu den Grundpfeiler des ›Staatsärars‹ bilden konnten.«
GSCHAFTLER:	Etwas emotional, der Herr Professor!
ALTBAYER:	Aber recht hat er! Alle sinds der gleichen Meinung. Da, der Professor Prinz, einer von die Neuern. Lesn S' nur selber!
GSCHAFTLER:	»Am schlimmsten wirkte sich der ›Klostersturm‹ von 1803 im Bildungswesen aus, dem eine seit mehr als tausend Jahren gewachsene geistliche Kultur samt ihren Schätzen weitgehend zum Opfer fiel. Im Kloster Fürstenfeldbruck, das von jeher dem Hause Wittelsbach eng verbunden gewesen war, vollzog sich – wie gleichzeitig in vielen alten und ehrwürdigen geistlichen Gemeinschaften – die Säkularisation unter beschämenden Begleitumständen, die der letzte Abt, Gerhard Führer, festgehalten hat.«
ALTBAYER:	Jetzt les' ich weiter! »Während der Licitation geschah es, dass eben die Versteigerung der Sesseln vorgekommen. Die Religiosen sassen bei ihrem Vespertrunke im Refectorium: Was geschahe? Ihnen wurden die Sessel, worauf sie wirklich sassen, abgenohmen, sohin mussten sie stehender ihr Bier austrinken … Nun kam die Reihe an die Biblioteck: den 10. Mai traffen die hierzu deputierten H. Commissarii mit H. Sekretär Bernhard hier ein. Christoph Freyherr von Aretin sammelte für die Cen-

tralbiblioteck in München, H. Prälat Hupfauer für die Universität in Landshut, H. Schulrath Schuebaur für die Gymnasien und Lyceen, H. Bernhard musterte die Incunabeln und Handschriften. Alle vorgefundenen, die Vertheidigung der wahren Religion enthaldente, sohin auch polemische Bücher wurden ausgemerzet, über einen Hauffen zusammengeworffen, ein Zettel darauf geleget, mit diesen Worten: ›Schädliche und verbothene Bücher.‹ Unser Herr Commissär hatte hierüber den Auftrag, diese und andere, als unnütz erklärte Werke, an Herrn Kaut Pappierfabrikanten, Pappendeckel daraus zu formieren, nach den Centen zu verkaufen. Diese ›verworffene‹ Bücher betrugen an Gewicht 72 Centen 84 Pfd. Der Centen à 50 Kreuzer, wobei Herr Kaut noch 20 Pfund Rabatt bei jedem Centen zugestanden wurden. Dieß geschahe auch in anderen Klosterbibliotecken, wobei manchmal die besten Werke mitunter schlichen, welche wohl nicht in Pappendeckel sind umgestallet worden.«

MODERATORIN: Es gibt nichts zu beschönigen. Fürstenfeldbruck ist nur ein Beispiel. Eine interessante Frage aber: *Was* wurde eigentlich aufbewahrt, was hat der übrigens äußerst hochgebildete und äußerst umsichtige Herr von Aretin für die »Centralbibliothek« übernommen?

GSCHAFTLER: Heute die Bayerische Staatsbibliothek!

MODERATORIN: Claus Grimm vom Haus der Bayerischen Geschichte – und jetzt darf ich mal zitieren: »Der Umgang mit den Büchern lässt am deutlichsten die Bewertungsprofile der damaligen Zeit erkennen, die sich ähnlich auf Erhaltung oder Zerstörung der Bauten und des gesamten Inventars der Klöster ausgewirkt haben. Nach Bildungsnutzen, historischer Bedeutung und Kunstwert wurde in staatliche Obhut genommen, was als bewahrenswert galt. Die hoch geschätzten Altertümer und historischen Quellenwerke wurden mit Umsicht erfasst und den staatlichen Bildungs- und Wissenschaftsinstituten zugeführt. Doch vieles an Büchern, was wir heute bewundern, blieb damals unbeachtet. (…) Was nicht in die zeitbedingten Begriffe von Wert und Nutzen passte, war der Verschleuderung oder Vernichtung preisgegeben. Das lässt sich auch am Bestand der mobilen Kunstwerke wie an den Bauwerken zeigen.«

ALTBAYER: 326 Glocken hams allein in Oberbayern eingschmolzen! Für ganze 98 446 Gulden! Mit die Münzen hamsas genauso gmacht!

MODERATORIN: Stimmt! Nochmals Claus Grimm: »Es ging bei den meisten

Aktionen um die Übernahme nach einem bloßen Materialwert, ohne Sinn für Rang und Eigenwert regionaler Bildungstradition und Kulturensembles, ohne Beachtung der Bildungs- und Verschönerungsleistungen, oder moderner: der Lebensqualität und Lebenskultur.«

ALTBAYER: Mir aus der Seele gesprochen!

ÖSTERREICHER: Und was hat's euch eigentlich bracht, eure Säkularisation? I mein finanzmäßig, so schätzomativ?

GSCHAFTLER: Einige Zahlen! Eine kleine Aufstellung der Verluste und Gewinne durch die bayerische Säkularisation. Ich zitiere Professor Andreas Kraus: »Insgesamt betrug der Bargewinn – hier gehen jedoch die Angaben vielfach auseinander – bei den altbayerischen landständischen Klöstern bis 1813 knapp neun Millionen Gulden, dazu kamen Grundzinsen, Pachtzins aus den Brauereien, schließlich das Barvermögen der Klöster von ca. 400 000 Gulden und der Erlös aus dem Verkauf von verstreuten Waldungen, ebenfalls um 500 000 Gulden, so daß an baren Eingängen etwa zehn Millionen Gulden erzielt wurden. Die greifbaren Aktiv-Kapitalien der Klöster betrugen vier Millionen Gulden, davon gingen aber 1,3 Millionen als Passiv-Kapitalien ab – die Klöster fungierten sehr häufig als eine Art Bank für ihre Klosteruntertanen –, so daß auch davon nur 2,7 Millionen Gulden anzurechnen sind. Eineinhalb Millionen kamen ein aus der Versteigerung von Kunstgegenständen, Möbeln und Wein, so daß man auf etwa 14 Millionen Gulden barer Einkünfte innerhalb von zehn Jahren kommt.«

ALTBAYER: Viel kommt's ma net vor!

GSCHAFTLER: Wenig war's auch nicht. Aber der Witz ist: *Genauso viel* hätte der Staat in den zehn Jahren an Abgaben von den Klöstern bekommen!

ALTBAYER: Sag i doch. Ja aber, und die ganzen armen Klosterbrüder und die Schwestern, die hat ma fortgschickt und hat sie einfach am ausgestreckten Arm verhungern lassen.

GSCHAFTLER: Hat man nicht. Haben ihre Pensionen bekommen, vom Abt bis zum Bettelmönch. Was den Staat wiederum eine Million Gulden gekostet hat. Jährlich!

ALTBAYER: Aber die vielen Leut, die für die Klöster sonst g'arbeit ham, als Gärtner, Fuhrleit oder was woass i – die ham keine Pensionen kriegt, oder?

MODERATORIN: Die mussten sich leider um eine neue Tätigkeit umsehen.

ALTBAYER: Diesen Montgelas wenn i erwischen dät. Der werd scho gwusst ham, warum er si druckt!

GSCHAFTLER: Wichtiger aber: Viele Kleinbauern konnten sich aus Klosterbesitz günstigen Grund kaufen und damit erst richtig wirtschaften!

MODERATORIN: Und noch einmal zum materiellen Saldo: Nicht eingerechnet ist bei allem der Waldbesitz der Klöster! Hat den bayerischen Staatsforst verdoppelt! Dann noch die ganzen Abgaben, die die Bauern ihren Klöstern als Grundherren schuldeten sowie der Zehnte – das ging jetzt alles an den Staat über. Damit kam wieder jährlich eine Million herein.

GSCHAFTLER: Und das war eine Million Überschuss! Damit kann man etwas anfangen!

ALTBAYER: Fragt si bloß, was!

GSCHAFTLER: Messieursdames! Je vous salue! Bitte, Platz zu behalten!

MODERATORIN: Oh, Herr Kollege, was ist denn mit Ihnen los?

ÖSTERREICHER: Fasching wahrscheinlich.

GSCHAFTLER: Es ist nicht die Zeit für Mummenschanz. Kommen wir zur Sache.

ALTBAYER: Ich versteh. Der Kollege spielt an Napoleon für uns. Aus Personalersparnis wahrscheinlich.

GSCHAFTLER: Der Herr ist gar nicht so begriffsstutzig, wie er aussieht.

ÖSTERREICHER: Und was soll die »Sache« sein?

GSCHAFTLER: Durch die Gnade Gottes und den Willen der Nation bin ich seit dem 2. Dezember 1804 Kaiser der Franzosen.

ÖSTERREICHER: Is eh klar. Und unser Franz II. seitm August Kaiser von Österreich. In zwaa Jahr is ganz aus mitm Heiligen Römischen Reich.

GSCHAFTLER: Nicht schade drum.

ALTBAYER: Scho wieder Krieg!

ÖSTERREICHER: Sommer 1805. Mir zusammen mit Russland und England: Die dritte Koalition gegen den Usurpator! Und wo bleiben die Bayern?

ALTBAYER: Mir haben doch schon längst keine Lust mehr, wos ihr uns im entscheidenden Moment wieder im Stich lassts! Neutral möcht ma sein!

GSCHAFTLER: Neutral gibt's nicht. Entweder für uns oder gegen uns!

ÖSTERREICHER: Sehr richtig. Neutralität wird abgelehnt!

MODERATORIN: Montgelas und sein Kurfürst müssen sich entscheiden. Und Bayern wählt den Weg, der ihm am relativ sichersten scheint: Es schließt ein Bündnis mit Frankreich. Montgelas, der beim Aushandeln des Bündnisses ein zäher Verhandlungspartner war, unterschreibt den Vertrag einen Monat vor seinem noch zaudernden Kurfürsten. Aber dann …

ÖSTERREICHER: No, mir hams halt probiert!

MODERATORIN:	… erscheint eines Tages der Fürst Schwarzenberg in Nymphenburg!
ÖSTERREICHER:	In Begleitung von 200 Husaren! Und sagt zum Max Joseph ultimativ: Bayern und Österreicher zusammen! Oder sofortige Entwaffnung der bayerischen Armee!
ALTBAYER:	Eine solchene Unverschämtheit! Na ja. Hat sich unser Kurfürst dann do net gfallen lassen.
GSCHAFTLER:	Zu meiner großen Befriedigung. Noch am Tag der Unterschrift: 30 000 bayerische Soldaten an der Seite der Grande Armée!
ALTBAYER:	Bis nach Mähren hamma euch Österreicher verfolgt.
MODERATORIN:	Und im Frieden von Pressburg 1,2 Millionen Einwohner gewonnen.
GSCHAFTLER:	Ansbach, die Reichsstadt Augsburg, die Markgrafschaft Burgau. Bayern konnte zufrieden sein!
ALTBAYER:	Und sogar Tirol bis nach Trient awe.
ÖSTERREICHER:	Des habts eh bald wieder hergebn müssn.
MODERATORIN:	Schlagen wir nicht die Schlachten von vorvorvorgestern, sondern wenden wir uns lieber dem Haupt- und Staatsereignis von 1806 zu …
GSCHAFTLER:	Max Joseph wird König!
ÖSTERREICHER:	Des hätt er von uns a ham könna! Hat ihm unser Kaiser eh scho zuvor offeriert.
MODERATORIN:	Bitte, meine Herren, genießen wir noch für einen Augenblick die Fest- und Freudenstimmung der Münchner Bürger am Neujahrstag 1806, als Bayern Königreich wird. Und als Max der *Erste* Joseph – ein wahrer Bürgerkönig ohne Allüren und Prätentionen – vor sie hintritt und ausruft:
MAX JOSEPH:	Es freut mich, euch zu sehen! Ich wünsche euch allen ein gutes Neues Jahr! Und wir bleiben die alten!
GSCHAFTLER:	Vergessen Sie nicht das andere Ereignis! Wir haben ihm in München persönlich beigewohnt!
ALTBAYER:	Des hat na no unbedingt sei müassn, dass dem Bonaparte sei Stiefsohn des 17-jährige Madl heirat!
MODERATORIN:	Eugène Beauharnais, Vizekönig von Italien – Auguste, die Tochter des frisch gebackenen Königs.
ALTBAYER:	Obwohls beide net wolln habn. Der Papa net, unds Dirndl aa net.
MODERATORIN:	Das hat sich gegeben. Es wurde eine glückliche Ehe!
GSCHAFTLER:	Sprechen wir vom Rheinbund!
MODERATORIN:	A vos ordres, Sire! Ebenfalls 1806 gebildet auf Veranlassung Napoleons: ein Bund der meisten deutschen Staaten mit Ausnahme Preußens …

ÖSTERREICHER: ... und Österreichs, wenn ich bitten darf!

MODERATORIN: Der Frankreich sozusagen als militärischer und politischer Schutzwall gegen Russland und natürlich Österreich dienen sollte.

ALTBAYER: Die Franzosen hamma eh im Land ghabt – jetzt samma halt glei a französisch Protektorat worn.

GSCHAFTLER: Sie übertreiben, Monsieur!

MODERATORIN: In der Tat. Erstens bekam Bayern durch seinen Beitritt erneuten Gebietszuwachs, in Schwaben vor allem, und auch zum Beispiel die freie Reichsstadt Nürnberg. Und zweitens, ich zitiere Friedrich Prinz: »Napoleon bewirkte einen entscheidenden innenpolitischen Modernisierungsschub, der schon durch die notwendige strukturelle Ähnlichkeit aller Staaten des Imperiums des Korsen erzwungen wurde. Konkret: Die so genannten Rheinbundstaaten mussten sich Verfassungen geben, die dem liberalen Trend der Epoche entsprachen. Zwar hatte Napoleon in der Tat, wie er sich rühmte ...

GSCHAFTLER: ... den Krater der Revolution geschlossen ...

MODERATORIN: ... aber auch zugleich deren gewaltige ganz Europa erschütternde Kraft zu dauerhaften innenpolitischen Reformen umgewandelt, die von innovativen, relativ effizienten Bürokratien in den Einzelstaaten durchgesetzt wurden. Die wachsende Werbekraft des neuen bayerischen Königstaates vor allem in den neuen schwäbischen und fränkischen Landesteilen beruhte demnach vor allem darauf, daß der Staat an der Spitze des allgemeinen Trends zu mehr bürgerlicher Freiheit und verfassungsmäßig garantierter Rechtsstaatlichkeit stand.«

GSCHAFTLER: Kluger Mann, dieser Professor. Sprechen wir von Napoleons weiteren Erfolgen. 1808, der Kongress von Erfurt!

MODERATORIN: Eine Machtdemonstration des Mannes, der inzwischen auch Preußen besiegt und mit Zar Alexander Freundschaft geschlossen hat.

GSCHAFTLER: Ihr König Max Joseph war auch dabei!

ALTBAYER: Net so bsonders gern, hab i ghört.

GSCHAFTLER: 1809 dann ...

ÖSTERREICHER: Habn mirs halt noch mal probiert. War a Blädsinn, ehrlich gsagt. Dabei hätt ma diesmal alle Chancen in der Hand ghabt. Der Bonaparte in Paris, und an der Inngrenz nur drei bayrische Divisionen!

GSCHAFTLER: Aber, als *ich* dann herangestürmt kam ...

ALTBAYER: Bayern!

GSCHAFTLER: Comment?

ALTBAYER: Ihr kämpft heute allein gegen die Österreicher!

GSCHAFTLER: Napoleons Ansprache bei Abensberg! Euer Kronprinz Ludwig als bayerischer General hat sie – trotz seiner bekannten Abneigung gegen Napoleon – übersetzt.

ALTBAYER: Nicht ein einziger Franzose befindet sich in den ersten Reihen, und ich setze mein ganzes Vertrauen in eure Tapferkeit. Ich habe die Grenzen eures Landes erweitert …

GSCHAFTLER: … und sehe ein, dass ich noch nicht genug getan habe. In der Zukunft werde ich euch so groß machen, dass ihr meine Hilfe entbehren könnt. Bayern! Dies ist der letzte Krieg, den ihr …

ALTBAYER: … gegen eure Feinde werdet auszufechten haben; greift sie mit dem Bajonett an und vernichtet sie!

MODERATORIN: Danke gehorsamst. Napoleon und seine bayrischen Verbündeten siegen noch einmal auf der ganzen Linie. Und jetzt Schluss mit der Kriegsbegeisterung.

ÖSTERREICHER: Halt, halt halt! *Das Heldenlied.* Wenn jetzt ich amal zitieren darf. Helmut Andics! Renommierter österreichischer Historiker! *Das Heldenlied* wurde inzwischen in Tirol gesungen. Dort wartete man längst sehnsüchtig auf die Befreiung von den Bayern …

ALTBAYER: Was?

ÖSTERREICHER: … die das Land seit 1805 besetzt hielten und die Bevölkerung ihrer jahrhundertealten Freiheitsrechte beraubt hatten! Der Franzos' wurde als Feind bekämpft. Der Bayer aber, Leichenfledderer im französischen Schlepptau …

ALTBAYER: Also jetzt bittschön!

ÖSTERREICHER: … der Bayer wurde gehasst!

MODERATORIN: Monatelang leisten Andreas Hofer und seine Tiroler Partisanenarmee Widerstand, sogar noch nach der österreichischen Kapitulation. Vergebens: Durch Verrat fällt Hofer in die Hände der Franzosen und wird in Mantua hingerichtet.

ALTBAYER: Könn ma jetzt von was anders reden, bittschön.

MODERATORIN: Zwischenspiel.

MAX JOSEPH: Mais asseyez-vous donc, mon cher Montgelas.

MODERATORIN: Zwei Herren, seit mehr als eineinhalb Jahrhunderten nicht mehr am Leben …

MONTGELAS: Avec plaisir, si vous permettez, Votre Majesté …

MODERATORIN: … im vertraulichen, selbstverständlich völlig fiktiven Tête-à-Tête bei einem Glas … Pfälzer? … oder doch eher feinstem Burgunder.

MAX JOSEPH:	Ein Gläschen dann und wann … Obwohl – da hat der Ritter von Lang schon recht gehabt – ein Schwelger und Trinker war ich nie. Aber – wie finden Sie das, Montgelas? Er sagt, ich wär am Vormittag schon nur am Markt spazieren gange und hätt mit die Leut geredet?
MONTGELAS:	Der Lang, das alte Lästermaul! Immerhin verschweigt er nicht, dass Majestät, auch schon als Kurfürst, Ihre Audienzen immer schon um sechs Uhr morgens begonnen hatten.
MAX JOSEPH:	Da haben manche von euch heftig gestöhnt! Ich weiß, ich weiß. Awwer gell, Montgelas, das wissen Sie besser – er sagt, das Unterschreiben von dene ganzen Sitzungsprotokolle, Akten und Briefe wär für mich nur a Zeitvertreib gewese!
MONTGELAS:	Eine seiner üblichen Bosheiten. Die meisten von den tausenden von Dokumenten haben wir ja gemeinsam unterschrieben, Majestät. Und wir wissen beide, dass wir's einander in den Besprechungen davor nicht leicht gemacht haben!
MAX JOSEPH:	Der Lang will doch nur behaupten, ich hätt zu nachlässig regiert, und alles Ihne überlassen.
MONTGELAS:	Der Eindruck entstand, weil Majestät in Ihrer, wenn ich so sagen darf, gemütl… äh, gemütvollen Art so wenig Aufhebens von Ihrer Regierungstätigkeit machten. Außerdem, zum Beispiel der Neuaufbau des bayrischen Heeres – eine glänzende Leistung, die ausschließlich Ihr Verdienst war!
MAX JOSEPH:	Sie wollen mir schmeicheln, mon cher!
MONTGELAS:	Wenn ich es je nötig gehabt hätte, Majestät – heute ganz gewiss nicht mehr. – Und in diesem Sinne auch noch dies: Glauben Majestät nicht, ich hätte nicht gemerkt, wie Sie sich in vielen Fällen bewusst des Urteils und gar eines übereilten Machtworts enthielten, wenn Sie selbst glaubten, Sie seien in einer Angelegenheit nun, sagen wir, nicht so … sachkundig, wie Sie es als notwendig empfanden.
MAX JOSEPH:	Und glauben *Sie*, mein lieber Graf, nur net, ich hätt Ihre Bemühungen nicht zu schätzen gewusst, wie Sie mir manchmal zu einer Entscheidung wie einem kranken Gaul haben zureden müssen, … wo ich oft einfach zu ängstlich war.
MONTGELAS:	Majestät hatten eben auch auf das Wohl der Dynastie zu achten!
MAX JOSEPH:	Auf die 21 Jahre, die wir zusammen waren!
MONTGELAS:	Ja … es hätten noch mehr sein können!
MAX JOSEPH:	Viel mehr, wenn nicht Ihre Frau – diese eingebildete Gans – mit ihrem unmöglichen Betragen … hochfahrend, überheblich! Nein, also so was!

MONTGELAS:	Wenn ich Majestät korrigieren darf – natürlich hat meine Gemahlin nicht gerade zu unserem guten Einverständnis beigetragen, aber der eigentliche Grund meines … Sturzes …
MAX JOSEPH:	Jajaja. Ich weiß doch, der Marschall Wrede … und … und …
MONTGELAS:	Vor *allem* Eurer Majestät Sohn.

GSCHAFTLER:	Montgelas war ein Mann, wie ich mir einen Mazarin oder Richelieu vorstelle …
MONTGELAS:	Das hat der Lang geschrieben!
GSCHAFTLER:	Seine Bildung und sein ganzes Äußeres waren altfranzösisch. Ein stark gepuderter Kopf, hell von Verstande, sprühende Augen, eine lange, hervorstehende, krumme Nase, ein großer, etwas spöttischer Mund gaben ihm ein mephistophelisches Aussehen, obgleich die kurzen Beinkleider und die weißseidenen Strümpfe, anders erschien er nie, keinen Pferdefuß zu verstecken hatten.
MONTGELAS:	Danke, danke!
MODERATORIN:	Zu den Reformen des Grafen Montgelas!
GSCHAFTLER:	Zu dem, was aus Bayern einen modernen Staat machte!
MONTGELAS:	Vieles von dem, was ich geplant hatte, konnte ich verwirklichen, manches blieb notgedrungen auf der Strecke. Eine Festschreibung meiner wichtigsten Reformmaßnahmen war ja, nebenbei gesagt, die vorläufige Verfassung von 1808, die so genannte »charte«!
MODERATORIN:	Beginnen wir mit der Beamtenschaft.
MONTGELAS:	Ohne Berufsbeamtentum – ich sagte es schon einmal – kein funktionierender Staat! Noch dazu einer, in den riesige neue Landesteile …
GSCHAFTLER:	Franken! Schwaben!
MONTGELAS:	… erst noch integriert werden mussten!
MODERATORIN:	Wobei die kulturelle Bereicherung, die Bayern durch diese Landesteile erfuhr, hier noch gar nicht genügend gewürdigt wurde!
MONTGELAS:	Also: Meine bayerische »Staatsdienerpragmatik«.
GSCHAFTLER:	1805!
MONTGELAS:	Eine neue Bürokratie entstand. Aufgeklärt! Gut geschult! Unbestechliche, treue Staatsdiener!
ALTBAYER:	Mit einer Reglementierungssucht sondergleichen. In alls hams einm dreingredt, wos nur irgendwie könna ham.
GSCHAFTLER:	Dirigismus!
MONTGELAS:	Unvermeidliche Auswüchse.
MODERATORIN:	Es war mehr der Stil von Montgelas' Untergebenen als sein eigener.

MONTGELAS:	Ja! – Aber bedenken Sie: Für ihre Treue zum Staat wurden die Beamten mit ihrer Unkündbarkeit belohnt! Und mit einer vorbildlichen Altersversorgung. Auch für Ihre Hinterbliebenen! Natürlich habe ich andererseits eine strenge Prüfungs- und Disziplinarordnung eingeführt!
ALTBAYER:	Als ob sowas nur die Preißn könna hätten.
GSCHAFTLER:	Weiter, Exzellenz! Ihre Ministerien!
MONTGELAS:	Fünf Fachministerien – bis zu drei davon leitete ich zeitweise selbst.
MODERATORIN:	Als Finanzminister allerdings …
MONTGELAS:	Hatte ich wenig fortune. Touché! Aber, was wollen Sie, meine Dame, die Verhältnisse, mit denen wir zu kämpfen hatten, waren miserabel, die Staatsschulden mit den dauernden Kriegswirren – Einquartierungen, Kontributionen – horrend!
GSCHAFTLER:	Erwähnen wir des Weiteren ihre Neueinteilung der alten historischen Provinzen in Kreise … nach dem Muster der französischen Départements!
MODERATORIN:	Um eine straffere Verwaltung zu ermöglichen. Dann – eine ziemlich problematische Maßnahme …
MONTGELAS:	Die Zerstörung der kommunalen Selbstverwaltungen zugunsten der staatlichen Zentralgewalt. Unklug. Äußerst unklug!
GSCHAFTLER:	Immerhin – Sie haben das total überständige Zunftwesen abgeschafft.
MONTGELAS:	Es war im Ganzen trotzdem ein Fehler. Ich wollte ja nicht den passiven Untertanen, sondern den aktiven, am Gemeinwohl beteiligten Staatsbürger! Mit meiner Zerschlagung der Selbstverwaltungen habe ich dieses Ideal keineswegs gefördert, 1818, in der Verfassung, deren Ausarbeitung ich zwar veranlasst, die ich aber gleichwohl nie habe verabschieden lassen.
GSCHAFTLER:	Zu liberal, zu liberal!
MONTGELAS:	Richtig. Weil ich die Bürger dafür noch nicht reif genug fand!
GSCHAFTLER:	Erst Kronprinz Ludwig hat nach Ihrer Entlassung auf ihre Fertigstellung gedrängt.
MONTGELAS:	Jedenfalls habe ich dort bereits – im »Gemeindeedikt« – eine Revision in der Selbstverwaltungsfrage vorgesehen! Starres Festhalten an einmal gefassten Meinungen oder Maßnahmen war nie meine Sache!
MODERATORIN:	Wir kommen zu den wichtigsten Elementen Ihrer Revolution …
MONTGELAS:	Ich bin und war nie Jakobiner, meine Dame, wenn mir dieses Etikett auch von konservativer Seite zu gerne angehängt wurde!
MODERATORIN:	Ihrer Revolution von *oben*.

MONTGELAS:	Très bien.
MODERATORIN:	Der Historiker Eberhard Weis fasst zusammen.
GSCHAFTLER:	Ihr Biograph! 1996.
MODERATORIN:	Wenn Exzellenz selbst lesen wollen!
MONTGELAS:	»… eine große Menge fundamentaler Reformen in Staat und Gesellschaft, die – aha! – weit in die Zukunft wirkten und Bayern auf einigen Gebieten zum damals modernsten Staat Europas machten: so die weit gehende Abschaffung der Steuerprivilegien des Adels, die Brechung des Adelsmonopols für höhere Staatsstellungen, die grundsätzliche Herstellung der Gleichheit vor dem Gesetz, die Abschaffung der Reste der Leibeigenschaft, der Beginn der Bauernbefreiung …« Nun ja, zu Letzterem fehlte in Bayern ohnehin nicht mehr viel – die persönliche Freiheit hatten unsere Bauern ja schon!
GSCHAFTLER:	Lesen Sie weiter, Exzellenz!
MONTGELAS:	»Die persönliche Initiative des Ministers war auch besonders stark bei der Einführung der Toleranz in ganz Bayern …
GSCHAFTLER:	1803!
MONTGELAS:	… und der vollen Parität der drei christlichen Konfessionen festzustellen.«
GSCHAFTLER:	1809!
MONTGELAS:	»Die Ehe wurde zu einem weltlichen Vertrag erklärt. Das Judenedikt verlieh den Juden Glaubensfreiheit und durch Erteilung des Indigenats wenigstens eine Verbesserung ihrer Rechtsstellung.« Das erließ ich allerdings erst 1813. Ebenfalls in dem Jahr trat unsere Strafrechtsreform in Kraft.
MODERATORIN:	Das Werk des großen Juristen Feuerbach.
GSCHAFTLER:	Abschaffung der Folter!
MODERATORIN:	Die wurde schon lange nicht mehr praktiziert. Aber erst jetzt wurde ihr Verbot zum Gesetz. Grundlegend aber noch für unsre heutige Strafrechtspflege: die Unterscheidung etwa zwischen Vergehen und Verbrechen, der Grundsatz der Verhältnismäßigkeit zwischen Straftat und Strafe, die Festlegung des Strafmaßes im Gesetz.
GSCHAFTLER:	Nulla poena sine lege!
MONTGELAS:	Keine Strafe ohne Gesetz.
MODERATORIN:	Letzter, aber keineswegs unwichtigster Punkt: das Bildungswesen.
MONTGELAS:	Ich hatte es ja schon in meinem Ansbacher Mémoire gefordert: Die alten Zöpfe müssen fallen!
MODERATORIN:	Und sie fielen.

GSCHAFTLER: Der Kirche wurde die Aufsicht über das Bildungswesen entzogen!

MODERATORIN: Allerdings: Die örtlichen Schulinspektoren blieben Geistliche.

MONTGELAS: Wir hatten nicht genügend ausgebildetes Personal. Da mussten wir die hochwürdigen Herrn behalten.

GSCHAFTLER: Für die Lehrer gab es hinfort eigene Ausbildungsstätten!

MODERATORIN: Das dreigliedrige Schulsystem nahm seinen Anfang.

GSCHAFTLER: Gymnasiallehrer wurden ver*beamtet*!

MONTGELAS: Herrliches Wort!

MODERATORIN: Die Verlegung der Universität von Ingolstadt nach Landshut …

MONTGELAS: … war mir wichtig, wegen des …

GSCHAFTLER: … jesuitischen Milieus in Ingolstadt.

MONTGELAS: In der Tat.

MODERATORIN: Was die Akademie der Wissenschaften betrifft …

MONTGELAS: So war sie ja schon von Max III. Joseph gegründet worden. Auf meine Veranlassung wurde sie jetzt königliche Akademie und grundlegend entrümpelt.

GSCHAFTLER: »Es wurden um dieselbe Zeit eine Menge Ausländer, fast lauter Protestanten mit großer Besoldung nach München gerufen.« Schreibt Westenrieder! Missbilligend natürlich.

MONTGELAS: Da habe ich mir manchen Ärger eingehandelt. Von Seite unserer guten bairischen Patrioten.

GSCHAFTLER: Und manche schürten den Ärger. Der Schwabe Niethammer an den Schwaben Schelling, beide neue Akademiemitglieder: »Das dumme Pfaffenvolk in Bayern mag faul und dumm bleiben, wenn man's so haben will – zum Glück bedarf die Bildung ihr Asyl nicht mehr in Bayern zu suchen, wo man sie ohnehin nur hereingelockt zu haben scheint, um sie totzuschlagen.«

MONTGELAS: Es war ein Fehler, so viele Auswärtige zu holen!

MODERATORIN: Und trotzdem ein Schub nach vorne, Aufbruch in die Moderne, Anschluss an das Geistesleben Gesamtdeutschlands.

GSCHAFTLER: Apropos bairische Patrioten – wo steckt eigentlich unser … Hauspatriot? Wahrscheinlich führt er wieder Krieg gegen das Haus Habsburg.

MODERATORIN: Obwohl die Zeit der Annäherung herankommt …

ÖSTERREICHER: Recht viel Freud an eurem Napoleon …

ALTBAYER: »Unser« Napoleon!

ÖSTERREICHER: … habts ja dann nach 1810 a nimmer ghabt. Südtirol habts wieder hergebn müssen.

ALTBAYER: Weil ma's net regiern ham könna. Mag *er* sagn. – Wenigstens habts ihr uns Berchtesgadn gebn müssen.

ÖSTERREICHER: Gschenkt.

ALTBAYER: Und Salzburg!

ÖSTERREICHER: Für a paar Jahrl bloß.

ALTBAYER: Und as Innviertel!

ÖSTERREICHER: Dito.

ALTBAYER: Und Bayreuth hat er uns zugschuastert.

ÖSTERREICHER: Hat euch a paar Millionen Gulden kost! Aber was solls: Uns is viel schlechter ganga: Staatsbankrott!

ALTBAYER: Und dann hat Napoleon uns beide in den Wahnsinnskrieg gegen die Russn marschiern lassen.

ÖSTERREICHER: Da warn mir a bissl vorsichtiger als wie ihr!

ALTBAYER: Über 33 000 von unsere Bubn!

ÖSTERREICHER: Und dreißigtausend nimmer zurückkommen!

ALTBAYER: Jetzt hat's uns aber greicht. Endgültig.

ÖSTERREICHER: 8. Oktober 1813: Der Vertrag von Ried! Bayern verlässt den Rheinbund.

ALTBAYER: Is unserm Max schwer gfalln, mei Liaber. Aber der Montgelas war doch scho a Hund!

ÖSTERREICHER: Und Bayern tritt an der Seite Österreichs in den Krieg gegen Frankreich ein. Mitte Oktober 1813: Die Völkerschlacht bei Leipzig. Napoleon wird vernichtend geschlagen. Notabene unter österreichischem Oberkommando.

ALTBAYER: Und dann habts ganz schön wieder was eingsackelt von uns! Tirol, Vorarlberg, zwei Jahr später dann auch noch Salzburg.

ÖSTERREICHER: Des wiss ma jetzt scho. Dafür habts die Rheinpfalz kriegt, Würzburg und Aschaffenburg. Habts scho zfried'n sein können. Der Metternich hat's gut mit euch gmeint. – Der Wiener Kongress! Schad, dass i net dabei sein kann!

MODERATORIN: Wir wollen nur das Ergebnis konstatieren: Bayern wurde im neugegründeten deutschen Bund der kräftigste Mittelstaat.

ÖSTERREICHER: Und blieb fortan bis zur Reichsgründung 1871 ein treuer Bundesgenosse Österreichs.

MODERATORIN: Auch König Max Joseph war auf dem Kongress. Begleitet von seinem Sohn Ludwig und dem Feldmarschall Wrede.

ÖSTERREICHER: Euer Graf Montgelas war nicht dabei!

GSCHAFTLER: Wo ist er überhaupt?

MODERATORIN: Hat sich zurückgezogen. Liebt es anscheinend nicht, wenn über die letzten Jahre seiner Amtszeit gesprochen wird.

MAX JOSEPH: Ich erwarte Sie mit Ungeduld!

MODERATORIN: Hatte ihm Max Joseph mehrmals aus Wien geschrieben. Aber er blieb in München. Denn er versprach sich nichts von den Verhandlungen.

GSCHAFTLER: Wollte auch unangenehme Begegnungen mit anderen Staatsmännern vermeiden.

MODERATORIN: Also überließ er Wrede das Terrain.

GSCHAFTLER: Das dieser – alles andre als ein Diplomat – mit unterschiedlichem Geschick beackerte.

ALTBAYER: Des war aber doch a Fehler!

GSCHAFTLER: Das fand Montgelas später auch.

ALTBAYER: Stimmt des, dass er überhaupt nimmer so recht mögn hat?

MODERATORIN: Seine Ämterhäufung hatte ihn wohl im Laufe der Jahre etwas überfordert. Er betrieb seine Amtsgeschäfte zunehmend nonchalanter.

GSCHAFTLER: Um nicht zu sagen: nachlässiger.

MODERATORIN: Ließ seinen Beamten freien Lauf und verlor dafür bei ihnen an Autorität.

GSCHAFTLER: Und er vernachlässigte den Kontakt mit seinem …

MODERATORIN: Wir sind beim Jahr 1817.

MAX JOSEPH: Erinnern Sie mich net dran. Was hab ich geweint, wie mir der Wrede den Brief von mein'm Ludwig zu lesen gegebe hat! Der Montgelas hätt ein'n Keil zwischen ihn und mir getriebe, er wär immer ein Illuminat geblieben, tät sogar eine Verschwörung der Illuminaten planen, hätt kein Respekt vor dem Herrscherhaus, macht' sich ein Geschäft draus, das Ansehen der Krone herabzusetzen, und ein ganz und gar gottloser Kerl wär er auch noch! Was sollt ich machen?

MODERATORIN: Schriftlich ließ der König seinem einstigen engsten Vertrauten die Entlassung mitteilen.

GSCHAFTLER: »Doch Graf Montgelas trägt sein Schicksal mit Gelassenheit und Anstand«, schreibt ein ihm nahe Stehender, »obgleich der tiefe Eindruck des Unerwarteten dieses Schlages auf seinem Gesicht unverkennbar ist.«

ALTBAYER: Warn S' net froh, dass 'n endlich losbracht haben?

MAX JOSEPH: Ach, reden Se doch kei' dummes Zeug! Zum erblichen Reichsrat hab ich ihn gemacht. Hat jederzeit Zutritt zum Hof gehabt!

MODERATORIN: Acht Jahre noch regierte Max Joseph. Leistete den Eid auf eine neue, etwas liberalere Verfassung. Und erlebte noch, wie seine Regierung mit dem Abschluss eines Konkordats wieder den Ausgleich mit Rom herstellte. Graf Montgelas aber konnte nach seiner Entlassung noch 21 Jahre lang dem Wachsen und Gedeihen eines Staates zusehen, der ohne ihn …

GSCHAFTLER: … ohne Napoleon …

MODERATORIN: … und ohne seinen aufgeklärten Monarchen zweifellos ganz anders ausgesehen hätte.

ALTBAYER: Wenns 'n überhaupt no gebn hätt!

GSCHAFTLER: Bitte?

ALTBAYER: Ich sage nur »Österreich«!

ÖSTERREICHER: Wer weiß. Vielleicht hätts euch ja gfalln bei uns. Seids doch eh immer gern zum Skifahrn da! Und beim Opernball a!

Monika Schattenhofer

Aus Prinzip: monarchisch
Bayerns Königsweg unter Ludwig I. und Maximilian II.

E ine Angst geht um im Land, tief eingesenkt ins altbayerische Gemüt und es
unmerklich plagend: Finis Bavariae, Bayern am Ende. – Die bayerische Ursorge
war des Öfteren schon wahrzunehmen. In der winzigen Lähmung der Landesge-
schäfte beim Tod von Franz Joseph Strauß 1988 beispielsweise, bei der stillen Zustimmung des Volkes zum Thronverzicht der Wittelsbacher im November 1918. In
der Furcht, Bayern sei am Ende, die gleich mehrere Minister erfasst, als Ludwig II.
im Jahr 1871 der Proklamation eines preußischen Deutschen Kaisers zustimmt.

37 Tage nach der Flucht von Lola Montez, nach Protesten der Bürgerschaft und
Krawallen des so genannten Pöbels, 23 Tage nach der Februarrevolution in Paris,
sechs Tage nach der Resignation Metternichs in Wien, am 20. März 1848, als die
Abdankung Ludwigs I. bekannt gemacht wird, befallen den wachen Beobachter
bayerischer Zustände und Sprachforscher Johann Andreas Schmeller angesichts
der trüben Gesichter auf der Straße Endzeitgedanken. »Finis Bavariae« denkt
auch er und fühlt sich an das Schicksal Polens erinnert. Darin hat sich Schmeller
getäuscht. Wenden wir uns also lieber der lebendigen Tradition zu!

Königsgefühl im Jahr 1829
Was das Heut dem König auch verneinet,
Als erfüllt in Zukunft schon erscheinet:
Anerkennung dessen, was er tut.
Einstens, wenn die Leidenschaften schweigen,
Wird, was er vollbracht, rein sich zeigen,
Wenn die Mitwelt längst im Grabe ruht.

König Ludwig I. als Dichter hoffte auf die Nachwelt. Mit wenig Anerkennung,
trotz berühmter Rezensenten. Heine und Börne schimpften ihn einen »schlechten Poeten«. Aber was tut das gegen Goethes mehrdeutiges Kompliment: *Dieses
merkwürdige, vielbewegliche Individuum auf dem Throne*. Bei dem königlichen
Geburtstagsbesuch in Weimar am 28. August 1827 waren Geist und Macht für einige Stunden vereint. Ein bildungsbürgerliches Publikum war entzückt. Bleibende
Literatur sind die Gedichte Ludwigs dennoch nicht geworden. Aus den vier Bän-
den königlicher Lyrik, die bis 1847 erschienen sind, zitieren nur noch Historiker.

Einstens, wenn die Leidenschaften schweigen,
Wird, was er vollbracht, rein sich zeigen …

Eine offene Frage. Doch eben diese Historiker, die Kunst- und Architekturge-schichte dazu, wirken mit, dass uns ein anderes Anliegen Seiner Majestät wei-terhin beschäftigt. Die Verfügung vom Januar 1826 gehört zu den Maßnah-men der neuhumanistischen Schulreform, die Friedrich Thiersch zu Beginn von Ludwigs Regierung einleitet. Sie soll, wie eigentlich alles, was Ludwig in die Welt setzt, dem »großen teutschen Vaterland« – von Seiner Majestät stets hart mit »T« wie »Teut« intoniert – wie dem »engeren bayerischen Vaterland« zugute kommen.

Da es unser Wille ist, daß der studierenden Jugend Bayerns schon frühzeitig Liebe zu ihrem Vaterlande und zu ihrem Regentenhause eingeprägt werde, … so genehmigen Wir den … Antrag, wonach die bayerische Geschichte, statt dieselbe wie bisher nur gelegentlich der allgemeinen Geschichte anzureihen, – nunmehr von dem Unterrichte in der allgemeinen Historie getrennt und vor der letzteren vorgetragen werden soll …

Ja, des is halt so a G'schicht mit der G'schicht. – Ja, es ist eine besondere Ge-schichte mit der bayerischen Geschichte. Deren anhaltende Sinnerfüllung durch Erziehung zur Geschichte beweist sich nicht zuletzt in der bayerischen Geschichtsschreibung. Das Fazit des Historikers Friedrich Prinz lautet: *Daß der Geschichte Bayerns, aller großen Umbrüche ungeachtet, etwas ungemein Stimmiges bis zum heutigen Tage eignet.* Prinz hat Recht: Aus einer »lebendi-gen Unruhe« und aus vielen Gründen folgt Bayern einem besonderen Weg.

Ein Grund dafür ist der spezifisch bayerische Übergang von der Feudalzeit in die Moderne während des 19. Jahrhunderts. Einen ersten Schritt dorthin macht die sachorientierte Verwaltungsreform des Grafen Montgelas, die allgemein als bürokratisch-spröde gilt. Aber darauf folgen königliche Jahre. Weniger die Mu-sik, doch Kultur, Kunst und Architektur entfalten sich in der 23 Jahre währenden ludovizianischen Epoche. Ihre Wirkung ist deswegen treffender als »erhebend« denn als »einschneidend« zu beschreiben. Das Land wird gemacht, einerseits. Andererseits resümiert der Architekturhistoriker Winfried Nerdinger: »Lud-wigs Kunstpolitik basierte … auf Unterdrückung und Ausbeutung und zielte nur auf Beweihräucherung und Verewigung eines Despoten.«

S chwung war Ludwigs Lieblingswort, und mit Schwung macht sich der Neun-unddreißigjährige ans Regieren, nachdem er am 19. Oktober 1825 den Eid auf die Verfassung abgelegt hat. Tags darauf verfasst er das erste seiner Sig-nate, seine bevorzugte – weil papiersparende Art, die Geschäfte zu führen. Auf schmalen Papierstreifen oder in Randbemerkungen auf vorgelegten Schreiben gibt der König seine Anordnungen. Königliche Knausrigkeit und königliches Tempo werden dabei ebenso sichtbar wie die Breite und Weite von Herrschafts-willen und patriarchaler Fürsorge. Die umfangreicheren Signate, die der König nicht aus dem Augenblick diktierte, gelten indes ernsten Dingen: dem Budget und der Ordnung des Rechnungs- und Verwaltungswesens. Rund 100 000 Signate hat man nachträglich gesammelt. Das erste lautet:

Das Protokoll über die Eidesleistung soll in den Zeitungen bekannt gemacht werden, jedoch nur daß ich mit dem Namen Ludwig genannt werde, folglich soll der beyden folgenden Karl August in allen Bekanntmachungen keine Erwähnung geschehen (...). Ich will ferner, daß wo der Name Bayern vorzukommen hat, er wie es eben von mir geschah, geschrieben werde, nämlich mit einem y statt i.

Ludwig war gut vorbereitet. Knapp drei Wochen vor seinem Regierungsantritt, als er den Tod des Vaters allenfalls ahnen konnte, notierte er diesen Vorsatz: *Wenn ich König, nach den Exequien, sobald tunlich, Staatseinrichtungen wohlfeiler und einfacher.* Die Sanierung der Staatsfinanzen wurde tatsächlich bald erreicht. Ein »guter Wirt« wollte Ludwig sein. Gewirtschaftet hat er eher nach Art des geizigen Hausvaters, der wie er seinen abgewetzten Hausrock mit Stolz sechzig Jahre lang anzieht. Außer bei den Ausgaben für die Kunst. Rückständigkeit bewirkte das Sparsystem draußen auf dem Land. Miserable Landstraßen, ruinöse Schulhäuser, Dienstwohnungen und Gefängnisse prangerte Karl Graf Giech an, als er 1840 als Regierungspräsident von Mittelfranken zurücktrat. Und nicht zuletzt wegen der hygienischen Verhältnisse wurde die Hauptstadt häufig von Cholera-Epidemien heimgesucht. Wobei es den König stets gewundert hat, weshalb der Dank für seine Sparsamkeit ausblieb. Doch haben ihn ja andere Verdienste einzigartig gemacht.

Endlich ist Frieden und Zeit, um das »dringend erforderliche geistige Band um Altbayern, Schwaben und Franken zu schlingen« und der Pfalz wieder königliche Ruhe zu bringen. Maximilian II. wird die Integration durch die »Hebung des Bayerischen Nationalgefühls« programmatisch fortsetzen. Zwei königliche Programme – mit einer Konstante: Erhalt der Wittelsbacher Monarchie. Freiheit und Demokratie und deren Verfassungs-Garantie, das war die Sache der bayerischen Könige nicht.

Die verbindliche Floskel, wenn man Seiner Majestät einen Brief schreiben wollte, lautete: *Allerdurchlauchtigster, Großmächtigster! Allergnädigster König und Herr!* Die dazugehörige Schlussformel: *Alleruntertänigst und treugehorsamst.* Liberale Neigungen werden dem Kronprinzen und König Ludwig immer wieder nachgesagt. Er selbst hielt sich auch für liberal, wenigstens bis zum Landtag von 1830/31, wonach er, verschreckt durch die Juli-Revolution in Paris, »den Rückzug in eine konservative Defensive« antrat. Ludwig hat durchgesetzt, dass die Karlsbader Beschlüsse in Bayern zurückhaltend ausgeführt wurden. Und dass Bayern ziemlich früh, im Jahr 1818, eine Verfassung zugestanden bekam, ist den Vorarbeiten des Prinzen zu danken. Über das Motiv wird noch immer gerätselt. Vermutlich war sein Engagement für die Verfassung Opposition gegen seinen Vater und den verhassten Montgelas. Denn zeitlebens hing Ludwig an der Vorstellung, ein König sei von Gottes Gnaden und nicht durch eine Konstitution beauftragt. Blieben Dank und Anerkennung aus, reagierte er gekränkt und verletzt, bisweilen auch bösartig. Verständnislos war er in jedem Fall. Etwa als er bei seinem Regierungsbeginn die Präventivzensur abschaffte und alsbald zum Opfer der *Preßfrechheit* wurde.

In keinem Land wird so gegen das, was von der Regierung kommt, gesprochen als in Bayern. ... Ich selbst war ein Freund der Preßfreiheit, ich habe mich aber noch vor der Julirevolution überzeugt, daß es unmöglich ist, mit derselben zu regieren.

Ein Reaktionär war Ludwig nicht. Eine durchgehend konservative Überzeugung aber diagnostiziert der Historiker Andreas Kraus, die »wertvoll erscheinende Ordnungen und Prinzipien« bewahren will: »Ludwig I., der seine Aufgabe als König darin sah, das Erreichte zu sichern, den Staat zu konsolidieren, hat sich doch nur aus einem Missverständnis selbst zu den Liberalen gerechnet. Er besaß nicht die geringste Vorstellung, was die Aufgaben und Möglichkeiten einer Volksvertretung sein könnten.« Umso deutlicher war Ludwigs Vorstellung, wie die gegebenen Verhältnisse gestaltet werden sollten. Etwa, wenn er Thierschs neuhumanistische Schulkonzeption bald durch eine autoritär-religiöse Erziehungs- und Unterrichtspolitik unterläuft. Dass Religion die Grundlage der Sittlichkeit sei, hat der Pfarrer Joseph Anton Sambuga seinem Zögling ins Herz gesenkt. Diese Anschauung vertieft sich beim studium generale 1803 im religiös romantischen Landshuter Kreis und wird vom Kronprinzen dann so behauptet: ... *daß Religion, Tugend, Vaterlandsliebe, Liebe und Verehrung gegen die Fürsten, Achtung gegen das Bestehende (herrsche), daß nicht jeden Jüngling Besserwisserei einnehme, (und) die Umstürzungssucht, daß in den Schranken, wohin nach Alter und Amt (er) gehöret, jeder sich reihe(,) nicht die Gleichheitssucht.*

Die schöne ständische Ordnung stellte sich nach königlicher Ansicht am besten durch ein streng konfessionelles Schulwesen ein, nicht durch kalte Verstandesbildung, sondern durch Herzens- und Charakterbildung. Dazu wurde 1825 auf seinen Befehl die Volkschule in »Teutsche Schule« umbenannt. »Volksschule« und »Volksschullehrer« hatten in den königlichen Ohren einen allzu demokratischen Klang. Ein solcher war wohl bei von Montgelas als abergläubischer Unfug verbotenen, nun wieder erlaubten Bittgängen und Wallfahrten seltener zu hören.

Und die Protestanten in dem seit seiner Königreichwerdung gemischt-konfessionellen Staat? Trotz evangelischer Stiefmutter, Gattin, Schwiegertochter und Schwägerin hielt Ludwig die Reformation und ihre Folgen ohne Zweifel »für ein politisches Unglück«. Konflikte mit den bayerischen Protestanten, also vor allem in den neubayerischen Gebieten in Mittelfranken und in der Rheinpfalz, konnten nicht ausbleiben. Umso mehr, als der König den Protestantismus mit liberalen, liberalistischen und demokratischen Haltungen gleichsetzte. Er hatte mehr oder minder Recht, was wiederum den steten Argwohn gegen Renitenz nährte. Wie reserviert er seinerseits sein konnte, demonstrierte er im schleppenden Bau der evangelischen Matthäus-Kirche in München und bei der Nichtzulassung des Gustav-Adolf-Vereins – schon der Name des Schwedenkönigs und München-Eroberers missfiel ihm aufs Äußerste. Selbst ein so wenig kirchlich orientierter Geist wie Friedrich Thiersch glaubte, sich wehren zu müssen – mit einer, freilich nicht veröffentlichten Schrift: »Die Verfolgten Protestanten in Bayern an die Unparteiischen der Nation.«

Welche Tarantel denn ihn gestochen, sich damit, was ihn nichts angeht, zu befassen?, bemerkte Ludwig, als sich Thiersch in den Streit um den so genannten Kniebeugeerlass vom August 1838 einmischte. Darin erhob Ludwig die Sitte, beim Vorbeiziehen des Allerheiligsten auf die Knie zu fallen, zum militärischen Befehl. Kein Gehör fand der Vorschlag des späteren Ministers Georg von Maurer, die Ordre zurückzunehmen, »unter Berücksichtigung der Gefahr, dass sich Landwehrmänner beim Niederknien einen Leibesschaden zuziehen könnten«.

Die Bavaria Sancta war katholisch, aber nicht bedingungslos päpstlich. Ludwig legte Wert darauf, dass die Restitution der säkularisierten Klöster ohne »Dazwischenkunft« des Vatikans geschehe, den er unter Umständen und gegen das diplomatische Protokoll als »römischen Hof« titulierte. 161 Klöster wurden bis 1848 wieder eingerichtet, bis 1864 sind insgesamt 441 restauriert. *Mönche will ich, keine Pfaffenherrschaft*, bemerkte der König. Die Jesuiten freilich wollte er überhaupt nicht: In den Wirren seiner Lola-Leidenschaft wird daraus sogar Hass. Die Geliebte witterte nämlich hinter all ihren Schwierigkeiten, in Bayern Fuß zu fassen, jesuitische Machenschaften. Zu Unrecht. Obschon Ludwig mit demselben Verdacht spielt, wenn er die Rücktrittsdrohung des Innenministers Karl von Abel im Februar 1847 akzeptiert. Womit er sich freilich nicht aus der Affäre retten konnte. Denn Abel war der führende Kopf der Ultramontanen, denen der Feldzug gegen Ludwigs Geliebte gut ins politische Konzept passte. Der »reaktionäre Klamauk« um Lola hörte mit seiner Entlassung keineswegs auf.

Als »weltliches Haupt der religiösen Erneuerung« wurde Ludwig von seinem Universitätslehrer Johann Michael Sailer betrachtet. Der Theologe war Spiritus Rector des Landshuter Zirkels, zu dem es eine ganze Schar Romantiker und Protestanten magnetisch hinzog. Aufklärer befehdeten Sailer als »gefährlichen Dunkelmann«, katholische Dogmatiker sahen in ihm einen »separatistischen Schwärmer« und »verkappten Protestanten«. Für Bettina Brentano war der ehemalige Jesuit »ein Philosoph Gottes«. Für Ludwig war er unverzichtbarer Berater. Er wurde bei der Wahl der Erzieher für seinen Erstgeborenen, Max, befragt, er setzte die Berufung von Schelling und Görres an die 1826 eingerichtete Münchner Universität durch, die gesamte Politik ist erfüllt von Sailers Magie. So ist es kein Wunder, dass der König von Gleich-Inspirierten umgeben ist: Ludwigs Freund und Redakteur seiner Lyrik, Eduard von Schenk, der sein zweiter Innenminister wird, ist erfüllt vom »Landshuter Geist«. In diesem Geiste versammelt sich der Eos-Kreis um Baader, Döllinger und Görres zu seinen Mittagessen in der Sendlinger Straße. Er wirkt in der so genannten Kongregation, einem mehr oder minder geheimen Bund zur antifranzösischen und antinorddeutschen Agitation.

Ludwigs Verhältnis zum klerikalen Konservativismus indes ist zwiespältig. Die Treffen der Eositen werden als »jesuitisch-klerikal-reaktionäre Geheimbündelei« 1828 untersagt. Die Zeitschrift selbst, in der Franz von Baader für eine Sozialpolitik aus christlicher Liebe wirbt, wird ein Jahr später verboten. Trotzdem wird München zum Zentrum eines kämpferischen Katholizismus, dessen gewandteste und gewaltigste Stimme die von Joseph Görres ist, der vordem schon mit dem revolutionären »Rheinischen Merkur« Preußen das Fürchten gelehrt hatte.

1838 brach in Köln der Streit um konfessionelle Mischehen aus. Im selben Jahr kommt Joseph von Görres' Fanal-Schrift »Athanasius« heraus, unter Görres' Einfluss beginnen die »Historisch-Politischen Blätter« zu erscheinen und werden für die nächsten hundert Jahre zum wirkungsvollen Organ des politisch konservativen Katholizismus. Das Bild vom »dummen Katholiken« soll korrigiert werden und nebenbei wird zum politisch-konfessionellen Kampf gerüstet. Der Kreis um Görres, die Kongregation und die Ultramontanen schöpften alle aus ähnlich fundamentalistischem Gedankengut. Mal wurde auf Anlehnung an Österreich, mal auf Verbindung zu Rom hingearbeitet und intrigiert. Beides musste Ludwig missfallen. Sowohl der König wie das Königreich Bayern sollten unabhängig sein. Trotzdem war eine enge Bindung von Thron und Altar in seinem Sinn. Erhöhte sich doch damit das staatliche Gewicht Bayerns insgesamt. Zudem war der König fromm. Er reiste nie ohne Bibel und nahm allmählich die Rolle eines »Protektors der deutschen Katholiken« an. Der »Maximilianeische Gedanke« stützte die angestrebte Versittlichung von Staat und Politik. Ludwigs Verehrung für den ersten bayerischen Kurfürsten und leidenschaftlichen Schweden- und Protestantenbekämpfer Maximilian war groß – Max II. ist nach diesem Vorfahr benannt.

»Rückwärts zur Herrschaft der Gnade … nur ist das Reich der Gnade auch das Reich der Lüge, und nur das des Rechts ist das der Wahrheit«, schrieb Andreas Schmeller am 16.10.1831 in sein Tagebuch. Ludwig I. erklärte: *Der König ist das Oberhaupt des Staats, vereinigt in sich alle Rechte der Staatsgewalt und übt sie unter den von Ihm gegebenen Bedingungen – in der gegenwärtigen Verfassungsurkunde festgesetzten Bestimmungen aus. Seine Person ist heilig und unverletzlich.* Im Klartext: nicht unter den in der Verfassungsurkunde festgesetzten Bedingungen, sondern »unter den von *Ihm* gegebenen Bedingungen und in der Verfassungsurkunde festgesetzten Bestimmungen«. Der Paragraph ist das rechtliche Fundament für das monarchische Prinzip. Ludwig wird sich als König fest darauf stellen und damit neben, wenn nicht über die Verfassung.

Das monarchische Prinzip ist das Gegenprinzip zur Idee der Volkssouveränität. Die soll, wie der Historiker Michael Doeberl ausführte, ebenfalls durch die beiden Kammern beschränkt werden, den Reichsrat, die Adelskammer, deren Mitglieder berufen wurden, und den Landtag, die nach einem ständischen Zensus gewählte Abgeordnetenkammer. Misstrauen gegen das Volk, gegen den Bürger, besonders aber gegen die unteren Stände und den so genannten Pöbel kennzeichnet freilich nicht nur die Bayerische Verfassung – und im Unterschied zu den süddeutschen Staaten hat Preußen bis 1848 überhaupt keine Verfassung. Die Konflikte bei der Auslegung der Verfassung spitzen sich in München bloß besonders zu. Unbestreitbar, dass Ludwig autokratisch, gar despotisch regierte! Trotz aller Abwägung außenpolitischer und dynastischer Rücksichten schreibt Helmut Gollwitzer in seinem Standardwerk »Ludwig. Königtum im Vormärz«, dass der bayerische Neoabsolutismus im Widerspruch zu den »mächtigeren Tendenzen des 19. Jahrhunderts« stehe. 1840 sagte der König, er sei 1815 für die Verfassung gewesen, *die Menschen für besser und verständiger haltend als ich sie gefunden.*

Mit noch hoffnungsgebenden Worten eröffnete König Ludwig den ersten Landtag im November 1827: *Nicht von Mängeln frei ist Unsere Verfassung.* 25 Gesetzesvorlagen hatte er mitgebracht. Aber außer dem Gesetz zur Einführung der Landräte, nach pfälzisch-französischem Vorbild, und einem Ertragssteuergesetz war das Ergebnis enttäuschend, der König zudem von der Dauer der Sitzungen »ermüdet«. *Seit hundert Jahren hat dies Land keinen Herrn und Meister mehr gehabt ... Ich will der Herr sein und zeigen, daß ich es sein muß. Gott weiß, daß das nicht allein zu meinem Vorteil geschieht.* Weshalb sich der König so ausgerechnet dem Gesandten Frankreichs zu Neujahr 1828 anvertraute? Seit Kindheit war ihm das Nachbarland verhasst, vermutlich hat er den Titel »Erbfeind« erfunden. Napoleon hat er als Kronprinz einige Male treffen müssen und verabscheut, aber auch bewundert. *Sehen Sie mir zu, um zu erkennen, wie Sie einmal als König sich zu benehmen haben,* soll der Kaiser 1809 im Feldlager Ludwig empfohlen haben. *Wenn Sie tätig sind, wird Ihnen alles folgen. Sind Sie eine Schlafmütze, dann legt sich alles zu Bett.*

An seinem entschieden »persönlichen Regiment« ließ der König nie einen Zweifel. Alle Gesandten am Münchner Hof – sie verfügten über beträchtliche Vergleichsmöglichkeiten – waren sich darüber einig, dass der Autokratismus Ludwigs seinesgleichen suche. Ein effizientes Instrument dafür ist der Staatsrat und die Einrichtung eines Kabinetts – quasi eine Regierung über der Regierung, zu der Ludwig auch riet, als sein Sohn Otto sich 1833 aufmachte, König von Griechenland zu werden. *Wohl bin ich der Meinung, daß alle Minister mit Portefeuille Hellenen sein sollten, aber daß Du dabei ein Kabinett habest, an die Minister expedierende Sekretäre und an dessen Spitze einen erfahrenen Geschäftsmann, der bloß beratend nicht ausführend zu sein hat. Das scheint mir notwendig, damit du selbständig herrschest.* Das war natürlich schöngeredet. Der erfahrene Geschäftsmann in Ludwigs Kabinett, sein »Geschäfts-Konversations-Lexikon«, war Bernhard Grandaur und er hatte durchaus Einfluss auf die Meinungsbildung seiner Majestät. Dagegen spielte der Ministerrat, der selten und meist in Abwesenheit des Königs zusammenkam, eine geringe Rolle. *Was ein Minister schwer zu ersetzen? Ich brauche keine Minister. Ich bin mein Minister. Die Minister sind meine Schreiber.* Sprach der König, wohingegen ein Minister, nämlich der Justizminister Karl von Schrenck, gesagt haben soll: *Was bin i? A Minister bin i? Na, dem König sei Hausknecht bin i.*

Es gibt aber in einem monarchischen Staat nur die in dem Könige konzentrierte Staatsregierung, und dessen untergebene Behörden sind nicht die Staatsregierung, sondern sie üben nur kraft erhaltenen Auftrages von mir amtliche Gewalt. Glaubt der König seinen dritten Innenminister Ludwig Fürst von Oettingen-Wallerstein anmahnen zu müssen, und schließt daran an: *Gleichergestalt soll auch der Ausdruck Staatsbürger, Staatsangehöriger vermieden werden, der nur zum Dünkel führt. Untertan, Bayer bezeichnet hinlänglich, wie denn auch die beiden obigen Worte eine Erfindung der neueren Zeit sind.* Die sprachlichen sind natürlich politische Korrekturen und letztlich blind. Ohne Staat, sprich: Bürokratie, konnte auch ein willensstarker, einfallsreicher Mann nicht mehr regieren. Ebenso unzeitgemäß ist sein Versuch, das Kabinettssekretariat dem Ministerrat vorzuschalten, während der ihm wiederum die Kammern vom Leib halten soll. Insgesamt führt das zur Lähmung der Staatsgeschäfte, zur Isolation des Königs und zum – persönlich tragischen – Thronverzicht. Denn auch die Kammer der Reichsräte redete ihm nicht immer nach dem Mund. Der mediatisierte Adel hatte seine Restprivilegien zu schützen – von den liberalen Neigungen des protestantischen Adels in Franken ganz zu schweigen. Der Landtag konnte dem König sogar das Budget verweigern. Über zwei Sitzungsperioden zog sich die von Ludwig heiß ersehnte Verabschiedung einer permanenten Zivilliste hin. Auf circa 3 Millionen Gulden, das sind 10 Prozent der gesamten Staatseinnahmen, wurde sie 1834 endlich festgeschrieben.

Auch ein König muss leben dürfen. So stiften die Forderung des Landtags nach Rechnungslegung für die Ausgaben der Zivilliste und Ludwigs Anspruch auf die »Erübrigungen«, die Ersparnisse im Staatshaushalt, die ihm erst 1843 entzogen werden, bis heute Verwirrung. Die so genannten Privatmittel bei der Finanzierung von Kunst und Architektur sind Ludwigs staatliche und stattliche Einkünfte. Bloß mäzenatisch waren sie nie. Volkesstimme: *Nur mit dem Gelde, mit dem Opfer, mit dem Schweiße der Steuerpflichtigen wird ja gebaut, es möge nun aus der Civilliste oder aus dem Landbauetat bezahlt werden.*

Herrlich über freies Volk zu walten,
Nicht nach Willkür schrankenlos zu schalten,
Sondern in den Schranken, die bestehn,
In dem Edelen sein Volk erhöhn.

Hier übertreibt der König als Dichter. Das psychische Fundament des monarchischen Prinzips ist sicher in Ludwigs »unüberwindlicher Unausgeglichenheit« zu suchen. Ein autoritärer Charakter, würde man heute sagen. Dorther kommt der Schwung. Dorther seine Ungeduld. Ausgleich schaffen die schnelle Auffassungsgabe, die Breite der Interessen und ein Ehestand mit der großmütigen Therese, die ihm neun Kinder schenkt. Abwechslung bringen die ausgedehnten Reisen, 27-mal nach Italien, einmal nach Griechenland und oft nach Bad Brückenau. Aus seiner ungebundenen Energie nährt sich die bekannt hohe Anzahl seiner Liebeshändel, bis hin zur Liaison zweier Egomanen: Lola und Louis. Da scheint Ludwig die Kontrolle verloren zu haben. Ein Bedürfnis, das sonst immer immens ist. Um Übersicht zu behalten, nummeriert er zum Beispiel jeden Brief, verlangt das auch vom Antwortschreiber. Bloß Lola vergisst es bisweilen.

Ludwig I. im Kreis seiner Familie

Erst kurz vor seinem Tode bekam mein Vater eine gute Meinung von mir. Abgeschreckt hat mich mein Vater, gewaltige Furcht eingeflößt, von Vertrauen haben, von Herzausschütten kein Gedanke in mir, der sehr empfindlich …, bekennt Ludwigs Sohn und Nachfolger. Im Gegenzug hält Ludwig auch wenig von seinem heranwachsenden Max. Der Nachfolger kränkelt viel, holt sich später vermutlich die Syphilis. Als Kronprinz macht er einen ängstlich-larmoyanten, beflissenen und zugleich aufsässigen Eindruck. *Mein Gemüth mein ganzes Wesen war von Natur reizbar, erregbar, unangenehmen Eindrücken hieng ich nach, dies wurde zur großen Qual für mich, später zur bleibenden Gewohnheit,* erinnert sich der Sohn in seinen Memoiren, zu denen ihn sein Berliner Universitätslehrer Leopold von Ranke überredet hat, und schildert vorsichtig, wie wenig er den Vater zu Gesicht bekam. Es war sicher schwierig, Ludwigs Sohn zu sein. Kaum leichter, mit dem abgedankten Vater im Rücken zu regieren. Dann freut man sich über die Jubelrufe der Untertanen bei Volksfesten und Besichtigungen und nimmt sie für blanke Zuneigung.

Freie Hand muß der König haben.
Aber gezwungen darf der König nicht werden.

Zuhauf warf Ludwig mit solch temperamentvollen Maximen um sich. Ein Temperament, das man auch in dem Geständnisschreiben entdecken kann, das Ludwig an den Breslauer Erzbischof und Sailer-Schüler Melchior von Diepenbrock schickt, als sein Verhältnis zu Lola Montez gesellschaftlich kaum mehr zu halten ist: *Ich bin König, aber ich bin auch Dichter und lege auf meine poetische Anregung und Begeisterung einen hohen Werth ... Mätressenwirtschaft mochte ich nie und mag sie nicht. Wie der Schein trügt, will ich Ihnen sagen, indem ich hiermit mein* Ehrenwort *gebe, daß ich nun im vierten Monate weder meiner Frau noch einer anderen beigewohnt, und vorher es beinahe fünfe waren ... Scheinbar nur ist Skandal.* Die Bekanntmachung königlicher Intima erreichte als Rundbrief alle bayerischen Bischöfe. Aber erst ein Jahr später, im Februar 1848, kam es zum Eklat. Was zeigt, dass die Krise in Bayern weniger durch Lolas erotische als durch Ludwigs politische Kunst verursacht wurde.

Ludwigs Selbstherrschertum kommt an sein Ende. Der so genannte »Systemwechsel« im Februar 1847, als das Ministerium Abel demissionierte, dem das »Ministerium der Morgenröte« unter der Leitung des liberaleren Georg von Maurer folgte, hatte zwar die Einbürgerung Lolas und ihre Nobilitierung zur Gräfin Landsfeld ermöglicht. Ruhe kehrte aber nicht ein. Im Januar 1848 stirbt Joseph von Görres. Die Beerdigung wird zur Manifestation konservativ-kirchlicher Kreise – und von Lolas Auftritt gestört. Ludwig schließt die Universität, woraufhin die Bürgerschaft um ihre Einkünfte fürchtet. Proteste beim König, Randale vor Lolas Haus in der Barerstraße. Am 11. Februar 1848 wird Lola aus der Stadt gewiesen. *Der König ist vollständig aller Achtung, aller Autorität, alles Vertrauens bei seinem Volke entblößt*, schrieb der preußische Gesandte Albrecht Graf Bernstorff nach Berlin, *er wird allgemein für ganz oder halb wahnsinnig angesehen und es bedürfe nur des geringsten Anstoßes, um ihn zu enthronen.*

Das Zauber, ... der Zauber, fascinum, veneficium, beginnt der Artikel über Zauberei in Schmellers Bayerischem Wörterbuch, das 1837 zum ersten Mal aufgelegt wird. Am Ende erlaubt sich der Verfasser eine Frechheit, die damals vermutlich nicht bemerkt wurde: *Wenn es unsern Görres, Ringseis etc. nachgeht, so wird die fromme Übung (der Zauberei) abermals Mode werden.* Übung in Bayern wird ab Mitte der 30er-Jahre, unter dem Ministerium Abel, die Restauration à la Metternich. Mode sind obrigkeitliches Durchgreifen und die Verfolgung nach Freiheit begieriger Männer schon vorher.

Sehet an das von Gott gezeichnete Scheusal, den König Ludwig von Baiern, den Gotteslästerer, der redliche Männer vor seinem Bilde niederzuknien zwingt, und die, welche die Wahrheit bezeugen, durch meineidige Richter zum

Kerker verurteilen läßt; das Schwein, das sich in allen Lasterpfützen von Italien wälzt, den Wolf, der sich für seinen Baalshofstaat für immer jährlich fünf Millionen durch meineidige Landstände verordnen läßt, und fragt dann: Ist das eine Obrigkeit von Gott zum Segen verordnet?

Das so genannte »niedere Volk« wollte der »Hessische Landbote«, eine Flugschrift von 1834, aufrütteln. Der Inhalt des radikaldemokratischen Aufschreis gegen die fürstlichen Despoten – selbstredend Hochverrat, seine Verfasser – Georg Büchner und der Pfarrer Friedrich Ludwig Weidig. »Die redlichen Männer«, die Ludwig gezwungen hatte, »vor seinem Bilde niederzuknien«, waren der Arzt und Publizist Gottfried Eisenmann und der Staatsrechtler Wilhelm Joseph Behr aus Würzburg. – Ein Revolutionär war Behr nie. Zur verfassungsgebenden Zeit war er ein Freund des Kronprinzen gewesen und wurde nach und nach durch königliche Schikanen zum Helden gemacht. Schon längst verdächtig, der Unterstützung eines verbotenen Vereins bezichtigt, bedurfte es noch seiner Rede am Gaibacher Fest. Gleichzeitig mit dem Hambacher Fest wurde da an der 1818 errichteten Konstitutionssäule im Schönborn'schen Schlosspark die Verfassung gefeiert. *Darum mache ich den Vorschlag an seine Majestät den König, nicht die Bitte, denn hier besteht ein Recht zu verlangen,... daß die Verfassung des bayerischen Staates auf dem Wege des Vertrages zwischen Fürst und Volk dahin geändert werden möge, daß sie ihrem Zwecke wirklich entspreche.* Selbst die Verurteilung Behrs wegen Hochverrats genügte nicht. Ludwig bestand auf der demütigenden Prozedur der Abbitte vor dem Bildnis des Königs. Zu einer Rehabilitation konnte sich die beleidigte Majestät erst 1848 durchringen. Warum auch?

Ja zu vermeiden, ... sich den Anschein zu geben, als hätte die Staatsregierung Angst (wofür auch? Das Heer, das Landvolk hat der König für sich, nur Gewissenhaftigkeit kann ihn hindern, dareinzuschlagen, daß er's nicht tut, darüber wundern sich selbst ... Bauern, sagend, etliche hundert Schreier für ihr Leben eingesperrt und es ist Ruhe). Diese Überlegungen brachte der König nach dem Hambacher Fest vom 27. Mai 1832 zu Papier. Auch Frauen und Jungfrauen waren zu diesem Volks- und Verfassungsfest auf der Schlossruine bei Neustadt in der Pfalz geladen. Alles war bekränzt und beflaggt: Schwarz-Rot-Gold. Und zwei von vielen Reden aufrührerisch: Johann Georg Wirth begann mit einem Fluch auf die Fürsten und endete mit einem dreimaligen Hoch auf die vereinigten Freistaaten Deutschlands und mit einem dreimaligen Hoch auf das konföderierte republikanische Europa: *Hoch, Tausendmalhoch, Vivat, Tausendmalhoch Vivat, Hoch, Vivat Tausendmalhoch, Vivat... Jedes Volk, das seine Ketten bricht und mit uns den Bund der Freiheit schwört. Vaterland, Volkshoheit, Völkerbund lebe hoch.*

Das Volk also! Rechtlich, wirtschaftlich und kulturell beginnt die Durchsetzung der bürgerlichen Gesellschaft. Biedermeier und keine Idylle, wie man diese Zeit stets missversteht, sondern Krise. Auch in Bayern gab es »Märzstürme«.

Versammlungen finden in den größeren Städten statt. Auf dem Land gibt es nach Missernten Hungerrevolten, und die Bauern fordern die endgültige Abschaffung feudaler Rechte. Die Münchner Verhältnisse sind selbst in der Karikatur noch traurig.

Aus Verzweiflung bekamen sie Muth, … so schrieben sie in Gottes Namen die von anderen Spießbürgern in Adressen bereits geltend gemachten Forderungen ab, als da sind: Pressefreiheit, deren Mangel neunundvierzig Fünfzigstel der Münchner Spießbürger noch niemals empfunden; Öffentlichkeit und Mündlichkeit in der Rechtspflege mit Geschworenen, ein Institut, von dessen totaler Unzweckmäßigkeit und Schädlichkeit sie vor drei Tagen, auf Befehl ihrer Pfaffen und Bureaukraten, noch die tiefste Überzeugung hatten.

Auch in Bayern ist Vormärz. Bloß scheint er in »der steckengebliebenen Großmacht« königlicher überformt als selbst im kaiserlichen Habsburger Reich. Der Mittelstaat ist dabei, sein Gewicht auf europäischer Ebene einzubüßen, und konzentriert sich auf seinen König und dessen Seele. Der Historiker Max Spindler schreibt von dieser Seele, sie habe einen »Bruch in der inneren Entwicklung Bayerns« verhütet. Friedrich Prinz wendet das Motiv ins Positive: nicht Verhinderung, sondern Aufbau. Mit Hilfe der Kunst und einer »ideologisch beflügelten Innenpolitik« habe Ludwig dem Land Identität gegeben.

Meiner Sel – finden wir, wenn wir im Bayerischen Wörterbuch nach der Seele suchen, und im ersten Abschnitt, in dem die innere, geistige Dimension des Worts erläutert wird: »meiner Sel«, das ist eine *Betheurung, bei Gott! wahrlich*. Das ist eben die Geschichte aus der Geschichte. Die so oder so zur Erfolgsgeschichte wird. Einerseits haben seine Könige dem Land eine hohe Eigenstaatlichkeit bewahrt. Die macht andererseits eben dieses Bayern bis heute zu einem starken Fürsprecher des bundesrepublikanischen und europäischen Föderalismus.

Meiner Sel', des is halt so a Gschicht mit der Geschicht. – Loyalität stellt sich ein, weil an der Geschichte sowieso nichts mehr zu ändern ist. Glaubt man – besonders dann, wenn unter Ludwig I. und Max II. die Geschichte mit der Geschichte selbst planmäßiges Medium der Politik ist. Der Schritt nach vorn wird zum verklärten Blick zurück. Loyalität stellt sich ein, weil man für den schöneren Teil des Erbes dankbar ist – und stolz darauf.

Jeder der beiden Könige hat München eine Prachtstraße hinterlassen, die Ludwigstraße mehr für den Ruhm, die Maximilianstraße schon für den Kommerz geplant. Aschaffenburg hat in dieser Zeit sein Pompejanisches Haus bekommen, Bad Reichenhall die neue Saline, Passau das Hauptzollamt. Lindau bekam unter Max II. den Inselbahnhof und den Hafen. Die Nürnberger Burg wurde baulich in ein ideales Mittelalter zurückversetzt, in Berchtesgaden die Königliche Villa als idealer ländlicher Bau hingesetzt. Von den technischen Wunderbauten in München, dem königlichen Wintergarten, dem Glaspalast, der Schrannenhalle und der Großhesseloher Brücke gar nicht zu reden.

Vorzüglich fesselt an München, daß die Stadt noch nicht fertig ist, daß sie sich täglich verändert, gleich demjenigen, der in ihr wohnt. Es gibt behäbigere Schilderungen der erwachenden Residenzstadt, etwa in Gottfried Kellers »Grünem Heinrich«, als in dem Reisebericht Friedrich Hebbels. Aus dem Wunsch, endlich einmal bedeutende Werke der bildenden Kunst zu sehen, war Hebbel 1836 nach München gekommen. Er tut sich schwer, die Stadt auf eine »Grundformel« zurückzuführen und grade hier liegt (Münchens) Eigentümlichkeit. *Doch hat der Münchner ... einst einen höheren Aufflug gewagt, freilich nur um vor dem Fliegen auf ewig Abscheu zu bekommen. Es war damals, als man in Griechenland ein neues Königreich etablierte. Da ergriff der Drang zu hellenisieren die ganze Stadt: Miltiades und Themistokles wurden populär in den Kaffeehäusern; man kam von Mittelsendling (!) auf Marathon zu sprechen und reiste über Großhesselohe nach Thermopylä: es war eine schöne Zeit. Jetzt weiß man nur zu gut, daß in Griechenland nichts golden ist, als der Sonnenschein.* Demnach ist die Begeisterung, mit der Ludwigs Zweitgeborener, Otto, 1832 siebzehnjährig zum König von Griechenland deklariert wird, wenigstens in München, bereits im Abflauen. Der Erwerb der griechischen Krone war für den Antike-Freund Ludwig der sichtbarste außenpolitische Erfolg seiner Regentschaft. Noch 1846 dichtet der König:

*Ob Monarchie sie würde, ob Republik, ich befaßte
Mich damit nicht, der ich wollt' Hellas Befreiung allein.*

Ein mindestens ebenso beschwingendes Motiv für die Unterstützung des griechischen Freiheitskampfes war des Königs frei schwebender Idealismus. Den setzt er auch bei der »würdigen Nachahmung« der Antike in Bayern um. Ludwigs Ideal hatte viele Flügel. Schon 1818 hatte er dem Gesandten Frankreichs kundgetan: *Nach Bonaparte müsse man auf den Ruhm der Waffen verzichten. Um ein großer Fürst zu werden, sei das Land Bayern ein viel zu enger Spielraum, so daß nichts übrig bleibe, als der Mäzen Europas zu werden.* Den erträumten Mäzen Europas trieb andererseits die »Macht der Kunst«, die ihn bei seiner ersten Italienreise 1804 angesichts der Statuen Antonio Canovas in einer Ausstellung in Venedig packte. *Es ergriff mich wunderbar. Alle hatten sich aus dem Saale entfernt, aber ich blieb wie festgewurzelt; (es war die Macht der Kunst,) es war nicht Sinnenreiz.* Stattdessen argumentierte der König mit der erzieherischen Aufgabe der Kunst, dem volkswirtschaftlichen Ertrag seiner Bauten und sprach bei der Eröffnung der Pinakothek 1836 die großzügigen Worte: *Nicht als Luxus darf die Kunst betrachtet werden, in allem drücke sie sich aus, sie gehe über ins Leben.*

Im Jahr 1815 wird Leo von Klenze zum Privatarchitekten berufen, in diesem Falle gar nicht geizig – mit einem ziemlich hohen Jahresgehalt von 24 000 Gulden. Doch war der vordem am französisch-westfälischen Hof tätige Baumeister finanziell ohnehin unabhängig – durch eine geglückte Spekulation mit französischen Staatspapieren –, was dem Verhältnis zwischen dem romantisch hitzköpfigen Auftraggeber und dem kühlen realistischen Norddeutschen eine produktive Spannung verleiht. Ohne den launischen Ludwig entwarf Klenze trockener und farbloser, wie die Petersburger Eremitage oder die Dionysos-Kirche in Athen zeigen. Der Architekt, sonst bis zum Opportunismus geschmeidig, hatte nämlich eine feste Anschauung. *Es gab und gibt nur eine Baukunst, und es wird nur eine Baukunst geben, nämlich diejenige, welche in der griechischen Geschichts- und Bildungsepoche ihre Vollendung erhielt.* Deutlich römisch inspiriert sind indes die Innenräume der Glyptothek, wo beim Wettbewerb 1816 der Konkurrent Carl von Fischer mit nicht sehr feinen Mitteln ausgeschaltet wird. Der wunderbare Königsbau der Residenz ist aus der Renaissance abgeleitet. Als der 1832 fertig gestellt wird, da ist Klenze schon längst Hofbauintendant und hat 1830 die für ihn eingerichtete Oberste Baubehörde übernommen. Der Baumeister bringt die poetischen Träume des Bauherrn unter die Kontrolle eines konstruktiven Rationalismus. Wobei der Baumeister raffinierter ist als der Bauherr. Gleich, nachdem er im Januar 1816 in München angekommen ist, beginnt er mit der Aufzeichnung seiner geheimen Tagebücher: elegante Sottisen und Klagen über den Dilettantismus und Despotismus des Auftraggebers. *So flatterte er schmetterlingsartig von einer architektonischen und artistischen Blume auf die andere. Genießen und Verlassen sind bei diesem Spiele consequent aufeinanderfolgende Dinge, und ein vollendetes Gebäude ist ihm nichts mehr als eine abgenossene Geliebte … Ich erhielt gewöhnlich zur Antwort: »Ja! ja! das ist alles recht gut, aber der Effekt, die Wirkung, mein bester Klenze, das ist doch die Hauptsache.«*

Überall Glanz und nichts als Glanz … Diese Glänze erdrücken das Volk. Als der Abgeordnete Rabel das geflügelte Wort 1831 in seine Rede einband, war Friedrich von Gärtner dabei, den Kollegen in der Gunst des Königs zu überrunden. Gärtners Entwürfe für die Befreiungshalle wurden denen Klenzes vorgezogen, der nach Petersburg abwanderte. Ludwigs Wunsch war wiederum exklusiv: Zwischen »Gralstempel und Pantheon« sollte der Erinnerungsbau an die Befreiungskriege angesiedelt sein. Einen Tag nach der Eröffnung der Walhalla am 19. Oktober 1842 wird der Grundstein gelegt. Doch werden die Arbeiten durch zwei einschneidende Ereignisse unterbrochen. 1847 stirbt Gärtner, Klenze übernimmt die Aufgabe, den schon fertigen Unterbau des Rivalen, und ändert den weiteren Plan gründlich. – Dann dankt Ludwig am 20. März 1848 ab.

Die Befreiungshalle gehört zu den Bauwerken, deren Vollendung sich Ludwig bei seinem Thronverzicht ausdrücklich ausbedingt. Der Nachfolger Maximilian II. muss es dulden, auch wenn er darüber klagt, welche Gelder seiner Herrschaft damit entzogen sind. *Eine neue Richtung hat begonnen, eine andere, als die in der Verfassungsurkunde enthaltene,* begründet Ludwig den Verzicht offiziell, *ein bloßer Unterschreibkönig kann ich nicht sein,* gestand er dem Vertrauten der letzten Tage, Freiherrn Hermann von Rotenhan. Eine neue Richtung, damit meint Ludwig den Untergang des monarchischen Prinzips. Tatsächlich wurden in der Proklamation vom 6. März Veränderungen versprochen, welche die Monarchie zu einer Constitutionellen gemacht hätten.

An die Stände des Reiches werden ungesäumt Gesetzes-Vorlagen gelangen, unter anderen:
- *über die verfassungsmäßige Verantwortlichkeit der Minister;*
- *über vollständige Preßfreiheit;*
- *über Verbesserung der Stände-Wahl-Ordnung;*
- *über Einführung der Öffentlichkeit und Mündlichkeit in der Rechtspflege mit Schwurgerichten;*

… ebenso befehle ich die unverzügliche Beeidigung Meines Heeres auf die Verfassung …

Bayern! Erkennt in diesem Entschlusse die angestammte Gesinnung der Wittelsbacher! …

Maximilian II. mit Familie

Verfasst war die Proklamation nicht vom König, sondern von Fürst Oettingen-Wallerstein, kurzfristig als rettender Minister in der Not zurückgekehrt. Die Münchner Märzstürme legten sich, um Tage früher als in Wien und Berlin und ohne Blutvergießen. Wallerstein wird sogleich demissioniert. Vorsorglich hatte Karl Fürst von Leiningen Kronprinz Max aus Würzburg herbeigeholt und sich damit als Retter der Monarchie profiliert.

Treu und gewissenhaft werde ich (der Proklamation) Verheißungen erfüllen, und Ich bin stolz, Mich einen constitutionellen König zu nennen.

Der Sohn als König täuscht sich. Die »Grundrechte des Deutschen Volkes«, von der Frankfurter Nationalversammlung im Dezember 1848 verkündet, werden von Bayern nicht akzeptiert, noch weniger die Reichsverfassung vom März 1849 und der zum Erbkaiser gewählte Preußenkönig. Nicht unbedingt in Franken, wo man sich leichter ein preußisches Bundesoberhaupt vorstellen konnte. Im pfälzischen Neustadt, wo das Hambacher Fest stattgefunden hatte, wurde sogar die Republik ausgerufen. In München dagegen verbrannte man Bilder Friedrich Wilhelms IV. Im Landtag hätte die Annahme der Reichsverfassung zwar eine Mehrheit gefunden, doch stand damit der Abfall Altbayerns auf dem Spiel. Der Landtag wird aufgelöst, und Ludwig von der Pfordten lanciert stattdessen die Trias-Idee, den Zusammenschluss eines »dritten Deutschlands« als Gegengewicht zum wachsenden Dualismus der Großmächte Österreich und Preußen. Innenpolitisch wird der rechtliche Ausbau der Märzgesetze fortgesetzt, ohne Beteiligung des Königs, der, seinem Vater machtpolitisch vergleichbar, in einem Signat vom Dezember 1852 schreibt: *Ich will die gegenwärtige ruhige Zeit nicht unbenützt vorübergehen lassen, um … die Regierung der lähmenden und auf geradezu antimonarchische Grundlagen gebauten Gesetze zu entledigen, welche das Jahr 1848 förmlich oktroyiert hat.*

Der König scheitert. Die Ministerien und auch der Königsberater und Staatsrechtler Johann Kaspar Bluntschli drängen auf Verfassungstreue. Auf dem Höhepunkt der Krise, im elften Jahr seiner Herrschaft, verlautbarte Maximilian den versöhnlichen Satz: *Ich will Frieden haben mit Meinem Volke und mit den Kammern.* Ein Hinweis auf eine neue Richtung? Liberal war Bayern damit nicht geworden, das fundamentalistische Lager hatte an Einfluss verloren, auch wenn der ehemalige Minister Abel weiterhin nah beim König wirkte. Dessen verstörte Zurückhaltung war durch den Thronverzicht des Vaters eher schlimmer geworden. Wo er schließlich das Feld seiner »ersprießlichen Regentenwirtschaft« fand, legte er 1851 in einem Brief an Schelling, bei dem er in Berlin studiert hatte, zurecht – Wohltätigkeit, Wissenschaft und historische Forschungen. *Abgesehen von der allgemeinen Regentenaufgabe war Ich lange Mir nicht klar, welcher Sparte menschlicher Tätigkeit Ich vorzüglich Meine Privatmittel zuwenden soll. Ich glaube nun … die der ausgedehnten möglichst umfassenden Wohltätigkeit wählen zu sollen.*

»Socialpolitik«, ein Begriff, den Wilhelm Heinrich Riehl geprägt hat, Sozialpolitik im systematischen Sinn wurde nicht daraus. Weder der Landtag noch die gegensteuernde Bürokratie zeigten Interesse für eine sozialere Gesetzgebung. Weitgehend blieb, was der gewissenhafte und wohl auch weichherzige König tat, eher paternale Fürsorge. Stiftungen in Millionenhöhe, auch mal acht Gulden für das Bruchband eines Hütersohnes oder 20 für das Kofferpfand eines verschuldeten Schauspielers. *Ein Gespenst geht um in Europa – das Gespenst des Kommunismus,* war 1848 im Kommunistischen Manifest zu lesen, *Proletarier aller Länder vereinigt Euch.* Maximilian hatte freilich die Schriften Franz von Baaders studiert und dort von der christlichen Pflicht zur Unterstützung der Armen erfahren. Dabei war der König durch die von ihm angeordneten »monatlichen Berichte über die Stimmung des Landes« gut informiert: über die Auswanderungswellen nach Nordamerika und Bessarabien, über die Landflucht der durch Ablösung der gutsherrlichen Rechte verarmten Bauern, über erste Schritte zu einer Absicherung der Fabrikarbeiter.

Ich liebe mein Volk, aber in gehöriger Distanz.

Riehl, dem Maximilian seine Ängste anvertraut, gehörte zur Runde der Nordlichter – Literaten, Gelehrte und Künstler. Deren Berufung und enger Kontakt zu Seiner Majestät bei den wöchentlichen Symposien machten einiges böses Blut. Protestantisch-preußische Überfremdung fürchteten die Münchner. Doch war es das Nordlicht Riehl, das die Anordnungen vom 9. November 1849 zum Leuchten brachte. *Es ist von großer Wichtigkeit, auch in Bayern das Nationalgefühl des Volkes zu heben und zu kräftigen.* Riehl wird zum Statthalter der königlichen Volkstümlichkeit und zum Herausgeber der »Bavaria«, in der die gesammelten Kenntnisse über Volkslied, Volkssprache, Volkstracht usw. ab 1869 veröffentlicht werden. Auf die legendäre Fußreise durch Oberbayern hat sich der Monarch 1858 selbst begeben und er ist der erste Wittelsbacher, der sich in Tracht zeigt. Doch trotz aller volkstümlichen Mühen, den Höhepunkt seiner Popularität erreicht Max durch seinen plötzlichen Tod am 10. März 1864 – nach 16 Jahren Regierung und mit einem Nachfolger, der gerade einmal 18 ½ Jahre alt ist. Ein Kondolenzschreiben aus Algier erreicht seinen Bruder Luitpold, den späteren Prinzregenten.

Arme Marie, armer Ludwig auch! Dessen Jugend hin ist, mit 18 Jahren schon auf den Thron kommt, und das in welcher Zeit … Mein Sohn Maximilian ist für seinen Ruhm in günstiger Zeit gestorben.

Ob der Schreiber, der vormalige Ludwig I., da Recht hatte? Immerhin wird sein Enkel Bayerns Monarchie ins Reich der Märchen heben, wo alle Angst gebannt ist und wo man so lange lebt, bis man nicht gestorben ist. Incipit Bavaria. Bayern fängt erst an.

Gabriele Förg

Vom Märchenkönig zur Prinzregentenzeit
Bayern um 1900

Es war einmal… ein wunderschöner junger König, hochgewachsen und schlank, von stattlicher Geste und würdevoller Miene. Alle waren bezaubert von seinen großen schwärmerischen Augen, seinen dunklen Locken, seiner runden und vollen Stimme. Er hatte viele Talente, war reinen Herzens, von hohem Ernst, begeistert für alles Große und Edle, für die erhabensten Ideale. Auch wer ihn nie gesehen, hätte ihn in einer Versammlung von Hunderten entdeckt und gesagt: Das ist der König. Aber ach, der wunderschöne junge König regierte in schlechten Zeiten. Kaum hatte er den Thron bestiegen, musste er seine Soldaten in einen Krieg nach dem anderen schicken – und war, ehe er sich versah, nur noch König von eines Kaisers und dessen Kanzlers Gnaden, ein Schattenregent, dem auch seine Minister auf der Nase herumtanzten, wenn er nicht unterschrieb, was sie wollten. – Kein Wunder, dass er die Politik mehr und mehr hasste. Ein Sonnenkönig wäre er gern gewesen, aber ein Mondkönig ist er geworden, der einsam die Nacht zu seinem Tag machte. Und wenn er nicht ertrunken ist, dann lebt er noch heute in Neuschwanstein, Linderhof oder Herrenchiemsee.

Noch ein Märchen. Es war einmal ein König, der nicht regieren wollte. Audienzen waren ihm zuwider, seine Minister lästig und von seinem Parlament wollte er überhaupt nichts wissen. Er wollte sich einfach nicht als König anstarren lassen. Also wollte er auch im Theater ganz allein sein. Noch lieber aber war er allein in den Bergen. Er war verschwenderisch, gab viel Geld aus für einen Musiker, den er verehrte, und noch mehr Geld für immer neue Prunkschlösser, die er nach alten Vorbildern bauen ließ. Er machte Schulden über Schulden. – Kein Wunder, dass seine Untertanen litten. Hätten sich nicht ein paar rechtschaffene Beamte um die Staatsgeschäfte gekümmert, wäre das Land verloren gewesen. Als diese nicht mehr ein noch aus wussten mit dem verrückten König, ließen sie ihn entmündigen und gefangen nehmen. Der König aber flüchtete in den Tod.

In jedem Märchen steckt Wahres, im Monarchistenmärchen wie im Ministermärchen, und doch sieht die Wahrheit ganz anders aus, und die »volle Wahrheit« über den Märchenkönig wird es nicht geben, die wollte er selber nicht wissen. *Ein ewiges Rätsel bleiben will ich mir und anderen.* Das erklärte König Ludwig II. einmal – in Abwandlung eines Zitats aus Schillers »Braut von Messina« – der 15 Jahre älteren Schauspielerin und Seelenfreundin Marie Hausmann, Stiefmutter des Schriftstellers Felix Dahn, die seinen Großvater Ludwig I. seinerzeit mit Gedichten umschwärmt hatte.

Rätsel locken immer wieder. Vielleicht ist gerade deswegen so viel über Ludwig II. geschrieben worden, zuletzt 1986 zu seinem 100. Todestag und 1995 zu seinem 150. Geburtstag. Ein Sujet von höchst unterschiedlicher Attraktion – zwischen rührseligen Legenden und anrüchigen Geschichten. Seriöse Historiker haben es mit ihm nicht leicht.

Benno Hubensteiner schildert Ludwig II. im Kampf gegen sein Anderssein als Persönlichkeit, die – ganz zum leutescheuen Menschenverächter und wirklichkeitsfremden Phantasten geworden – immer tiefer in die eigenen Träume hinabsank. *Und doch erkannte der König das Los, dem er verfallen war, mit erschreckender Deutlichkeit und er suchte mit allem Willensaufwand zu verhindern, daß eine Kunde von seinem Zustand an die Außenwelt drang.* Das Volk aber wollte den Wahnsinn seines Monarchen nicht wahrhaben – auch und erst recht nicht nach dessen Tod. *Wenn es schon – wie Josef Hofmiller einmal meinte – dem Altbayern ein Herzensbedürfnis ist, zu verehren, und zwar nicht nur Gott und seine Heiligen, sondern auch den König, dann mußte gerade Ludwig II. in der Erinnerung des Oberlandes weiterleben wie selten ein Herrscher. Man erzählte von seinen Schlössern und seinen nächtlichen Ausfahrten; wie er hier einen Jäger, dort einen Holzer leutselig angeredet hat; sang mit leiser Wehmut in den Stimmen das Neuschwanstein-Lied.* Auch der Dichter Oskar Maria Graf sang es sein Leben lang gern.

Die Geschichte Ludwigs II. – das ist die Geschichte eines königlichen Doppellebens, so der Historiker Friedrich Prinz. *Es sind eigentlich zwei Leben gemeint: das wirkliche Leben Ludwigs II. bis zu seinem tragischen Tod, und dann das ideologische Substrat für Bayern selber, das daraus entstanden ist, als er eine Kult- und Symbol- oder Opfer- und Märtyrerfigur geworden ist für die verlorene Souveränität Bayerns. Das muß eine weitverbreitete Volksstimmung gewesen sein, daß er später zu einer Kultfigur stellvertretend für das bayerische politische Eigenbewußtsein geworden ist, was er vorher zu seinen Lebzeiten eben gar nicht war.*

Für den Historiker Andreas Kraus steht fest: Ludwig II. war krank, ... *diskutieren läßt sich bestenfalls über den Grad und über die Art der Erkrankung wie über die Zuverlässigkeit der damals gestellten Diagnose. Bis etwa 1876 hielt sich der Zustand des Königs in den Ausmaßen einer gewöhnlichen Exzentrizität, die sich ein reicher, verwöhnter Mann leisten kann, ohne daß man ihn deshalb schon entmündigen muß. (...) Ludwig war aber König, und zwar konstitutioneller König, d. h. er hatte nicht nur zu repräsentieren und zu unterschreiben, sondern er hätte auch zu regieren gehabt. Das war ohne Fühlung zumindest mit den Ministern nicht möglich.*

10. *März 1864. Historisch kostümierte Herolde reiten bei heftigem Schneegestöber durch die Stadt und proklamieren König Ludwig II. Traurig* und imposant zugleich ist die Zeremonie. *Voran im mittelalterlichen Kostüm die Hoftrompeter und Hofpauker, dann die Herolde in reich bestickten Gewändern, in ihrer Mitte der Rufer mit mächtiger Pergamentrolle, von der er den erfolgten Regierungsantritt des Königs mit lauter Stimme abliest. Zu Beginn und als Abschluß eine reitende Militäreskorte, die die andrängende Volksmasse steuert, denn halb München ist auf den Beinen. Die Menschenmenge strömt trotz Sturm und Schneegestöber dem Zuge unverdrossen voran.*

König Max II. ist tot – plötzlich, nach nur drei Tagen schwerer Krankheit an einem Furunkel, einer sogenannten »Hitzblatter«, einem Rotlauf, sagen die Ärzte, gefasst, ruhig und sanft eingeschlafen. Er wäre lieber Professor als König geworden; in den 16 Jahren seit 1848, in denen er die bayerische Krone trug, ist er wohl seines Lebens nicht recht froh gewesen.

Es lebe König Ludwig II. *Armer Ludwig,* kommentiert der Großvater Ludwig I., *dessen Jugend hin ist, mit 18 Jahren schon auf den Thron kommt, in welchem Alter er keine Erfahrung haben kann, keine Geschäftskenntnis und das in welcher Zeit ...* Auch Ludwig II. selbst sah es im Rückblick so: *Ich war zu jung damals, ... ich bin überhaupt viel zu früh König geworden. Ich habe nicht genug gelernt. Ich hatte so schön angefangen, Staatsrecht zu lernen. Plötzlich ward ich herausgerissen und auf den Thron gesetzt ...*

Am 11. März 1864 leistete der junge König vor allen in der Residenz unter dem Vorsitz seines Onkels Prinz Luitpold versammelten Ministern und Staatsräten den Eid auf die Verfassung.

Groß ist und schwer die mir gewordene Aufgabe. Ich baue auf Gott, daß er mir Licht und Kraft schicke, sie zu erfüllen. ... Meines geliebten Bayernvolkes Wohlfahrt und Deutschland Größe seien die Zielpunkte meines Strebens. Unterstützen Sie mich alle in meinen inhaltsschweren Pflichten.

Wenn sie das dann nur auch getan hätten!

Monarchen haben keinen Freund, der ihnen die Wahrheit sagt, hören darum die Wahrheit nicht, verdienen darum auch mildere Beurteilung als andere Menschen..., daran musste der neu berufene Justizminister Eduard von Bomhard denken nach seiner ersten Audienz beim jungen König. – Ludwig wollte es gut machen, so gut man es eben unvorbereitet kann. Seiner ehemaligen Erzieherin Sybille Meilhaus, inzwischen Freifrau von Leonrod, versicherte er nach einer Woche im Amt – fast anrührend: *Ich bringe ein Herz mit auf den Thron, das in väterlicher Liebe für sein Volk schlägt, ... davon können alle Bayern überzeugt sein! Was immer in meinen Kräften steht will ich tun, um mein Volk zu beglücken.*

Er hatte keine Zeit, sich wie sein Vater und Großvater jahrelang als Kronprinz ins Regieren einzuüben. *Wie hat das mein Vater gemacht?,* wollte er von seinen Ministern immer wieder wissen, und die machten ihm seine Grenzen sehr bald bewusst.

Die Minister, welche unter Max II. bedeutend an Macht und Einfluß gewonnen hatten, wollten keine Einschränkung ihrer Befugnisse hinnehmen, schon gar nicht durch den sehr jugendlichen König, den sie wohl nur bedingt als oberste Autorität anerkannten. Das Ministerium und ein perfekt funktionierender Verwaltungsapparat werden auch sogleich getestet haben, wie weit sie bei diesem neuen König gehen konnten, um dann mit Genugtuung festzustellen, daß kein nennenswerter Widerstand kam, der junge Monarch vielmehr Konfrontationen auswich und sich – wie man heute sagen würde – frustriert zurückzog. Ludwig II. war keine Kämpfernatur wie sein Großvater und er hatte auch nicht dessen Durchsetzungsvermögen. (Wolfgang Müller)

Ludwig II. mit dem Raddampfer Tristan am Starnberger See, im Hintergrund Schloss Berg (Er. Correus, 1867)

*A*ch, *wie nichtig ist die Welt! Wie elend, wie gemein so viele Menschen! Ihr Leben dreht sich im engen Kreis der flachen Alltäglichkeit. – Ach, hätte ich die Welt hinter mir!* – schrieb der gerade einmal 20 Jahre alte König im September 1865 an Richard Wagner.

Vom 3. Mai 1864 an war Richard Wagner in München. Ludwig verehrte den Komponisten, seit er mit 15 Jahren erstmals dessen Oper »Lohengrin« besucht hatte. Kabinettssekretär Franz Seraph von Pfistermeister war ausgeschickt worden, den hochverschuldeten Musiker zu suchen – in Wien, wo die Uraufführung von »Tristan und Isolde« nach über 70 Proben aufgegeben worden war, in der Nähe von Zürich und schließlich in Stuttgart, wo Wagner bei einem Kapellmeister Unterschlupf gefunden hatte.

Der Komponist war vom jungen König begeistert; nach der ersten Begegnung mit ihm in der Münchner Residenz schwärmte er: *Er ist leider so schön und geistvoll, seelenvoll und herrlich, daß ich fürchte, sein Leben müsse wie ein flüchtiger Göttertraum in dieser gemeinen Welt zerrinnen. Er liebt mich mit der Innigkeit und Glut der ersten Liebe: er kennt und weiß alles von mir und versteht mich wie meine Seele. Er will, ich soll immerdar bei ihm bleiben, arbeiten, ausruhen, meine Werke aufführen; er will mir alles geben, was ich dazu brauche; ich soll die Nibelungen fertig machen, und er will sie aufführen, wie ich will. (…) Mein Glück ist so groß, daß ich ganz zerschmettert davon bin, … wenn er nur am Leben bleibt; es ist ein zu unerhörtes Wunder.*

Was Ludwig dem Komponisten am nächsten Tag in einem Brief versprach, hat er bis zu Wagners Tod in Venedig 1883 gehalten: *Die niedern Sorgen des Alltagslebens will ich von Ihrem Haupte auf immer verscheuchen, die ersehnte Ruhe will ich Ihnen bereiten, damit Sie im reinen Äther Ihrer wonnevollen Kunst die mächtigen Schwingen Ihres Genius ungestört entfalten können! – Unbewußt waren Sie der einzige Quell meiner Freuden von meinem zarten Jünglingsalter an, mein Freund, der mir wie keiner zum Herzen sprach, mein bester Lehrer und Erzieher …*

Ludwig war nicht musikalisch. Den Tag, an dem er mangels Talent seine letzte Klavierstunde hatte, soll sein Klavierlehrer als Glücksfall bezeichnet haben. Was ihn also an Wagners Kunst wohl mehr gefesselt hat: die Musik, die auf ihn – so meinten manche Zeitzeugen – eine »dämonische Wirkung« ausübte? Oder die Themen von Wagners Musikdramen?

Richard Wagner jedenfalls hatte einen potenten Mäzen gefunden. 20 000 Gulden erhielt er zum Einstand und zunächst ein Jahresgehalt von 4000, dann 6000, dann 8000 Gulden, außerdem ein Honorar von 30 000 Gulden, um den »Ring des Nibelungen« binnen drei Jahren zu vertonen. Er konnte in ein hochherrschaftliches Haus in der Brienner Straße einziehen und in die Villa Pellet am Starnberger See, in der Nähe von Schloss Berg, wo sich Ludwig oft aufhielt. Am Münchner Gasteig sollte ein eigenes Festspielhaus für den »Ring des Nibelungen« gebaut werden; Gottfried Semper, der Architekt der Dresdner Oper, entwarf Pläne und Modell. Und Wagners »Tristan und Isolde« wurde endlich mit großem Erfolg uraufgeführt – im Nationaltheater am 10. Juni 1865, ein aufwändiges Unternehmen, das über 50 000 Gulden kostete.

Nicht gespielt werden durfte übrigens der »Huldigungsmarsch«, den Wagner zu Ludwigs 19. Geburtstag komponiert hatte. Die Königin-Mutter, Marie von Preußen, fühlte sich am 25. August 1864 unpässlich – vielleicht wegen Wagner? Auf jeden Fall verbrachte sie diesen Tag im Bett und wünschte absolute Ruhe.

Was Ludwig I. seine Lola Montez gewesen war, das war Ludwig II. sein »Lolus«. Hofgesellschaft, Adel, Klerus und Konservative empörten sich bald über die kostspielige Freundschaft des jungen Königs mit dem über 30 Jahre älteren Richard Wagner. Das Maß war voll, als sich der Komponist, nicht gerade uneigennützig, auch noch in die Politik einmischte, noch dazu mit einem anonymen Artikel in den Münchner Neuesten Nachrichten. Am 10. Dezember 1865 musste Richard Wagner »auf Wunsch des Königs« München wieder verlassen.

Wagner zürnte. *Der Frevel, der an mir begangen worden, indem ich grade bei dem mir Empfindlichsten, bei meiner so mühsam eingeleiteten häuslichen Ruhe gefaßt worden bin – dieser Frevel fordert meine Rache! Der König sei getröstet und ermutigt: aber er lerne den Ernst des Lebens kennen.*

Ludwig trauerte. *Mein teurer, innig geliebter Freund! Worte können den Schmerz nicht schildern, der mir das Innere zerwühlt. (…) Daß es bis dahin kommen mußte! … Um Ihrer Ruhe willen mußte ich so handeln. Verkennen Sie mich nicht, selbst nicht auf einen Augenblick; es wäre Höllenqual für mich. – Heil dem geliebten Freunde, Gedeihen Seinen Schöpfungen, herzlichen Gruß aus ganzer Seele von Ihrem treuen Ludwig.*

Und das treue Volk? Wäre es Ludwig nicht länger treu gewesen? Musste sich Ludwig »aus Gründen der Staatsräson« entscheiden zwischen seinen geliebten Bayern und seinem verehrten Richard Wagner, wie Staatsminister Ludwig von der Pfordten es ihm nahe legte?

Im liberalen Bildungsbürgertum war die Stimmung keineswegs gegen den Komponisten und seinen königlichen Mäzen. Anton Memminger, späterer Chefredakteur der Bayerischen Landeszeitung, erinnerte sich, als Student in Würzburg eine flammende Rede gehalten zu haben. *Ein König, der die Wissenschaften nicht vernachlässigt, darf auch mit dem Künstler gehen. Das Urtheil der Münchener Dunkelmänner, Bierdümpfel, Weißwurstphilister, Schmalzlerschnupfer, Hofbräuhäusler und Betschwestern kann für gebildete Männer nicht maßgebend sein. (…) Warum auch sollen wir dem hervorragenden Dichterkomponisten und seiner königlichen Kunst die königliche Gunst mißgönnen?!*

Und in den Münchner Neuesten Nachrichten erschien unter der Überschrift »Königsfreiheit« ein Artikel, in dem es unter anderem hieß: *Heutzutage haben souveräne Fürsten und Könige … kaum mehr die Freiheit, im eigenen Hause sich frei zu bewegen. (...) Der Eindringling wird fortgejagt und dem betretenen Fürsten das Medusenbild des »beunruhigten Volkes« vorgehalten, auf daß er künftig »in das was sich schickt und zum Guten führt« sich fügen lerne, denn was sich biegen soll, muß man beizeiten daran gewöhnen!*

Die Freundschaft zwischen Richard Wagner und Ludwig II. überdauerte viele Krisen, wie sie unvermeidlich waren zwischen einem, der – durchaus berechnend – einen Mäzen braucht, und einem, der Mäzen ist um seiner Ideale willen. So ertrotzte Ludwig mit königlicher Macht die erste Aufführung des »Rheingold« und der »Walküre« in München, so bekam Wagner sein Festspielhaus in Bayreuth, bescheidener als das in München geplante und politisch vereitelte. Die ersten Bayreuther Festspiele 1876 waren übrigens ein Verlustgeschäft; Ludwig kompensierte.

*E*s ist mein Wille, daß jegliche übertriebene Sparsamkeit und Knauserei *ende.* Das verfügte der König kurz nach seinem Regierungsantritt. Ergebnis einer strengen Wittelsbachischen Erziehung zur Mäßigung, einer freudlosen Kindheit und Jugend? Es gab wenig Taschengeld, über dessen Verwendung genau Buch geführt werden musste. Man durfte sich nicht satt essen, sodass sich die Prinzen auf die Wurst freuten, die ihnen mitleidige Dienstboten aus der Stadt mitbrachten. Heimliche Kaffeekränzchen bei einer nachsichtigen Hofdame wurden sofort verboten.

Vom Vater Max fühlte sich Ludwig stets »de haut en bas« behandelt und »en passant« einiger gnädiger, kalter Worte gewürdigt; zu seinen regelmäßigen Spaziergängen nahm Max den Kronprinzen nur ungern mit. *Was soll ich mit dem jungen Mann sprechen? Es interessiert ihn nichts, was ich anrege.* Prügelstrafen dagegen vollzog der Vater eigenhändig. Eine solche Züchtigung verleidete Ludwig für alle Zukunft den Aufenthalt im Berchtesgadener Schloss; er hatte dort einmal im Alter von 12 Jahren – vielleicht um den Thronerben herauszukehren – seinen jüngeren Bruder Otto, dem er sonst gern Geschenke machte, im Spiel als »ungehorsamen Vasallen« gefesselt und geknebelt.

Von seiner Mutter fühlte sich Ludwig oft unverstanden, belächelt und verspottet, wenn er ihr in liebevoller Zuneigung seine kindlichen Träumereien anvertraute. Königin Marie war wohl die robusteste in der Familie, nicht unbedingt die feinfühligste und sicher nicht die feinsinnigste; Bücher schienen ihr – in Opposition zu Max und dann zu Ludwig – recht überflüssig. Als König musste sich Ludwig stets vor ihren Einmischungen schützen. Weil Rache süß ist, hat er sie die »preußische Frau meines Vaters« genannt, ihre Konversion vom Protestantismus zum Katholizismus – die Berliner Verwandtschaft war fassungslos und entsetzt – gab er ausgerechnet bei der Eröffnung des Oktoberfestes 1874 bekannt.

Die Demütigungen, die ich als Kind erdulden mußte, brennen noch fort wie offene Wunden. (...) Meine Kindheit war eine Kette demütigender Peinigungen. Nicht daß ich schlechter behandelt worden wäre, als man mit Kindern ge-

*Königin Marie mit ihren Söhnen
Ludwig und Otto*

wöhnlich umzugehen pflegt. *Aber meine
Natur war so ungleich der von anderen
Kindern, daß Dinge, die andere gar nicht
bemerken, mich zutiefst kränkten.*

Ersatzmutter war bis 1854 die Erzieherin Sybille Meilhaus, mit der Ludwig
bis an ihr Lebensende Briefe wechselte.
Ersatzvater wurde danach Graf Theodor Basselet de la Rosée, der in Ludwig
manchen Hochmut weckte. Gutachten
des Grafen zur Volljährigkeit seines
Zöglings: *Der Kronprinz ist aufgeweckt
und sehr begabt, er hat viel gelernt und
besitzt schon jetzt Kenntnisse, die weit
über das Gewöhnliche hinausgehen.
Er hat eine so reiche Phantasie, wie ich
sie ihresgleichen selten bei einem so
jungen Manne angetroffen habe. Aber
er ist auffahrend, und äußerst heftig.
Ein mehr als stark entwickelter Eigen-
wille deutet auf einen Eigensinn, den
er vielleicht von seinem Großvater ge-
erbt hat und der sich nur schwer wird
meistern lassen.*

In der Tat. So ließ sich gleich Ludwigs
verschwenderisches Mäzenatentum für
Richard Wagner kaum meistern; allein
1864/65, bis zu dessen Abreise aus München, hatte er schon 323 000 Gulden für
den Komponisten ausgegeben. Doch als noch weniger beherrschbar sollte sich
seine sicher vom Großvater und Vater überkommene Bauleidenschaft erweisen.
In München baute Ludwig II. zwar nichts mehr, stattdessen aber historisierende
Prunkschlösser im Oberland: ab 1868 Neuschwanstein als romantische Fel-
senburg in Wagner'scher Manier, ab 1870 Linderhof im Rokokostil mit Grotte,
Hundinghütte, Einsiedelei und marokkanischem Teehäuschen im Park; und als
Linderhof 1877 zu seinem 32. Geburtstag fertig war, begann der Bau auf Herrenchiemsee: ein bayerisches Versailles, Renaissance im 19. Jahrhundert. Es hätten
gut noch mehr Schlösser werden können, wären Ludwig nicht die Schulden über
den Kopf gewachsen. Die Schulden brachten ihn letztlich zu Fall.

Zeitgenossen haben darüber viel gerechtet und gerichtet, als ob Ludwig II. der
erste bayerische Herrscher gewesen wäre, der Schulden machte; Neuschwanstein war für 3,2 Millionen geplant und kostete 6,2 Millionen, Linderhof 8,5 statt

184

3,5 Millionen, Herrenchiemsee 16,6 statt 5,7 Millionen. Im Nachhinein rechnet sich dieses vermeintliche Finanzdesaster ohnehin ganz anders.

Ludwig, lieber Ludwig, ich weiß, es langweilt dich. Geld hat dich nie interessiert, aber zu deiner Entlastung muß es erwähnt werden. Ich vertrete mit Nachdruck die These: Als Bauherr warst du verblüffend vernünftig. Bei einigem Weitblick hätten sich alle deine Träume gut finanzieren lassen. Es ist ja überhaupt komisch: Beim Straßburger Münster oder Schloß Versailles fragt niemand: Was hat das gekostet? Bei dir immer. (...) Also summa summarum: Alle Ludwigs-Schlösser, wie man heute sagt, haben zusammen 31,3 Millionen gekostet. Das war natürlich Geld, auch für das Haus Wittelsbach. Aber wenn man daran denkt, daß das bayerische Parlament 1866, nach dem verlorenen Krieg mit Österreich, den du, Ludwig, nicht wolltest, ohne mit der Wimper zu zucken, 30 Millionen als Reparationen hinblätterte, von denen niemand sprach, so stellt sich doch die Frage: Wer hat denn nun auf lange Sicht für Bayern mehr getan? Der irre König oder diese klugen Herren in München?

(Horst Krüger, Versuch über Bayerns Märchenkönig)

Allerdurchlauchtigster Großmächtigster Fürst!
Freundlich lieber Bruder und Vetter!
Nach dem Beitritte Süddeutschlands zum deutschen Verfassungsbündnis werden die Ew. Majestät übertragenen Präsidialrechte über alle deutschen Staaten sich erstrecken.

Ich habe mich zu deren Vereinigung in einer Hand in der Überzeugung bereit erklärt, daß dadurch den Gesamtinteressen des deutschen Vaterlandes und seiner verbündeten Fürsten entsprochen werde, zugleich aber in dem Vertrauen, daß die dem Bundespräsidium nach der Verfassung zustehenden Rechte durch Wiederherstellung eines deutschen Reiches und der deutschen Kaiserwürde als Rechte bezeichnet werden, welche Ew. Majestät im Namen des gesamten deutschen Vaterlandes aufgrund der Einigung seiner Fürsten ausüben.

Ich habe mich daher an die deutschen Fürsten mit dem Vorschlage gewendet, gemeinschaftlich mit mir bei Ew. Majestät in Anregung zu bringen, daß die Ausübung der Präsidialrechte des Bundes mit Führung des Titels eines deutschen Kaisers verbunden werde.

Sobald mir Ew. Majestät und die verbündeten Fürsten Ihre Willensmeinung kundgegeben haben, werde ich meine Regierung beauftragen, das Weitere zur Erzielung der entsprechenden Vereinbarungen einzuleiten.

Mit der Versicherung der vollkommensten Hochachtung und Freundschaft verbleibe ich
Eurer Königlichen Majestät freundwilliger Vetter, Bruder und Neffe Ludwig.

Hohenschwangau, den 30. November 1870.

Der so genannte »Kaiserbrief« Ludwigs II. an Wilhelm I. – von Bismarck quasi vorformuliert, vom bayerischen König nur noch in einem, wenn auch wichtigen Detail korrigiert; an der Wiederherstellung nicht nur der deutschen Kaiserwürde, sondern auch eines deutschen Reiches unter Mitwirkung der deutschen Fürsten war Ludwig gelegen. Nach dem mit dem Einsatz von über 50 000 bayerischen Soldaten an der Seite Preußens gewonnenen Krieg von 1870/71 gegen Frankreich, gegen ein Land, das Ludwig – ohnehin nie eroberungssüchtig – viel näher war und mehr bedeutete als Preußen: nun das von Bismarck gewünschte Wort zur deutschen Einheit, das Ende der Kleinstaaterei durch Gründung eines damals fortschrittlichen Nationalstaats.

Als »Akt von politischer Klugheit« rechtfertigte es Ludwig II., dem preußischen König die Kaiserkrone anzubieten – wenn er es nicht tun würde, täten es eben andere, während ihn sein Bruder Otto beschwor, die bayerische Selbständigkeit nicht dahinzugeben. Immerhin waren dem »Kaiserbrief« zähe Verhandlungen vorausgegangen – um ein besseres Stimmenverhältnis im Bundesrat, dem höchsten Gremium des neuen Fürstenbundes, sodass Preußen auch überstimmt werden konnte; der Kaiser durfte keinen Krieg erklären ohne Zustimmung des Bundesrats. Und Bayern hatte sich einige »Reservatrechte« gesichert: So behielt es – wie Württemberg – die Posthoheit; es musste die Bier- und Branntweinsteuer nicht an die Reichskasse abführen, andere Länder dagegen schon; es konnte sein eigenes Heimat- und Niederlassungsrecht erhalten, durfte eigene Gesandtschaften an den europäischen Höfen einrichten; und der bayerische König hatte in Friedenszeiten weiterhin das Oberkommando über seine Armee. – Zur wechselnden Vergabe der Kaiserkrone an Preußen und Bayern war Bismarck allerdings nicht zu bewegen; diese Initiative Ludwigs II. schien ihm ein »unpraktischer Gedanke«.

Am 18. Januar 1871 fand die deutsche Kaiserproklamation im Spiegelsaal von Versailles statt – *so kalt, so stolz, so glänzend, so prunkend und großtuerisch und herzlos und leer*, wie Otto dem zu Hause gebliebenen Ludwig berichtete. *Finis Bavariae!* – notierte Ludwig von der Pfordten am 21. Januar 1871: *Heute haben die Abgeordneten Bayerns ihren König und ihr Land unter die preußische Militärherrschaft mediatisiert.* Ludwig II. notierte: *Wehe, daß gerade ich in solcher Zeit König sein mußte, selbst genöthigt war und gerade in bayerischem Interesse jenes schmerzliche Opfer zu bringen.* Kommentar des Historikers Friedrich Prinz: *Ich glaube, seine Flucht in eine Kunstwelt ist eben ein Resignationsphänomen, daß er das Gefühl hatte, als König kann ich eigentlich nicht viel mehr machen, und daß er sich dann sozusagen ein anderes Feld der ästhetischen Kompensation geschaffen hat – diese Selbstinszenierung, die ja enorm ist und die damals ganz Europa irgendwie fasziniert hat.*

Kaisers Geburtstag wurde übrigens in Bayern – anders als in anderen Ländern des neuen deutschen Reichs – offiziell nicht gefeiert. Ein Verbot Ludwigs, der Wilhelm nie leiden konnte. – Ludwigs Sympathien galten immer nur Bismarck. Die beiden sahen sich ein einziges Mal, als Ludwig noch Kronprinz war, aber sie wechselten bis zu Ludwigs Ende viele kluge politische Briefe; Bismarck subventionierte Ludwigs Bauleidenschaft ab 1872 aus seinem berüchtigten Reptilienfonds, kein Preis für Bayerns Eintritt ins Reich, kein Akt von Bestechung, sondern allenfalls Dank und Anerkennung; und er reservierte Ludwig in seinen Memoiren, seinen »Gedanken und Erinnerungen«, ein eigenes, respektvolles Kapitel.

Er versteht das Regieren besser, als alle seine Minister, stellte Bismarck noch 1883 fest, als viele Minister den König längst zum Narren hielten und erklären wollten. Er betrachtete Ludwigs »königliches Bewusstsein« nie als »bloße Eitelkeit« und »blendende Alleswisserei« und widersprach so nach wie vor zum Beispiel dem immer wieder kolportierten Bericht eines Kabinettssekretärs, dass der König sich sehr oft an eine Bemerkung seiner Cousine Sissi erinnere: *Du und ich, wir beide können uns alles erlauben.* Bismarck hatte von Ludwig II. bis zuletzt *den Eindruck eines geschäftlich klaren Regenten von national deutscher Gesinnung …, wenn auch mit vorwiegender Sorge für die Erhaltung des föderativen Prinzips der Reichsverfassung und der verfassungsmäßigen Privilegien seines Landes.*

Und Ludwig? Er wusste, dass er schließlich vielen als Narr galt. 1882 unterhielt er sich einmal mit einem jungen amerikanischen Autor, Lew Vanderpoole, über Edgar Allan Poe, den seiner Meinung nach »wunderbarsten aller Schriftsteller«; er verglich dabei seine »übermäßige und unbegreifliche Empfindlichkeit« mit der Poes, der allerdings – anders als er – Genie und Persönlichkeit, Kraft und Zähigkeit gehabt hätte, der Welt zu trotzen. Seine »Verrücktheit« sei in Wirklichkeit Überempfindlichkeit; er sei einfach anders gestimmt als die Mehrheit seiner Mitmenschen, könne nicht teilhaben an dem, was sie Vergnügungen nennen, es widere ihn an und zerstöre sein Wesen; Gesellschaft sei ihm entsetzlich und er halte sich ihr fern; Frauen, die ihm den Hof machen, gehe er aus dem Weg – wäre er ein Dichter, könnte er das alles in Versen sagen und vielleicht Lob ernten.

Ludwig II. als unvollkommener Künstler? Vielleicht sind seine gebauten Phantasien idealer vergangener Welten letztlich doch aufschlussreicher als alle Mutmaßungen über seine »Verrücktheit«. Das psychiatrische Gutachten, zum Zweck seiner Entmündigung bestellt, das sich nur dubioser belastender Zeugen bediente, war ohnehin eine Farce und der erste Akt eines »Staatsstreichs«, dem dann noch allerlei Burlesken und Grotesken um die Gefangennahme des Königs folgten; bis zu Ludwigs nie enträtseltem Ende: War es Mord oder Selbstmord oder die tödlich missglückte Vereitelung eines Fluchtversuchs?

Ins Räderwerk des deutschen Nationalismus ist die bayerische Monarchie in der zweiten Hälfte des 19. Jahrhundert geraten. Und ins Räderwerk der Bürokratie. War Ludwig I. noch der Meinung, er brauche keine Minister, er sei sein Minister und die Minister seien seine Schreiber, wollte er 1848 kein »bloßer Unterschreibkönig« sein. Max II. konzentrierte dann seine »ersprießliche Regentenwirtschaft« auf Wohltätigkeiten und Wissenschaften und überließ das Regieren mehr und mehr seinen Ministern. Die so zu Macht, Einfluss und Ansehen gekommenen Minister wollten sich schließlich von einem Ludwig II. nicht mehr viel sagen lassen; sie schalteten und walteten immer eigenmächtiger zwischen dem auf Distanz gehaltenen Landtag und dem Kabinettssekretariat des Königs, zumal seit der Integration ins Bismarckreich, seit es auch noch eine Bundespolitik und eine Landespolitik zu koordinieren gab.

Der greise Prinzregent Luitpold, Onkel und Nachfolger Ludwigs II., konnte und wollte da nichts mehr ändern; er fügte sich – durchaus realistisch – den Zwängen der Zeit. Bayern wurde, so der Historiker Karl Bosl, seit 1870 im Wesentlichen von einer »anonymen Ministeroligarchie« geleitet. Von grauen Eminenzen, unter denen eine allemal auffällt, bestimmte sie doch eine ganze Ära, begründete ein System, führte Bayern vom Märchenkönig zum Prinzregenten: Johann von Lutz, ein »ins Beamtenmäßige übersetzter, verkleinerter, bürgerlicher Montgelas«.

Lutz war Jurist, Sohn eines katholischen Lehrers aus Münnerstadt in Franken, protestantisch verheiratet, begabt und ehrgeizig, seit 1861 in München. Im Kulturkampf gegen das Unfehlbarkeitsdogma des Papstes profilierte er sich 1871 mit dem so genannten »Kanzelparagraphen« gegen den Missbrauch von Predigten zur politischen Agitation; aber auch die Wittelsbacher sahen sich ja hoch über den Konfessionen. Als Vorsitzender des bayerischen Ministerrats saß Lutz schließlich von 1880 bis 1890 an der Schaltstelle der Politik zwischen Berlin und München, in bestem Kontakt mit Bismarck, den er seit den Versailler Verhandlungen kannte.

Das Ministerium Lutz gilt als das zählebigste der neueren bayerischen Geschichte; im rechten Moment war es immer vor allem um sich selbst und seine eigene Zukunft besorgt – so 1886 rücksichtslos gegenüber Ludwig II., als sich dessen Schulden nicht decken ließen, aber auch gegenüber Prinzregent Luitpold, dessen Legitimität als Nachfolger nach der würdelosen Entmündigung und Gefangennahme und dem plötzlichen Tod Ludwigs II. öffentlich in Zweifel stand. Auf 23 Jahre in Ministerämtern und -würden brachte es Johann von Lutz, ein Innenminister wie Max von Feilitzsch auf 26 Jahre, ein Finanzminister wie Emil von Riedel sogar auf 30 Jahre. An so einem Bürokratensessel blieb man eben gerne kleben. Eine Spezialität »süddeutscher Demokratie«?

Es gab zur Prinzregentenzeit allenfalls annähernd eine konstitutionelle Monarchie, von einem demokratischem Parlamentarismus war allerdings noch keine Rede. Eine direkte Wahl der Abgeordneten des bayerischen Landtags fand erstmals 1907 statt; von 1848 bis 1881 war noch nicht einmal die Wahl der Wahlmänner geheim.

Man wählte zunächst fortschrittlich, d. h. national, liberal – oder – patriotisch, d. h. konservativ, katholisch. Das Ministerestablishment war zu Zeiten Ludwigs II. wie des Prinzregenten national und liberal orientiert, die Mehrheit der Abgeordnetenkammer gehörte dagegen trotz raffinierter »Wahlkreisgeometrie« stets den Patrioten an, die sich ab 1887 Zentrumspartei nannten; die Minister mussten sich also immer gegen einen oppositionellen Landtag behaupten. Waren die Abgeordneten der liberalen Fortschrittspartei eher protestantische Bildungs- und Besitzbürger aus Franken und der Pfalz, sammelte die Patriotenpartei unter dem Journalisten Josef-Edmund Jörg und später dem »Bauerndoktor« Georg Heim die Konservativen: Landvolk, Klerus und katholischen Adel.

Während die alten Liberalen nach und nach an Einfluss verloren, saßen ab 1883 zwei neue Parteien im Landtag: der antiklerikale und adelsfeindliche Bauernbund und die Sozialdemokraten unter Georg von Vollmar, der sich 1890 mit seinen beiden Eldorado-Reden, genannt nach dem Lokal, in dem er sie hielt, von der Marx'schen Theorie und der Idee einer gewaltsamen sozialen Revolution distanziert hatte. Nicht jeder könne ein Preuße sein – so rechtfertigte er den Weg der bayerischen Sozialdemokraten, die es von anfangs fünf Mandaten bis 1912 auf immerhin 30 brachten.

(In Bayern) existieren erheblich geringere Einkommensunterschiede als anderwärts, weniger Luxus, weniger Bettelarmut. Kurz, die Verhältnisse sind einfacher, und nicht so ins Extrem getrieben. In Folge dessen und in Folge des ausgeprägten demokratischen Gefühls ist geringerer Klassenhaß, weniger gegenseitige Absperrung und Überhebung, aber Verkehr auf gleichem Fuße vorhanden. Hiermit hängen Charaktereigenschaften der Bajuwaren zusammen, bei ungebrochener Volkskraft, Starrsinn, Steifnackigkeit, wenig Unternehmensgeist und Profitgier, keine Spur von Unterwürfigkeit, Genußfreudigkeit, mäßige Arbeitslust. Hier regt sich noch ein kräftiges Bauernvolk, keine Spur von Spekulation und Klügelei. Der formale Bildungstrieb ist gering, die Religion wirkt lediglich als Gewohnheit und Kunst, die Politik wird wesentlich mit dem Gefühl erfasst, für Theorien fehlt fast der Sinn. (Georg von Vollmar)

1912 beauftragte der Prinzregent – demokratisch, wenn auch nicht fortschrittlich – erstmals einen Zentrums-Politiker, also einen Politiker der ewigen Mehrheitsfraktion im Landtag, die Regierung zu bilden. Es war der Münchner Philosophieprofessor Georg von Hertling, katholisch, streng konservativ-monarchisch.

*M*ünchen leuchtete. Über den festlichen Plätzen und weißen Säulentempeln, den antikisierenden Monumenten und Barockkirchen, den springenden Brunnen, Palästen und Gartenanlagen der Residenz spannte sich strahlend ein Himmel von blauer Seide. Thomas Manns München der Prinzregenten-Zeit. Vogelgeschwätz und heimlicher Jubel über allen Gassen ... Und auf Plätzen und Zeilen rollt, wallt und summt das unüberstürzte und amüsante Treiben der schönen und gemächlichen Stadt ...*

Deren Residenz galt wieder als gesellschaftlicher Mittelpunkt – mit Empfängen, Diners, Festen und Bällen. Es wurde wieder repräsentiert. Der Prinzregent – redlich, bescheiden und leutselig – war beliebt, als Förderer der Kultur hoch angesehen.

Ganz Grandseigneur, in Lebenshaltung und Lebensstil voll ausgeprägtem Geschmack, zog er fast täglich Gelehrte und Künstler zur Tafel und hatte es gerne, wenn die Unterhaltung lebhaft wurde. Oder er machte schon früh am Morgen seine Atelierbesuche, beim großen Maestro genauso wie beim jungen, noch kaum bekannten Maler. Auf den Kunstausstellungen war Luitpold nicht nur Besucher sondern auch Käufer. Nie ist es ihm aber eingefallen, Kunst und Künstler irgendwie zu kommandieren. Er wollte sehen und lernen, und er war zu sehr mit der Kunst aufgewachsen, als daß er je unduldsam geworden wäre.

Noch mehr gerät Benno Hubensteiner allerdings ins Schwärmen über Luitpolds Liebe zum Landvolk, wo sich der Prinzregent ja auch gegen die Verehrung des Märchenkönigs zu profilieren hatte.

Den verwetterten Jägerhut auf dem Kopf, Bergschuhe an den Füßen, dazu die lederne Kniehose und die rauhe Lodenjoppe, so kannte man den Regenten im Allgäu und im Spessart, in Berchtesgaden und in der Vorderriß, und wenn er einen anredete, vergaß man schon nach wenigen Worten, daß eigentlich der Herrscher Bayerns vor einem stand. Jeder mußte fühlen, wie dieser alte Mann mit Land und Leuten, Berg und Wald eins geworden war.

Eine Idylle. Trügerisch. Denn die Industrialisierung war in vollem Gang, auch in Bayern. Und in ihrer Folge entstanden auch hier viele soziale Probleme. Seit 1868 war der Zunftzwang aufgehoben, es herrschte Gewerbefreiheit. Das Heimatrecht war neu geregelt, eine freie Wahl des Aufenthaltsortes möglich, und heiraten konnten nun auch jeder Mann und jede Frau.

Vier Generationen – Prinzregent Luitpold, sein Sohn Ludwig III., sein Enkel Kronprinz Rupprecht und sein Urenkel Luitpold

Eine Landflucht hatte schon Mitte des 19. Jahrhunderts begonnen. Viele Bauern konnten sich kein Gesinde mehr leisten; ihre Knechte und Mägde suchten sich einen Verdienst in der Stadt, meist in Fabriken. Hatten um 1850 noch etwa 70 % der bayerischen Bevölkerung in der Landwirtschaft gearbeitet, waren es zu Beginn des 20. Jahrhundert nur mehr 40 % und schon fast 30 % in der Industrie. Nürnberg wuchs von 1886 bis 1912 von 100 000 auf 330 000 Einwohner, München gleichzeitig von 230 000 auf 600 000 Einwohner, Eingemeindungen umliegender Dörfer, so zum Beispiel Schwabings am 20. November 1890, mit eingeschlossen.

München wurde modern, war dank Max von Pettenkofer mit gutem Trinkwasser versorgt, hatte eine effektive Schwemmkanalisation; die Elektrifizierung schritt zügig voran, ebenso der Ausbau von Ringbahn und Straßenbahn; es entstanden das Müllerische Volksbad, die Großmarkthalle, die Anatomie. Luitpold bekam seine Avenue: die Prinzregentenstraße samt Nationalmuseum, Schack-Galerie, Friedensengel und Prinzregententheater. Malerfürsten residierten in Lenbachhaus und Stuckvilla. Und schon drängt sich wieder die »Kunststadt« München in den Vordergrund. Thomas Mann:

Die Kunst blüht, die Kunst ist an der Herrschaft, die Kunst streckt ihr rosenumwundenes Zepter über die Stadt hin und lächelt. Eine allseitige respektvolle Anteilnahme an ihrem Gedeihen, eine allseitige, fleißige und hingebungsvolle Übung und Propaganda in ihrem Dienste, ein treuherziger Kultus der Linie des Schmuckes, der Form, der Sinne, der Schönheit obwaltet … München leuchtete.

Fast die Hälfte aller Münchner und Münchnerinnen waren nach einer Statistik von 1905 Arbeiter und Arbeiterinnen. Ein erwachsener Arbeiter hatte nach einer Nürnberger Umfrage von 1908 einen mittleren Tagelohn von 3,40 Mark, eine erwachsene Arbeiterin 2,06 Mark, ein junger Arbeiter 1,90 Mark, eine junge Arbeiterin 1,36 Mark; in München dürfte es nicht viel mehr gewesen sein. Dabei kostete ein Pfund Rindfleisch damals 62 Pfennige, ein Pfund Schweinefleisch 75 Pfennige, ein Pfund Landbutter eine Mark, ein Liter Milch 19 Pfennige und ein Pfund Kaffee 1,45 Mark.

Es ist stets aufs neue ergötzlich, vor den Auslagen … der Basare für moderne Luxusartikel zu verweilen. Wieviel phantasievoller Komfort, wieviel linearer Humor in der Gestalt aller Dinge!

Von der »Kunststadt« lebten immerhin gut 30 000 Münchner und Münchnerinnen. Das heißt, sie lebten von der Kunst des schönen Scheins, von Kopien nach Originalen, vom Kunstgewerbe, das Thomas Mann so hinterhältig schilderte.

Welch freudige Pracht der Auslage! Reproduktionen von Meisterwerken aus allen Galerien der Erde, eingefaßt in kostbare, raffiniert getönte und ornamentierte Rahmen in einem Geschmack von preziöser Einfachheit; Abbildungen moderner Gemälde, sinnenfroher Phantasien, in denen die Antike auf eine humorvolle und realistische Weise wiedergeboren zu sein scheint; die Plastik der

Renaissance in vollendeten Abgüssen; nackte Bronzeleiber und zerbrechliche Ziergläser; irdene Vasen von steilem Stil, die aus Bädern von Metalldämpfen in einem schillernden Farbenmantel hervorgegangen sind; Prachtbände, Triumphe der neuen Ausstattungskunst, Werke modischer Lyriker gehüllt in einen dekorativen und vornehmen Prunk ...

Ein kulturelles Milieu bot München eher als angehende »Literaturstadt« denn als etablierte »Kunststadt«. Wer schreiben wollte, hatte hier eine Chance, auch als Anfänger in einer der vielen neuen Zeitschriften. Die erste von ihnen war 1885 die »Gesellschaft« des Michael Georg Conrad, der damit den Berliner Naturalisten voraus war. Die »Jugend«, die der Medienzar Georg Hirth vom 1. Januar 1896 an herausgab, warb in ihrem Programm: *Keine Form literarischer Mitarbeit soll ausgeschlossen sein, wenn sie sich nur mit der Devise verträgt: Kurz und gut. Jedes Genre – das Langweilige ausgenommen – ist gastlich willkommen geheißen: Lyrisches, Epigrammatisches, Novellistisches, Satirisches, Reim und Prosa.* Und der Verleger Albert Langen, der am 1. April 1896 den »Simplicissimus« folgen ließ, erklärte: *Kraft, Natürlichkeit und wahrhafte Frische werden ihm sympathischer sein, als krankhaftes Zagen und peinliche Nervenkunst, und wo ein Dichter oder ein Künstler mit starker Hand die scheinheilige Decke von Mißständen und gesellschaftlichen Abgründen zieht, wird Simplicissimus um so freudiger applaudieren, wenn dem Künstler dabei die Kunst nicht abhanden gekommen ist.*

Viele Schriftsteller waren »Zugereiste« wie Heinrich und Thomas Mann, Erich Mühsam, Franziska zu Reventlow, Rainer Maria Rilke oder Frank Wedekind. Viele blieben. Manche flüchteten – wie Robert Walser, dem der Palast der »Insel«-Redakteure Heymel, Schröder und Bierbaum doch nicht geheuer war. Fremd in München fühlten sich aber auch »Hiesige«, ein Josef Ruederer wie ein Ludwig Thoma, eine Lena Christ oder ein Lion Feuchtwanger, alle auf ihre Weise; das gehörte wohl zum Selbstbewusstsein der Münchner Moderne. So wie man in verschiedenen Gruppen mal verbündet, mal verfeindet war.

Politisch wie viele Berliner Autoren der Jahrhundertwende verstanden sich die Wenigsten, aber die Doppelmoral der bürgerlichen Gesellschaft provozierte man gerne – in Gedichten, Novellen und Romanen, in Theater und Kabarett wie im richtigen Leben. – Politisch kämpften dagegen etliche Münchner Frauen, sei es eine Margarethe Leonore Selenka mit ihrem Weltfriedensappell 1899, sei es eine Rosa Kempf mit ihrer Studie über junge Fabrikarbeiterinnen 1911. Seit 1903 durften die »bedrohlich gescheiten« Frauen in Bayern übrigens alle Fächer, auch Medizin, studieren.

Dem bunten, schillernden Leben der Schwabinger Boheme setzte der Erste Weltkrieg ein Ende. Ein Krieg, von dem sich König Ludwig III., der Nachfolger des Prinzregenten, anfangs noch allerlei Gebietsgewinn versprach. Ein

Krieg, in den sich auch Dichter und Künstler mit nationalpatriotischem Elan stürzten – so der Maler Franz Marc, der mit Wassily Kandinsky die Kunstavantgarde gegen die »Kunststadt« München führte und im jungen Piper-Verlag 1912 den Almanach »Der Blaue Reiter« veröffentlichte. Er hatte sich im August 1914 freiwillig gemeldet, aber schon am 24. Oktober schrieb er Kandinsky, der aus Deutschland geflüchtet war: *Ich habe das traurige Gefühl, daß dieser Krieg wie eine große Flut zwischen uns beiden strömt, die uns trennt; der eine sieht den andern kaum am fernen Ufer. Alles Rufen ist vergeblich, – vielleicht auch das Schreiben. In solcher Zeit wird jeder, er mag wollen oder nicht, in seine Nation zurückgerissen. Ich kämpfe in mir sehr dagegen an; das gute Europäertum liegt meinem Herzen näher als das Deutschtum.*

Franz Marc fiel am 4. März 1915 vor Verdun, einer von fast 190 000 bayerischen Soldaten, die nicht aus dem Ersten Weltkrieg zurückkamen.

Marita Krauss

»Wir haben das hier in München alles nicht so ernst genommen«
Von der Revolution 1918 bis zum Zweiten Weltkrieg

Wir lernten in der Schlacht zu stehen,
bei Sturm und Höllenglut.
Wir lernten, in den Tod zu gehen,
nichtachtend unser Blut.
Und wenn sich einst die Waffe kehrt,
auf die, die uns den Kampf gelehrt,
dann wird man uns nicht feige sehen –
ihr Unterricht war gut.

(Soldatenlied von Erich Mühsam)

Die Euphorie über den Ausbruch des großen Krieges, von dem man sich die Erfüllung nationaler Größenphantasien versprochen hatte, war schon längst verflogen. Es herrschten Hunger und wirtschaftliche Not. Doch die wenigsten mochten daran glauben, dass alles umsonst gewesen war. Dass Deutschland diesen fürchterlichen Krieg aus eigener Entscheidung begonnen und ihn unter Einsatz seines Lebens verloren hatte. Dass es nun darum gehen musste, den Frieden zu gewinnen.

Das Ende des Krieges und die Revolution von 1918/19 kamen trotz allem überraschend: Zu lange hatte man den Siegesparolen geglaubt. Als sich die militärische Niederlage 1918 nicht mehr verheimlichen ließ, forderte die Oberste Heeresleitung unter General Paul von Hindenburg und General Erich Ludendorff die Parlamentarisierung. Beide sollten in der nun anbrechenden Epoche noch an zentralen Punkten in Erscheinung treten: Ludendorff als Rechtsputschist an der Seite Adolf Hitlers im Jahr 1923, Hindenburg als der Reichspräsident, der Hitler 1933 zum Reichskanzler ernannte.

Die SPD wurde an der Reichsregierung beteiligt; der neue Reichskanzler Max von Baden musste das Waffenstillstandsgesuch an den amerikanischen Präsidenten Woodrow Wilson unterzeichnen. Die Militärs hatten sich damit aus der Verantwortung entlassen und behaupteten später, das deutsche Heer sei »im Felde unbesiegt« geblieben. Doch die Unruhe in der Bevölkerung wuchs. Anfang November ergriff die Revolution von Kiel aus ganz Deutschland. Die Monarchien stürzten.

In München war Kurt Eisner die zentrale Figur der Revolution: ein profilierter politischer Journalist mit jüdischem Hintergrund, der sich während des Krieges von der SPD abwandte und in München die »Unabhängige Sozialdemokratische Partei« gründete. Er vertrat nachdrücklich die These von der deutschen Schuld am Ausbruch des Krieges, eine These, die noch für Jahrzehnte die Nation spaltete. Seit dem Januarstreik des Jahres 1918, mit dem die Beteiligten den Krieg zu beenden hofften, hatte er im Gefängnis gesessen.

Für einen Frontsoldaten wie den späteren SA-Führer Ernst Röhm brach 1918 eine Welt zusammen. In seiner »Geschichte eines Hochverräters« von 1928 schrieb Röhm: *Ich blutete aus vielen Wunden und war stark geschwächt; aber ich fühlte mich voll Stolz, daß ich dabei gewesen war … Nun kamen die Nachrichten der vollkommen führerlosen Presse, die Entlassung des Generals Ludendorff und die schmählichen Erörterungen über die Abdankung des Kaisers! … Mir war klar, daß in der Heimat alles den Kopf verloren hatte. An der Front aber, das wußten wir, stand das Frontheer, geschwächt, aber ungebeugt. Dorthin sehnten wir uns.*

Diese Sehnsucht galt einer Schimäre, sie galt der Vision einer unbesiegbaren und unbesiegten deutschen Nation. Diese Vision wurde durch Waffenstillstand und Revolution, durch den Versailler Friedensvertrag und die Erkenntnisse über den Kriegsausbruch zerstört. Vor dem Hintergrund dieser Wunsch- oder Wahnvorstellungen ist daher die Wahrnehmung der Ereignisse nach 1918 durch Frontsoldaten, durch konservative oder rechtsgerichtete Kreise zu sehen.

Anton Drexler, Begründer der »Deutschen Arbeiterpartei« DAP, die sich später in NSDAP umbenannte, schrieb rückblickend 1935 in einem Lebenslauf: *Am 3. November 1918, einen Tag nach seiner Entlassung, hielt Eisner im Löwenbräu-Keller eine USP-Wahlversammlung ab. Ich wollte Eisner hören und ging in Begleitung von Gustav Stauber in die Versammlung. Als Eisner sich in Lobpreisungen über den amerikanischen Präsidenten Wilson erging, konnte ich mich nicht mehr halten und brüllte dem Schwindler Eisner einen Zwischenruf hinunter in den Saal … Einige Tage darauf wurde Deutschland verraten, erfolgte der schändliche Dolchstoß in den Rücken der kämpfenden Front. Eisner hatte in dieser Löwenbräu-Versammlung die rote Aktion sogar angekündigt und niemand, keine Polizei und keine Regierung hatte Gegenmaßnahmen ergriffen.*

Am 7. November war es dann so weit. Kurt Eisner und auch Erhard Auer, der Führer der Mehrheitssozialdemokraten, hatten zu Demonstrationen auf der Theresienwiese aufgerufen. Der Schriftsteller Oskar Maria Graf, der damals mit anarchistischen Gruppen in Verbindung stand, nahm daran teil: *»Heut kann sich was entscheiden«, meinte mein Freund, als wir uns auf den Weg machten. Wir trafen etliche Bekannte. Eine Arbeiterin riß jeden Verfügungsanschlag herunter. Ab und zu schrie sie: »Hoch die Revolution!« Schutzmann war keiner zu sehen. Je näher wir der Wiese kamen, desto mehr Menschen wurden es. Alle hatten es eilig. Vor der Bavaria waren dichte Massen und wuchsen von Minute zu Minute.*

Auf den Hängen und von den Treppen des Denkmals herab redeten Männer. Da und dort sah man eine rote Fahne aufragen. »Hoch!«, schrie es, dann wieder »Nieder!« Die Menge schob sich unruhig ineinander, Gedränge entstand ... »Es lebe der Friede!« schrien in diesem Augenblick um mich herum die Leute ... Und brausend riefen alle: »Hoch Eisner! Hoch die Weltrevolution.«

Dies war aber erst der Anfang. Eisners Sekretär Felix Fechenbach rief zum Sturm auf die Kasernen. Graf war weiterhin dabei: *Die meisten Kasernen übergaben sich kampflos ... »Aus ist's! Revolution! Marsch!« hörte ich im Tumult. Ein Älpler juchzte wie beim Schuhplattln ... Am Isartorplatz rannte ich in den Friseurladen, zu Nanndl. »Revolution! Revolution! Wir sind Sieger!« schrie ich Nanndl triumphierend an. Sie ließ die Brennschere fallen und strahlte. Ich war schon wieder weg.* Doch bereits in dieser euphorischen Phase, in der alles zu gelingen schien, werden dem Revolutionär Oskar Maria Graf die Grenzen des Erreichten klar: *Die Revolution hatte gesiegt, alles war in ihren Händen, Post, Telegraph, Bahnhof und Residenz, Landtag und Ministerium. Ich hatte Hunger. »Gehen wir in die Wirtsstube und essen und trinken was«, sagte ich zu Schorsch. Wir drängten uns durch und traten in das rauchige Lokal. Da saßen breit und uninteressiert Gäste mit echt münchnerischen Gesichtern. Hierher war nichts gedrungen. »Wally, an Schweinshaxn!« rief ein beleibter, rundgesichtiger Mann der Kellnerin zu. Dort saß einer, dort spielten sie Tarock wie immer. Niemand kümmerte sich um uns.*

Anfangs nahmen viele diese unblutige und friedfertige Revolution nicht ganz ernst. Der Schriftsteller Thomas Mann notierte in seinem Tagebuch, wie festlich die Menschen den Anbruch einer neuen Zeit begingen. Er vermutete sogar, es handle sich um eine Art »Faschingsersatz«. Doch dies war ein Irrtum. Kurt Eisner proklamierte den Freistaat Bayern und setzte eine provisorische republikanische Regierung ein. Mit Arbeiter-, Soldaten- und Bauernräten knüpfte er an basisdemokratische Vorstellungen an.

In seiner Regierung waren einige Juden vertreten. Dies schürte antisemitische Reaktionen. Auch Thomas Mann, selbst verheiratet mit einer Jüdin, kommentierte die neue Regierung in einer deutlich antisemitischen Grundstimmung: *8.11.1918 ... München, wie Bayern, regiert von jüdischen Literaten. Wie lange wird es sich das gefallen lassen? ... Die Diktatur ist komplett. Und wer darf sie ausüben ... Bei uns ist Mitregent ein schmieriger Literaturschieber wie (Wilhelm) Herzog, der sich durch Jahre von einer Kino-Diva aushalten ließ, ein Geldmacher und Geschäftsmann im Geist ... Das ist Revolution! Es handelt sich so gut wie ausschließlich um Juden.* Neben einer antibolschewistischen Strömung erwies sich die antisemitische Tendenz als eine der verlässlichsten Stützen, wollte man die Vision der unbesiegten deutschen Nation aufrechterhalten. Die Suche nach einem Schuldigen für Niederlage und Demütigung führte schnell zu dem Ergebnis: Es sind die Juden.

Diese einfache Erklärung fand noch mehr Anhänger, als nach dem Mord an Kurt Eisner durch Anton Graf Arco-Valley die Revolution eskalierte. Freie Wahlen hatten Anfang 1919 der Regierung eine Niederlage zugefügt, Eisner wollte zurücktreten. Seine Ermordung schürte jedoch Hass und Verbitterung. Die neue Landesregierung verlegte ihren Sitz nach Bamberg und erarbeitete dort die »Bamberger Verfassung«. In München kam es zu einer radikalen »Räterepublik«, zunächst mit Gustav Landauer und Franz Lipp, dann unter Max Levien, Eugen Leviné und Ernst Toller. Gegen diese »Roten« wurden Freikorps aufgestellt.

Ernst Röhm hörte von der Aufstellung eines bayerischen Freikorps: *Nachdem die Regierung Hoffmann in Bamberg die Werbung für das Korps gestattete, eilten Freiwillige aller Berufe aus allen bayerischen Gauen herbei. Da waren Offiziere, die sich freiwillig als Soldaten in Reih und Glied stellten, Studenten, Mittelschüler, Kadetten, Feldzugssoldaten aller Dienstgrade und Waffengattungen, Arbeiter, Bauern, die alle ein Gedanke und eine Begeisterung zusammenführte und zusammenhielt. Und wenn irgendwo, so war hier eine soldatische Gemeinschaft, die nur auf ihren Führer sah und ihm blind gehorchte. In der Heimat war niemand mehr da, der irgendeine Führung und irgendeine Autorität darstellte ... Die Räterepublik herrschte in der Hauptstadt! Nur das Gesindel und der Abschaum des Volkes bildete ihr Gefolge.*

Freikorps und regulären Regierungstruppen gelang es, die Räterepublik niederzuschlagen. Die einmarschierenden Soldaten fühlten sich berechtigt, willkürlich zu foltern und zu töten. Ein Großteil dieser Verbrechen wurde nie geahndet. Die Justiz verhängte Todesstrafen und viele Jahre Zuchthaus gegen die linken Revolutionäre, schonte jedoch – auch in den folgenden Jahren – die Verbrecher der Gegenseite. Ein Bericht über die Eroberung des Dorfes Kolbermoor bei Rosenheim durch die weißen Truppen zeigt Volksfeststimmung und ein hohes Maß an Zustimmung gegenüber den Zielen der Gegenrevolution: *Am 1. Mai 1919 vormittags 8 Uhr erschien in Stefanskirchen ein Panzerzug mit Regierungstruppen. Nachdem durch Sturmläuten und Schießen die Stefanskirchner auf dem Sammelplatz zusammengerufen waren, wurde bekannt gegeben, dass wir jetzt die Volkswehr bilden. Als ich fragte, ob man sich dem Führer der Regierungstruppen, Rittmeister Hutschenreuther, zur Verfügung stelle, erscholl von allen 60 eingetroffenen Männern einstimmig der Ruf: »Ja, wir machen mit, gebt uns nur Waffen.« ... Die Stimmung der Leute war ausgezeichnet, alles war bereit zum Losschlagen und jeder wollte mindestens zehn Spartakisten töten. In Kolbermoor wurden wir angeschossen. Es stellte sich heraus, dass blind geschossen wurde. Wir warteten mit Ungeduld auf das Kommando zum Losschlagen ... Als die Verhandlungen zu lange dauerten, riss den ergrimmten Bauern die Geduld. Ohne mehr auf einen Befehl zu warten, stürmten sie los, besetzten den Ort, beschlagnahmten Waffen und Schießbedarf und verhafteten einige Haupträdelsführer ... Es waren auch sehr*

viele Frauen bewaffnet. Viele, die mit Waffen getroffen, wurden fest durch-
gehauen. Es gab ein richtiges Strafgericht! Um 10 Uhr vormittags zogen die
Freikorps mit klingendem Spiel durch die Straßen, wobei man bei den Einwoh-
nern viele frohe Gesichter, aber auch viele verbissene sah, denn die Mehrzahl
der Bevölkerung waren Spartakisten ...

Mit dem Ende der Räterepublik war die paramilitärische Selbstorganisation
der Rechten keineswegs beendet. Sie stieß vor allem in Altbayern auf eine korre-
spondierende Struktur der »Volksbewaffnung« in Schützenvereinen und Volks-
wehren. Ein Agitator des einflussreichen radikal antisemitischen »Deutsch-Völ-
kischen Schutz- und Trutzbundes« berichtete im Oktober 1919 aus Rosenheim
nach Berlin über seine Tätigkeit: *Ich glaube sagen zu können, daß ich in Rosen-*
heim und Umgebung gute Arbeit verrichtet habe. Als Beweis möchte ich nur
folgendes anführen: Am 27./28. September war in Rosenheim das erste große
Schießen der Bauernwehren des Chiemgaues. Es waren mehrere 1000 bewaff-
nete Bauern da. An diese hielt ihr Führer eine Ansprache, in der er u. a. aus-
führte, daß sie sich nie mehr der Gewalt »jüdischer Schlawiner« fügen wollten.
Hier erhob sich gewaltiges allseitiges Beifallsgeschrei ... Auch sonst machen
unsere Gedanken hier überall gewaltige Fortschritte, selbst in Arbeiterkreisen
beginnt es zu dämmern ... In unserem Schutz und Trutz Bund muß jeder Platz
finden, der gut deutsch denkt, das Beste unseres Volkes will und erkannt hat,
daß die Juden unser Verderb sind. Ich kenne hier auch einen Kapuzinerpater
sehr gut, den ich gleichfalls mit Flugschriften versorge ... Aus seinen Schilde-
rungen geht hervor, daß mindestens ein großer Teil der katholischen Geistlich-
keit sich heute darüber klar ist, daß die Judenfrage keine Religions-, sondern
eine Rassenfrage ist. – Wer hätte das vor einigen Jahren noch für möglich ge-
halten! ... Es ist meine feste Überzeugung, daß die Zeit mit Riesenschritten
naht, zu der wir uns darüber klar sein müssen, was geschehen muß, denn dann
dürfen keine Fehler gemacht werden, sonst ist Deutschland für Jahrhunderte
verloren. Der Agitator führte auch genauer aus, wie er sich diese Lösungen vor-
stellte: *Bezüglich der Judenfrage muß jetzt schon geklärt werden, welches Ziel*
wir erreichen wollen. Nach meiner Ansicht gibt es nur eine richtige Antwort in
diesem Punkte: Vertreibung aus Deutschland unter Einbehaltung ihres Besit-
zes. Dies muß dem deutschen Volke in jeder Flugschrift eingehämmert werden.
Keine Pogrome! Was nützen einige hundert zerstörte Häuser und der Tod eini-
ger hundert Juden. Auch das muß in jeder Flugschrift stehen. Eine sehr schwie-
rige Frage wird die Behandlung der Bastarde sein. Bis zu welcher Generation
wollen wir zurückgreifen? Auch diese Frage muß entschieden sein, bevor wir
die Zügel in die Hand nehmen. Sonst gibt es Zwistigkeiten im schwierigsten
Augenblick. Das war im Oktober 1919. Doch hiermit griff der Agitator, der bald
zur DAP und dann zur NSDAP wechselte, noch der Zukunft voraus. Zunächst
gab es andere Probleme zu lösen.

*K*eenen Sechser in der Taschen,
bloß 'n Stempelschein.
Durch die Löcher der Kledage
kieckt de Sonne rein.
Mensch, so stehst de vor der Umwelt
gänzlich ohne was.
Wenn dein Leichnam plötzlich umfällt
Wird keen Ooge nass.

(Stempellied von Hanns Eisler)

Die galoppierende Inflation nahm dem Bürgertum seine finanziellen Grundlagen. Sie hatte bereits 1916 begonnen, war jedoch künstlich unterdrückt worden. Jetzt ging dies nicht mehr. Die Reparationszahlungen ließen die Inflation immer schneller anschwellen. Die Auflösung aller finanziellen Sicherheiten verstörte die bereits tief irritierten Menschen in den Städten noch mehr und trieb sie den Radikalen in die Arme. Der Zeitzeuge Emil Klein, der später in München die HJ aufbaute: *Wenn ich daran denke, daß ich da vier Billionen für eine Wurschtsemmel bezahlt habe – das war schon ein Zusammenbruch. Denn die Leute haben gesagt, so kann das nicht weitergehen. Und dann ging es langsam an mit der Diskussion »Ein starker Mann muß kommen!«. Und das wurde immer stärker, die Sache mit dem starken Mann, weil die Demokratie nichts zuwege brachte.*

Nur die Bauern profitierten von der Inflation. Der Schriftsteller Lion Feuchtwanger, einer der kritischsten Beobachter Bayerns in diesen Jahren, schildert dies in seinem Schlüsselroman »Erfolg«: *Den Bauern schwand ihr Besitz nicht wie den Städtern unter dem Arsch weg, sie konnten die Schulden, die auf ihrem Boden lagen, mit entwertetem Geld abdecken. Die Lebensmittel zogen an wie in den Jahren des stärksten Kriegshungers, und die Bauern nützten die spinnerte Zeit aus. Sie hatten Geld wie Heu und schmissen damit um sich. Manche von ihnen gaben es nobler, als es Bauern jemals hatten geben können. Der Landwirt Greindlberger fuhr aus der schmutzigen Dorfstraße von Englschalking nach München in einer eleganten Limousine mit livriertem Chauffeur. Es selbst saß darin in brauner Samtweste, mit grünem Hut und Gamsbart. Der Käsereibesitzer Irlbeck in Weilheim hielt sich einen Rennstall. Er besaß die Rennpferde Lyra, Da fehlt sich nichts, Dorflump, Banco, die Vollblutstute Quelques fleurs und die Fohlen Titania und Happy End. Viele Bauern, hatten sie nicht Automobile und Rennrösser im Stall stehen, hielten sich nicht für voll.*

In dieser aufgewühlten Situation erhielten rechtsgerichtete Agitatoren, von denen es in München etliche gab, immer mehr Zulauf. Hitler war zunächst nur einer von ihnen. Die Polarisierung in links und rechts nahm zu. Zu der inzwischen von Hitler geleiteten NSDAP stießen in München bereits Ernst Röhm, Heinrich Himmler und das Fliegerass Hermann Göring.

Es kam nicht selten vor, dass sich die Linken und die Rechten tätliche Auseinandersetzungen und Saalschlachten lieferten. Die bayerische Justiz wusste hier jedoch fein zu differenzieren. Dazu zwei Beispiele. Der kommunistische Reichstagsabgeordnete Wendelin Thomas und zwei seiner Genossen wurden Anfang April 1921 wegen Aufreizung zum Klassenkampf zu je zwei, ein weiterer Parteigenosse zu einem Jahr Gefängnis ohne Bewährung verurteilt. Der Strafkammer saß jener Richter Georg Neithard vor, der später auch den großen Hitlerprozess führen sollte. In seiner Begründung für die Strafen hieß es: *Bei den drei Angeklagten, insbesondere auch Thomas, fällt aufs Schwerste ins Gewicht die außerordentliche Gefährlichkeit und die unerhörte Gewissenlosigkeit ihres hetzerischen und wühlerischen Treibens, das nur dank dem gesunden Sinn, der Einsicht und Selbstzucht des weitaus überwiegenden Teiles der Arbeiter und dank den behördlich getroffenen Maßnahmen nicht zu den unglücklichsten Folgen für die verhetzten Massen führte. Es muß als Frevel schlimmster Art bezeichnet werden, in der gegenwärtigen Zeit des Ruhe- und Erholungsbedürfnisses des deutschen Volkes für die Unterstützung kommunistischer Räuber und Mordbrenner in Mitteldeutschland zu werben.*

Nicht einmal ein Jahr später fand derselbe Richter gegenüber Adolf Hitler und Genossen sehr viel mildere Worte. Hitler, Hermann Esser und zwei Mittäter hatten eine linksgerichtete Versammlung im Löwenbräukeller gesprengt, den Redner von der Bühne gezerrt und verprügelt. Dazu Neithard: *Nach dem gesetzlichen Strafrahmen mußte das Gericht auf Gefängnisstrafen von 3 und 6 Monaten erkennen, obwohl es Freiheitsstrafen von einem und von zwei Monaten als ausreichend dafür erachtet hätte ... Schon um diesem Gesichtspunkt gerecht zu werden, erschien daher eine Milderung der ohne Zweifel objektiv zu harten Strafe geboten ... Was die Führung Hitlers anbelangt, so ist Nachteiliges gegen ihn nicht bekannt. Er ist ein überzeugter, ehrlicher Politiker, der aus seiner Gesinnung kein Hehl macht. Seine bisherigen Reden in öffentlichen Versammlungen waren stets in vaterländischem Sinne gehalten und dürften auch bei Gericht nicht unbekannt sein, so daß er einer bedingten Begnadigung würdig erscheint.*

Doch davon konnte keine Rede sein. Am 8. November 1923 sprengten Hitler und Genossen, deren Bewährungsstrafe aus diesem Prozess noch nicht abgelaufen war, eine Versammlung der rechtsgerichteten Regierung unter Gustav von Kahr im Bürgerbräukeller. Hitler erklärte sie für abgesetzt und rief die nationale Revolution aus. Am nächsten Tag marschierten die Nazis und ihre Anhänger durch München, um weitere Unterstützung zu mobilisieren. In der Rekonstruktion dieser Ereignisse durch die Anklageschrift des Putschprozesses hörte sich das so an: *Kommerzienrat Zentz eröffnete die Versammlung mit einigen einleitenden Worten. Nach ihm ergriff Dr. v. Kahr das Wort. Etwa um 8 3/4 Uhr wurde er unterbrochen. Am Saaleingang entstand großer Lärm und starkes*

Gedränge, Hitler stürmte an der Spitze einer Reihe von bewaffneten Leuten durch den Saal hindurch gegen das Podium zu. Seine Begleiter trugen lange Pistolen und Maschinenpistolen, Hitler selbst hatte eine kleine Pistole in der Hand. Gleichzeitig wurde der Saaleingang von Angehörigen des Hitlerschen Stoßtrupps besetzt. Die Leute hatten Gewehre, Pistolen und Maschinenpistolen, die sie gegen das Publikum richteten. Sie stellten in der Mitte des Saaleinganges ein schweres Maschinengewehr mit Schußrichtung gegen das Publikum auf ... Hitler stieg nahe beim Podium auf einen Stuhl, gebot Ruhe und schoß, um diesem Gebot Nachdruck zu verleihen, aus seiner Pistole gegen die Decke ..., stieg dann auf das Podium und rief dem Sinne nach etwa folgendes: »Die nationale Revolution ist ausgebrochen. Der Saal ist von 600 Schwerbewaffneten besetzt. Niemand darf den Saal verlassen. Wenn nicht sofort Ruhe ist, werde ich ein Gewehr auf die Galerie stellen lassen. Die bayerische Regierung ist abgesetzt. Die Reichsregierung ist abgesetzt. Eine provisorische Reichsregierung wird gebildet ...« Hitler forderte sodann die Herren v. Kahr, v. Lossow und v. Seisser auf, mit ihm zu einer Besprechung den Saal zu verlassen.

Mit dem Generalstaatskommissar von Kahr, dem Befehlshaber der bayerischen Reichswehrtruppen Otto von Lossow und dem Chef der bayerischen Landespolizei Hans von Seisser hatte Hitler die wichtigsten Leute der Regierung in seine Hand gebracht. Nun stieß auch General Ludendorff zu dieser Gruppe. Er befürwortete den Putsch nachdrücklich. Unter Zwang und Überredung gaben sich Kahr und seine Gefährten geschlagen. Sobald sie jedoch freigelassen wurden, leiteten sie Gegenmaßnahmen ein. Der Morgen des 9. November 1923 zog herauf.

Der Augenzeuge Andreas Braß veröffentlichte seine Beobachtungen an diesem 9. November wenig später in der Zeitschrift »Der Oberbayer«: *Autos mit schwerbewaffneten Soldaten durchsausten die Straßen, Stoßtrupps marschierten hin und her. Posten gingen am Gehsteig auf und ab und die Passanten lasen die angehefteten Plakate mit den neuesten Verordnungen. Die Stimmung der Bevölkerung war für die neue Bewegung gut ... Und so blieb es im allgemeinen sehr ruhig auf den Straßen Münchens, bis die ersten Nachrichten durchsickerten von der Abschwenkung des Herrn von Kahr. Dann wurde es sehr lebhaft und es bildeten sich große Menschenansammlungen ... Die widersinnigsten Gerüchte wurden verbreitet; ich stand gerade gegen halb 1 Uhr am Marienplatz, als einer erzählte, Ludendorff und Hitler seien verhaftet, als im selben Moment eine Radfahrerin angefahren kam mit der Meldung: Ludendorff und Hitler marschieren mit ihren Truppen die Ludwigsbrücke herein. Alles drängte dem Tal zu und bald sah man die schwarz-weiß-roten und Hitlerfahnen mit dem Hakenkreuz in der Ferne flattern. Strammen Schritts marschierten die verschiedenen Kompagnien daher, begeistert begrüßt von der Münchner Bevölkerung – beinahe aus jedem Fenster sah man Tücher schwenken – an der Spitze Hitler und Ludendorff. Die innere Stadt, speziell die Dienerstraße, war* reich beflaggt mit den alten deutschen und bayerischen Fahnen ... Vom Marienplatz weg begleitete ich den Zug als Unbeteiligter hinunter zur Weinstraße, Perusastraße, Residenzstraße ... Ich befand mich an der Spitze des Zuges in gleicher Linie mit Ludendorff und Hitler und ging am Trottoir der Häuserreihe entlang, als plötzlich Schüsse krachten und in wilder Hast alles auseinanderströmte. Ein vorspringender Mauerbalken gewährte mir Schutz und gab mir die Möglichkeit, zugleich das Straßenbild zu übersehen. Im Nu war die Straße menschenleer, nur am Boden wälzten sich Dutzende in ihrem Blute und arbeiteten sich teilweise mit den Ellenbogen fort, um aus der Schußlinie zu kommen. Es war ein grauenerregendes Bild.

Es starben 20 Menschen, unter ihnen 15 Putschisten. Hitler floh. Es war die bayerische Landespolizei unter dem Kommando Michael von Godins, die den Putschisten Einhalt geboten hatte. Der »Marsch auf Berlin« hatte an der Feldherrnhalle geendet. Ein SA-Mann, der mitmarschiert war, schrieb: *Auf Umwegen gehe ich heim und erst jetzt kommen mir die Ereignisse der letzten zwanzig Stunden so richtig zum Bewußtsein. Wilde Gerüchte schwirren durch die Stadt. Ludendorff tot, Hitler schwer verletzt, heißt es. Gruppen bilden sich, man ergreift Partei für Hitler, gegen Kahr, Lossow und Seisser ... Zu Hause angelangt, war mir eigentlich recht elend zu Mute. Wie Katzenjammer überkommt es mich, als ich allein in meinem Zimmer sitze.*

Die Volksstimmung stellte sich gegen Kahr, der bald zum eigentlichen Verlierer des Putsches wurde. Die Kleinbürger hatten von Hitler erwartet, er werde ihre schlimme Situation zum Besseren wenden. Nun warfen sie Kahr vor, dass sich ihre Hoffnung in Enttäuschung verwandelt hatte. Im Februar 1924 musste er zurücktreten. Die Zustimmung breiter Kreise zu Hitler und seinen Absichten äußerte sich auch in Briefen, die der Staatsanwalt während des drei Monate später stattfindenden Prozesses gegen die Putschisten erhielt. Es schrieben vor allem Frauen.

Jetzt sollen unser Ludendorff und Hitler eingesperrt werden? Herr Staatsanwalt, haben Sie nicht ein rühriges Herz, wenn man daran pocht ...? Hauptsächlich hängt es von Ihnen ab, ein Freispruch und Deutschland wird gesund! Sind Sie doch ausnahmsweise mal recht nett!

Jeder vaterlandsliebende Deutsche sieht mit tiefem Schmerz dem Prozeß entgegen, der in den nächsten Tagen gegen einen unserer großen Männer stattfinden wird ... Was haben diese Männer Böses getan, ihre ganze Schuld besteht darin, daß sie im heiligsten Gefühl ihres Idealismus, ihrer grenzenlosen Liebe zu ihrem deutschen Vaterland versucht haben, dieses aus den Händen fremdländischer Vampyre zu befreien, die auch noch den letzten Blutstropfen aus dem armen geknechteten Volk aussaugen wollten.

Solche Männer gehören nicht unschädlich gemacht, die braucht das deutsche Reich so notwendig wie jeder von uns das tägliche Brot und wir sollten Gott täglich danken, daß solche Männer leben. Männer wie Pöhner, Frick gehören in den Landtag und Reichstag, Hitler als Triebkraft in das Volk hineingestellt, damit es nicht erlahmt, einen Führer braucht das Volk, es kommt allein nicht zum Ziele … Sehr verehrter Herr Staatsanwalt, ich bin eine einfache, deutsche Offiziersfrau, keine Politikerin, die Politik gehört dem Manne, auch bin ich keine Antisemitin, meine Lebensweisheit ist leben und leben lassen, aber an die Wand und an den Galgen alle jene, die ihre Mitmenschen ausziehen wie Blutegel, ihr Vaterland verraten wie Judas seinen Herrn.

Der Prozess gegen die Putschisten wurde zu einer Sensation. Die Münchner Neuesten Nachrichten schrieben am 27. Februar 1924: *Der große, weit über Deutschland hinaus mit Spannung erwartete Tag hat begonnen … Ohne Ausweis, neben dem man noch ein Legitimationspapier mit abgestempeltem Lichtbild haben muß, darf niemand die äußere Absperrung passieren … Polizeibeamte in Zivil nehmen auch eine Untersuchung nach Waffen vor. … Der Saal ist bald bis auf den letzten Platz besetzt. An den kleinen Tischen vor der erhöhten Richtertribüne sitzen mit ihren Verteidigern die Angeklagten. An langen, die ganze Saalbreite einnehmenden Tischreihen arbeiten die Pressevertreter, die aus aller Herren Länder hier zusammengekommen sind.*

Doch es war eine Farce, ein »politischer Karneval« – so der Journalist Hans von Hülsen: *Ein Gerichtshof, der den »Herrn Angeklagten« immer wieder die Gelegenheit gibt, stundenlange Propagandareden »zum Fenster hinaus« zu halten … Ein Beisitzer, der nach Hitlers erster Rede (ich hab's mit eigenen Ohren gehört!) erklärt: »Doch ein kolossaler Kerl, dieser Hitler!«; ein Vorsitzender, der duldet, daß von der höchsten Spitze des Reiches als von »Seiner Hoheit, Herrn Fritz Ebert« gesprochen wird (Hitler), und daß man die Reichsregierung eine Verbrecherbande nennt (Angeklagter Kriebel), ein Generalstaatsanwalt, der in einer Sitzungspause einem der Angeklagten auf die Schulter schlägt: »Na, mein lieber Pöhner!« … – gehört all das nicht in den makabren Münchner Bilderbogen vom großen politischen Karneval, der mit einem fürchterlichen Erwachen endet?*

Ungehindert funktionierten Hitler und Ludendorff den Gerichtsaal zu einer politischen Bühne um. Sie verteidigten den Putsch und legten erneut öffentlich ihre Überzeugungen dar, führten staatsfeindliche und antisemitische Hetzreden. Am 1. April 1924 endete der Prozess. General Ludendorff wurde freigesprochen. Hitler und seine Mitangeklagten erhielten Festungsstrafen; allen wurde Bewährungsfrist in Aussicht gestellt. Das Republikschutzgesetz schrieb vor, dass wegen Hochverrats verurteilte Nichtdeutsche auszuweisen seien; das wurde auf Hitler nicht angewendet. Eigentlich stand er noch unter Bewährung. – Letztlich saß Hitler neun Monate auf der Festung Landsberg. Er schrieb in dieser Zeit sein Buch »Mein Kampf«, in dem er seinen Hass, seine Theorien, seine Gedanken und Absichten zu Papier brachte. Er wartete auf eine neue Chance.

Zunächst hatten sich die Zeichen der Zeit gewendet: Die galoppierende Inflation war durch kurzfristige amerikanische Kredite und eine Währungsreform gestoppt worden. Es begannen die kurzen »Goldenen Zwanziger Jahre«. Lion Feuchtwanger kommentierte den Frühling 1924: *München tanzte. Das neue Jahr war da, mit ihm der Fasching. Auf den Redouten der großen Brauereien, bei den Festen der unzähligen Kegelgesellschaften, Sparvereine tanzten die Kleinbürger, die Arbeiter, die Bauern, auf den Künstlerfesten, den Bällen der Studenten, Offiziere, Fememörder tanzten die Großbürger ... München, bei der lärmvollen Musik der Française, hob die Frauen auf die verschränkten Arme, schubste sie hoch unter nicht abreißendem Jauchzen und Gegröl. München, um diesen fetten Fasching mitzumachen, versetzte Leib- und Bettwäsche. München, im grauenden Morgen, versammelte sich nach durchwachter Nacht in primitiven Kneipen, Chauffeure, Marktweiber, befrackte Herren und flittermaskierte Damen, Straßenreiniger, Huren durcheinander, um Bier zu trinken und Weißwürste zu schlingen. München schrie losgebunden seine Seligkeit und seinen Wahlspruch hinaus: Solang die grüne Isar, und: ein Prosit der Gemütlichkeit.*

Als »gedämpftes Leuchten« ist die kulturelle Situation Bayerns in den nun folgenden Jahren bezeichnet worden. Zu erwähnen sind hier die katholische Zeitschrift »Hochland« um Carl Muth, Thomas Mann und sein Kreis, der konservativ-elitäre Stefan-George-Kreis. Doch viele avantgardistische Künstler verließen München: Bert Brecht, Marieluise Fleißer, Lion Feuchtwanger, Heinrich Mann, Ödön von Horváth und, nach ihrer Entlassung aus der Haft, die linken Revolutionäre Erich Mühsam und Ernst Toller. Die »Ordnungszelle Bayern«, in der die Linken gehasst und die Rechten hofiert wurden, bot ihnen keinen Entfaltungsspielraum.

Als Hitler 1925 vorzeitig aus der Haft entlassen wurde, stand seine Partei zunächst wieder am Anfang. In Bayern hatte nun die Bayerische Volkspartei unter Heinrich Held das Sagen. Die NSDAP war eine unbedeutende Splitterpartei. Und das blieb sie auch eine ganze Weile. Sie schien in der Bedeutungslosigkeit zu versinken, wie dies schon früher antisemitischen Splitterparteien passiert war. Die Weltwirtschaftskrise von 1929 verhalf ihr jedoch – wie übrigens auch den Kommunisten – zu einem sprunghaften Aufstieg: Agrarkrise, Arbeitslosigkeit, Hunger und Not erfassten Millionen von Menschen. Nun wuchs die Zustimmung zu den Parolen der Nazis. Hitler etablierte sich als seriöser Politiker. Er versprach, die Menschen aus dem Elend zu holen, und das verstanden alle, das erhofften alle. – Ein Song von Bert Brecht aus dem Jahre 1932 karikiert Hitlers Politik der Versprechungen:

Der Führer sagt, jetzt kommt der letzte Winter,
nur jetzt nicht schlappgemacht, ihr müßt marschiern.
Der Führer fährt voran, im 12-Zylinder,
marsch, marsch, marsch, marsch,
ihr dürft die Fühlung nicht verliern.

Es ist ein langer Weg zum Dritten Reiche,
man sollt's nicht glauben, wie das sich zieht.
Es ist ein hoher Baum, die deutsche Eiche,
von der aus man den Silberstreifen sieht ...

Der Führer hat gesagt, er lebt noch lange,
und er wird älter als der Hindenburg.
Er kommt noch dran,
da ist ihm nicht bange,
und drum pressierts ihm gar nicht und dadurch
ist es ein langer Weg zum Dritten Reiche,
es ist unglaublich, wie sich das zieht.
Es ist ein hoher Baum, die deutsche Eiche,
von der aus man den Silberstreifen sieht ...

Bald wurde es ernst. Hindenburg holte Hitler in eine Koalitionsregierung. Man hoffte, ihn so zu zähmen und einzubinden, ihn »anzustellen«, wie dies der konservative Politiker Franz von Papen ausdrückte. Oskar Maria Graf sah klarer: *Und da war er plötzlich da, dieser farblose 30. Januar 1933 mit seiner faden, schweren Luft ohne Schneefall, an dem wir ausgeleert und ziellos durch die Münchner Straßen gingen und uns auf einmal, als treibe lähmende Ungewißheit und Angst die Einwohner jedes Hauses ins Freie, dicht umdrängt von einer stummen Menschenmasse weitergeschoben fühlten, weiter, immer weiter und immer beengter und beklommener kaum mehr uns selbst empfanden, sondern nur noch vermengt mit diesem riesenhaften Massenleib, der sich tausendfüßig dahinbewegte und nur manchmal kurz stockte und sich ausweichend zerteilte, weil frisch uniformierte, neuausgerüstete SA-Männer einen Menschen aus ihm rissen – »So Bürscherl, da haben wir dich, du Saujud, du!« – und klatschend auf ihn einschlugen ...*
Wir sahen nicht hin, wenn sich eine Gruppe schiebend, schreiend und balgend in ein Geraufe um einen Menschen vermengte; wir blieben nicht stehen vor den überall angeschlagenen großen gelben, fettschwarz bedruckten Telegrammen, wir wußten: Hitler war Reichskanzler!
Angehörige der Partei wie Emil Klein erlebten Hitlers Machtantritt als Erfüllung ihrer Wünsche: *Ja, ein stolzes Gefühl. Die NSDAP ist an der Macht, das war doch gar nicht zu glauben. Der große Teil war doch stolz, wenn ich an die Geschäftsleute und alle denke, die waren doch alle stolz darauf. Und wenn sie nicht stolz waren, dann haben sie sich etwas davon versprochen, daß Hitler an der Macht ist.* Andere standen dem eher gleichgültig gegenüber und unterschätzten die Bedeutung des Ereignisses: *Wir haben das hier in München alles nicht so ernst genommen, so endgültig. Wir hatten ja in Berlin dauernd Kanzlerwechsel, Regierungswechsel gehabt und keiner glaubte, daß nun die-*

sem einzigen – das war, glaube ich, der 13. Reichskanzler, der damals an die Macht kam – daß dem soviel Bedeutung beizumessen wäre. Wir haben das alles als ein Übergangsstadium gesehen.

Eine solche Haltung war nur möglich, wenn man nicht einer der von den Nationalsozialisten gehassten Gruppen angehörte wie der Münchner Fritz Rosenthal, später bekannt als Schalom Ben Chorin: *Es sollte noch einen Monat dauern, bis ich außerordentlich gewaltsam aus einem Traum privater Unverbindlichkeit wachgerüttelt wurde. Es war der erste April 1933, der Boykottsamstag. Jüdische Geschäfte, Anwaltskanzleien, Arztpraxen mußten nicht geschlossen werden, aber die SA marschierte in ihren braunen Hemden als Boykottwache auf. Schilder und Transparente: »Kauft nicht bei Juden!«, »Die Juden sind unser Unglück«, oder aber auch nur »Jüdisches Geschäft« sollten das deutsche Publikum warnen. Sollten sie nicht auch uns warnen? … Ich sah es nicht. – Und viele, viele andere sahen es noch weniger. Man ging in fast kindischer Trotzhaltung in die leeren Geschäfte: »Bangemachen gilt nicht.« Aber es galt. Es galt auch mir. Ich machte mich an diesem strahlend schönen Samstagvormittag auf zu einem Spaziergang durch die Stadt. Bei der Gelegenheit wollte ich einem Freunde die Kamera zurückgeben, die er mir geliehen hatte. Diese Kamera wurde mir zum Verhängnis, aber vielleicht auch zum Segen, denn an diesem ersten April sollte ich mit letzter Deutlichkeit erfahren, was viele Juden noch nicht erfassen wollten: das Ende des Rechtsstaates. Am Rindermarkt sprang mich ein erster Boykottposten an, riß mir den Apparat aus der Hand und behauptete, ich hätte photographiert. Das Photographieren der Boykottposten sei verboten. Ich hatte keine Aufnahme gemacht, versicherte dies auch nachdrücklich, aber es half mir nichts. Der Apparat wurde geöffnet, der Film belichtet und damit untauglich gemacht. Ich bekam die Kamera zurück und setzte – mir heute unverständlich – meinen Weg fort, als wäre nichts geschehen. Nach wenigen hundert Metern stellten sich mir zwei weitere SA-Leute in den Weg … und nun ging es nicht mehr so glimpflich ab. Ich wurde verhaftet, Handschellen wurden mir angelegt und so wurde ich über die Kaufinger und Neuhauser Straße geführt, wobei einer der SA-Leute begann, mir die Faust ins Gesicht zu schmettern. Als mir das Blut über Hemd und Rock floß, versetzte ihn das offenbar in einen Blutrausch und er begann wie rasend nach mir zu schlagen und zu treten.*

In mehreren Wellen verloren die Juden ihre Lebensgrundlage. Das reichte von wirtschaftlichen Boykottmaßnahmen über die »Nürnberger Gesetze« von 1935 bis zu Berufsverboten, »Entmietungen«, Pogromen, Verhaftungen und Deportationen. Große Familien wie Feuchtwanger, Bernheimer, Fraenkel, Schülein, Tietz emigrierten aus Deutschland und wurden in alle Welt verstreut. Es flohen auch pazifistische Schriftsteller wie Bruno Frank oder Oskar Maria Graf, Politiker wie der spätere bayerische Ministerpräsident Wilhelm Hoegner, wie Waldemar von Knoeringen oder Hans Beimler, jüdische oder für jüdisch erklärte Wissenschaftler und Künstler, Journalisten und Theaterleute. Wer das Land verließ, ging meist mit unsicherem Ziel auf eine gefährliche Reise, wer blieb, erlitt Verfolgung und Tod. – Wilhelm Hoegner 1966:

Ich war leidenschaftlicher Gegner des Nationalsozialismus seit, kann man sagen, seit seinem ersten Auftreten, seit 1920. Wahrscheinlich hatte ich als Staatsanwalt ein Gefühl für diese Verbrecher, die dann später Deutschland ins Unglück gestürzt haben. Im Bayerischen Landtag habe ich die Einsetzung eines Untersuchungsausschusses über den Hitlerputsch veranlaßt, und war dann Mitberichterstatter, ich habe die Geldquellen der Nationalsozialisten und ihre Abhängigkeit von der Großindustrie aufgedeckt, habe dann überall gegen die Nationalsozialisten gesprochen. Als ich dann 1930 in den Reichstag gewählt wurde, habe ich die erste große Rede gegen den Nationalsozialismus am 18. Oktober 1930 gehalten, die mit einem großen Krach endete, ich wurde mit »Killen«, also mit dem Tode bedroht und ähnliche Sachen. Ich habe dann in ganz Deutschland gegen den Nationalsozialismus – ich sage immer von Kiel bis Kempten und von Köln bis Königsberg – gesprochen, war also einer der verhaßtesten Gegner des Nationalsozialismus. Es war ganz klar, daß ich dann im Jahre 1933 zunächst an die Reihe kommen sollte, gegen mich lag ein Haftbefehl Heydrichs bereits seit 10. oder 11. März 1933 vor, ich lebte dann noch illegal in Deutschland bis zum 11. Juli 1933, entging durch Zufälle den Verhaftungen, ging dann in die Emigration über die Berge nach Österreich, setzte dort meinen Kampf gegen den Nationalsozialismus fort. Dann kam es zu dem Rosenmontag 1934, ich wurde abermals politisch verfolgt, sollte in ein Anhaltelager kommen, entzog mich dann durch eine Fahrt in die Schweiz. Dank der berühmten österreichischen Schlamperei war die Grenze noch nicht so scharf überwacht, so daß ich also mit meiner Familie durchkam.

Wilhelm Hoegner mit Familie im Exil in Zürich, 1936

Das Leben im Exil wurde zu einem Wettlauf mit der Bürokratie. Wilhelm Hoegners provisorisches Ausweispapier zeigt eine Vielzahl von Stempeln und Visa mit befristeten Durchreise- und Aufenthaltsgenehmigungen. – Der Pass stand auch im Mittelpunkt der Satire des Züricher Emigrantenkabaretts »Cornichon«, 1933:

Ich bin aus aller Ordnung ausgetreten,
sie nennen mich ein Emigrantenschwein.
Sie sagen: »Wärst du doch zu Haus geblieben!«
Ich aber wollte ein Charakter sein.
Ich sagte »Guten Tag«, statt »Heil« zu rufen,
da hat man mir die Schutzhaft angedroht.
Doch ich bin nicht zum Märtyrer berufen –
ich floh, aus einer Not in andre Not.
Jetzt bin ich ein unangemeldetes Leben,
ich habe keinen Paß.
Ich stehe daneben und bleibe daneben,
den Beamten ein ewiger Haß.

Ja, jetzt gibt's Kommissionen, wie ich höre,
die kümmern sich um uns und meinen's gut.
Denn sie beschließen, daß ich nicht mehr störe,
und der Beschluß kommt den Beamten gut.
Doch bis die Paragraphen sich ergänzen,
braucht's lange Zeit.
Inzwischen geht's mir schlecht.
Man scheucht mich heimlich über fremde Grenzen,
bis ich krepiere, durch Gesetz und Recht.
Dann bin ich ein unabgemeldetes Leben,
und brauche keinen Paß.
Dann steh ich darüber, und nicht mehr daneben,
über den Grenzen und über dem Haß.

Viele nichtemigrierte Sozialdemokraten bemühten sich, den Widerstand im Kleinen weiterzuführen. Die kommunistischen Widerstandsgruppen waren bereits seit 1935 endgültig zerschlagen. Ihre Funktionäre litten oft jahrelang in Dachau und anderen Konzentrationslagern. Die jüdische Bevölkerung Bayerns wurde vertrieben oder vernichtet: Im Dezember 1937 lebten noch 8713 Juden in München, im Mai 1939 nur mehr 4535; nach dem Beginn der großen Deportationen, Ende Dezember 1942, waren es noch 645. Die Bevölkerung setzte all dem keinen nennenswerten Widerstand entgegen.

N icht in allen Bereichen setzten sich die Nationalsozialisten in Bayern reibungslos durch. So reagierte die Bevölkerung unwillig, als nach der Gleichschal-
tung der Länder die bayerischen Landesfarben Weiß und Blau abgeschafft wurden,
und murrte, als kirchliche Feiertage und Symbole zurückgedrängt werden sollten.
Die Übernahme von Traditionen und die Vollstreckung traditioneller Vorurteile
durch die Nationalsozialisten stießen also weitgehend auf Zustimmung, ihre Un-
terbrechung empfand man als störend. Dies deutet darauf hin, dass Politik erst dann
richtig wahrgenommen oder sogar bekämpft wurde, wenn sie in den Alltag der
Mehrheit einbrach, Gewohnheiten und gelebte Traditionen zu stören drohte.

Als schwierig erwies sich der Kampf gegen die traditionelle Stellung der Kirchen. Es ging dabei weniger um die obere Ebene der Kirchenhierarchie, denn
die offiziellen Vertreter beider Kirchen arrangierten sich weitgehend mit den
Machthabern. Kardinal Michael Faulhaber lobte das Reichskonkordat von 1933
als ersten großen außenpolitischen Erfolg der neuen Regierung. Doch einige
katholische Pfarrer stellten sich gegen die Machthaber, und die Absetzung des
evangelischen Landesbischofs Hans Meiser musste 1934 nach Protesten der protestantischen Bevölkerung Frankens zurückgenommen werden.

Die Bevölkerung zeigte vor allem demonstrativ ihren Unwillen bei der Abschaffung kirchlicher Traditionen. Als im April 1941 die Kruzifixe aus den Schulen
entfernt werden sollten, kam es zu Schulstreiks und Massenprotesten. Man sah
den »Bolschewismus« im eigenen Land einziehen. Der gleichzeitige Versuch, die
katholischen Feiertage zurückzudrängen, wurde vielerorts unterlaufen, und Bauern gaben an
Christi Him-
melfahrt oder
Fronleichnam
sogar ihren
p o l n i s c h e n
Zwangsarbei-
tern frei. Die
Landesfarben
wurden ähn-
lich wichtig
genommen.

Auch die Familie des exilierten Schriftstellers Oskar Maria Graf versammelt sich unter
dem »gleichgeschalteten« Maibaum in Berg am Starnberger See, 1934

Als im Mai 1935 die bayerischen Maibäume weiß gestrichen werden sollten, stieß dies in den ländlichen Gemeinden auf heftigen Widerstand. Der Regierungspräsident von Oberbayern berichtete im Juni 1935: *Die Bevölkerung hält nach wie vor daran fest, bei den herkömmlichen Maifeiern die alten Landesfarben zu verwenden. Da HJ und SA dieses vielerorts nicht dulden wollten, kam es zu erheblichen politischen Schwierigkeiten. Die weißblauen Fahnen wurden von HJ und SA vielfach mit Gewalt entfernt und durch Hakenkreuzfahnen ersetzt, wobei die Führer der Aktion gegenüber den Bauernburschen Ausdrücke wie »schwarze Brut«, »Bauernlakl« usw. gebrauchten. Als Gegenaktion sind verschiedene Maibäume umgesägt worden. Überfallkommandos wurden eingesetzt, einige Personen in Schutzhaft genommen. Ein Bürgermeister wurde vom Führer eines Überfallkommandos für abgesetzt erklärt.*

Das Reichsflaggengesetz vom September 1935 verbot dann endgültig die Landesfarben und erklärte die Hakenkreuzfahne zur allein gültigen Flagge. Bayern existierte nicht mehr.

Hinter der Trommel her
Trotten die Kälber.
Das Fell für die Trommel
Liefern sie selber.
Der Metzger ruft. Die Augen fest geschlossen,
Das Kalb marschiert mit ruhig festem Tritt.
Die Kälber, deren Blut im Schlachthof schon geflossen,
Sie ziehn im Geist in seinen Reihen mit.

Sie tragen ein Kreuz voran
Auf blutroten Flaggen,
Das hat für den armen Mann
einen großen Haken.
Der Metzger ruft. Die Augen fest geschlossen,
Das Kalb marschiert mit ruhig festem Tritt.
Die Kälber, deren Blut im Schlachthof schon geflossen,
Sie ziehn im Geist in seinen Reihen mit.

(Kälbermarsch von Bert Brecht)

Ulrich Chaussy

Stunde Null
Wiedergeburt und Wandlungen des Freistaats Bayern nach 1945

Bayern, 4. Mai 1945. Der Krieg ist aus, die Waffen schweigen, in Bayern schon vier Tage vor der bedingungslosen Kapitulation Deutschlands. Bayern ist ein zerstörtes Land und seit diesem 4. Mai bis Berchtesgaden im äußersten Süden, der so genannten »Alpenfestung« des »Größten Feldherrn aller Zeiten«, besetzt und militärisch unterworfen. Die Städte nach sechs Jahren Krieg zerbombt und ausgebrannt. Rund ein Drittel aller Wohnungen in Bayern ist zerstört, davon das Gros in Städten wie Würzburg, Augsburg, Schweinfurt und Nürnberg, deren Zentren sich in Trümmerfelder verwandelt haben. – Der Freistaat Bayern existierte schon seit 1933 nicht mehr. Wie alle Diktatoren war Hitler Zentralist. Er löste Bayern als staatsrechtlich selbstständiges Gebilde auf.

Bayern ist nicht mehr – und wird doch in nur fünf turbulenten, entscheidenden Jahren des Aufbaus die politischen, wirtschaftlichen und kulturellen Fundamente gelegt haben zu seiner bis heute erfolgreichen Nachkriegsgeschichte.

Bayern am 4. Mai 1945. Was ist das, nüchtern besehen? Militärbezirk Ost, amerikanische Besatzungszone. Unterstellt dem R. M. G. – Regional Military Goverment.

Bei ihrem Einmarsch in Bayern befreien die Amerikaner am 29. April das Konzentrationslager Dachau – soweit dies Wort angewandt werden darf auf die Entdeckung von Bergen von Leichen, von 33 000 abgemagerten und geschundenen Häftlingen, von denen trotz Verpflegung und medizinischer Versorgung in den nächsten Wochen weitere 2000 sterben. Das gleiche Bild weiter südlich im KZ-Außenlager Kaufering, 20 000 dem Tode nahe Häftlinge finden sie dort. Auf dem Weg durch Bayern stoßen die Amerikaner immer wieder auf die Spuren der Todesmärsche, Leichen der von der SS ermordeten, im Eilmarsch durchs Land getriebenen Häftlinge überall am Weg.

Mit wem aus diesem Land kann eine amerikanische Militärregierung zusammenarbeiten? Das fragen sich die führenden Köpfe der amerikanischen Armee, diese Frage stellen sie Bayerns einflussreichstem Kirchenfürsten. Am 23. Mai übermittelt der Münchner Kardinal Michael Faulhaber den Amerikanern eine Namensliste mit Personen seines Vertrauens. An erster Stelle steht der Rechtsanwalt Dr. Fritz Schäffer, der ab 28. Mai einen traditionsreichen Titel trägt.

Die amerikanische Besatzungsbehörde für Bayern hat mich zum bayerischen Ministerpräsidenten bestellt. Die neue bayerische Landesregierung nimmt ihre Arbeit unter der Hoheit der Militärregierung nunmehr auf.

So erfahren viele Bürger Bayerns über Radio München, den zum Sender der Militärregierung umfunktionierten Reichssender München, am 15. Juni von ihrer zwei Wochen zuvor neu eingesetzten Obrigkeit. Die Älteren kennen Schäffer noch. Er war Vorsitzender der Bayerischen Volkspartei und von 1931 bis 1933 bayerischer Finanzminister. – Seine erste Ansprache an das bayerische Volk am 15. Juni 1945 hat mehr von einem Offenbarungseid als von einer Regierungserklärung.

Ich habe leider den Eindruck, daß sich das deutsche Volk der Größe des Zusammenbruchs noch gar nicht voll bewußt ist, den allein die Nationalsozialisten und Militaristen und die Wirtschaftsführer, die sie unterstützten, verschuldet haben. Unsere Manneskraft sank in diesem Krieg eines Wahnsinnigen dahin, unsere Mütter weinen um Millionen toter oder verkrüppelter Söhne und Gatten. Unsere Städte sind Ruinen. Unsere Industrie ist zerstört. Unsere Landwirtschaft und die Forsten sind ausgeblutet, unser Volkswohlstand ist auf Jahrzehnte vernichtet, und – das Schwerste von allem – unsere Jugend ist in HJ und BDM verderbt, dem deutschen Volke die Ehrfurcht vor dem Heiligen und das Grauen vor dem Verbrechen in zwölf Jahre Antichristentum genommen, der deutsche Namen durch Verbrechen ohne Maß und Zahl geschändet, auch wenn Hunderttausende Deutsche selbst die Opfer waren und viele Millionen sie nicht wollten.

Fritz Schäffers Start als erster Ministerpräsident Bayerns nach dem Krieg fand unter den denkbar widrigsten Voraussetzungen statt. Er musste in einer Zeit von Hunger und Rohstoffknappheit eine gerechte Verteilung des Mangels organisieren und erste Schritte zum wirtschaftlichen Wiederaufbau des Landes unternehmen. Dazu benötigte er die Strukturen und das Personal der bestehenden Staatsverwaltung. So engagiert der überzeugte Katholik Schäffer auf der symbolischen Ebene gegen den Nazismus sprach, so wenig war er bereit, aus der staatlichen Verwaltung jedes ehemalige Parteimitglied allein aufgrund der formalen Mitgliedschaft in der NSDAP zu entlassen. Gestützt wurde Schäffer von dem damals in Bayern stationierten amerikanischen Panzergeneral Patton, einem hochdekorierten Kriegshelden.

Als General Pattons laxe Behandlung der Entnazifizierungsfrage in der amerikanischen Öffentlichkeit ruchbar wurde, stürzte er – und mit ihm am 28. September 1945, nach genau vier Monaten im Amt, Ministerpräsident Fritz Schäffer. Erstaunt erlebt von seinem Nachfolger, dem Sozialdemokraten Wilhelm Hoegner.

Ich hatte ein Zimmer in der Ludwigstraße bei einem befreundeten Zahnarzt. Ich wurde dann abgeholt, wurde zur Militärregierung gebracht, zum Obersten Dalferres, der damals vorübergehend Gouverneur für Bayern war. Dort war bereits

Dr. Fritz Schäffer mit dem Landwirtschaftsminister Rattenhuber, und dann ging das folgendermaßen: Wir Deutschen saßen in einem Halbkreis. Hier war der Oberst Dalferres im Stahlhelm – düsteres Licht, damals war das Licht miserabel in München, und nun ging's los. Sie, Herr Fritz Schäffer, bisher Ministerpräsident in Bayern, sind hiermit abgesetzt. Hier ist Ihr Brief. Sie, Herr Rattenhuber, bisher Landwirtschaftsminister von Bayern – hier ist Ihr Brief. Und Sie, Dr. Wilhelm Hoegner, werden hiermit zum Ministerpräsidenten ernannt. Haben die Herrn noch was zu sagen?

Hätte es eines Beweises bedurft, wie wenig die Herren zu sagen hatten: Die Szene lieferte ihn. Die Macht in Bayern lag im Sommer 1945 bei den Amerikanern. Denen war aber auch klar, dass sie Bayerns politische Eigenständigkeit Schritt um Schritt wiederherstellen mussten, wollten sie aus den unterworfenen Kriegsgegnern aktive Verbündete machen. Diese Linie, vor allem vertreten durch den amerikanischen Militärgouverneur Lucius D. Clay, setzte sich durch – nach einigen inneramerikanischen Auseinandersetzungen um die angemessene Behandlung der besiegten Deutschen. Denn fast zur gleichen Zeit, zu der die Amerikaner mit der spektakulären Entlassung Schäffers ihre Oberhoheit demonstrierten, gaben sie mit ihrer »Proklamation Nr. 2« ganz wesentliche Machtbefugnisse an die deutschen Politiker zurück.

Proklamation Nr. 2, Artikel 1. Innerhalb der amerikanischen Zone werden hiermit Verwaltungsgebiete gebildet, die von jetzt ab als Staaten bezeichnet werden; jeder Staat wird eine Staatsregierung haben.

Der historische Blick auf die Haupt- und Staatsaktionen der amerikanischen Besatzer und der von ihnen herangezogenen deutschen Politiker der Stunde Null ist von heute aus gesehen wichtig, um den Neuanfang Bayerns zu beschreiben. Für die Menschen damals stehen ganz andere Sorgen im Vordergrund. In den Karl-Valentin-Nachrichten, im September 1947, erweist sich der Komiker als sehr genauer Alltagschronist.

Neueste Meldungen in Kürze: Ein Chemiker ist nach wochenlangem Studium dazu imstande, aus gewöhnlicher Steinkohle Roggenbrot zu erzeugen, aber durch die herrschende Kohleknappheit ist mit der Herstellung von Roggenbrot nicht zu rechnen. Die Neugründungen Deutschlands nehmen in letzter Zeit so rapid zu, daß sich die Regierungen Deutschlands dazu entschlossen haben, mit weiteren Gründungen Schluß zu machen.

Fotografien des völlig abgemagerten und gesundheitlich schwer angeschlagenen Valentin zeigen auf einen Blick: Er hat am eigenen Leib erfahren, worüber er seine düsteren Witze reißt. Lebensmittel und alle wichtigen Artikel des täglichen Bedarfes bleiben wie im Kriege auch im Frieden rationiert, nur dass die Zuteilungen mittels Lebensmittelmarken 1945 auf einen Tiefpunkt sinken und – mit Schwankungen – bis Mitte 1948 auf völlig unzureichendem Stand verharren. Die offizielle Tagesration von 1135 Kalorien ist zum Verhungern zu viel, zum ordentlichen Überleben zu wenig: pro Tag drei Scheiben Brot, eine Tasse Magermilch, 14 Gramm Fleisch, 4,5 Gramm Käse, 4,5 Gramm Fett, zwei Eßlöffel Hülsenfrüchte. Aus der eigenen landwirtschaftlich Produktion können nicht einmal mehr diese Hungerrationen bestritten werden. Noch Ende 1948 mussten mehr als 50 Prozent der Nahrungsmittel aus den USA eingeführt werden. – Momentaufnahmen aus dem damaligen Alltag sind äußerst selten. Den Luxus, die Not vor Ort zu dokumentieren, kann oder will sich Radio München nicht leisten. Da schickt im Frühjahr 1948 der Schweizer Radiosender Beromünster einen Redaktor mit einem transportablen Schallfoliengerät nach Bayern. Er zieht durch Großbetriebe und Kaufhäuser, besucht Bauern und Gewerkschafter, lauscht Verkaufsgesprächen im Lebensmittelladen, im Tabakladen, in einer Buchhandlung und in dieser Parfümerie.

Hier hängt eine Glühbirne an einem einfachen Draht und das ist die einzige, die wir haben.
Und wenn nun diese Glühbirne kaputt ist?
Dann muß ich warten, bis ich mal wieder an der Reihe bin, eine Glühbirne zu bekommen. Ich kann nur so lange bedienen, als Tageslicht ist. Und die Artikel selbst, die wir führen, sind noch derartig mangelhaft in der Menge, daß wir gezwungen sind, kürzere Arbeitszeiten zu haben. Abgesehen davon, daß ich persönlich hier meine Wohnung verloren habe und um dreiviertelfünf Uhr am Ostbahnhof sein muß und mit der Bahn nochmal 36 Kilometer fahre, damit ich um sieben Uhr abends zu Hause bin in einer primitiven Unterkunft.
Und wie es ja heute mit den Verkehrsmöglichkeiten bestellt ist, das sehen wir ja!
Ja, natürlich dadurch, daß sehr viele Berufstätige von auswärts reinmüssen wegen der großen Bombenschäden, ist es so, daß die ganzen Transport- und Verkehrsmittel sehr stark überlastet sind. Ich bin heute früh im letzten Waggon eines Rosenheimer Zuges hereingefahren, das war ein Viehwagen. In diesem offenen Viehwagen sind ungefähr sechzig bis achtzig Personen gefahren. Oft stehen aber auch hundert oder hundertzwanzig drin. Aber man ist froh, daß man wenigstens stehen kann.

B edrückende Wohnverhältnisse, mangelhafte Ernährung. Obwohl die Bewältigung des Alltags den Bayern in den ersten drei Nachkriegsjahren viele Entbehrungen aufzwingt, rührt sich neues, politisches Leben in den Ruinen. Die, die es entfalten, kommen aus den KZ-Lagern, aus den Gefängnissen, aus dem rettenden Exil, aus der inneren Emigration.

Mit knapper Not hatte Josef Müller überlebt. Der katholische Bauernsohn aus Franken mit dem aus seiner Jugendzeit stammenden Spitznamen »Ochsensepp« näherte sich in der Weimarer Zeit der Bayerischen Volkspartei an. Der promovierte Jurist wurde Rechtsanwalt und übernahm in der Nazizeit heikle Mandate im Dienst der Kirche. Josef Müller propagierte die Neugründung einer überkonfessionellen christlichen Partei. Für ihn waren die Erfahrungen des Widerstandes prägend gewesen. Im Kampf gegen den Nationalsozialismus hatte er als Katholik entscheidende Erfahrungen der Gemeinsamkeit mit evangelischen Christen wie etwa Dietrich Bonhoeffer gemacht. Müller ging außerdem davon aus: Nur eine christlich orientierte Partei, die sich von konfessioneller Bindung und klerikaler Ausrichtung frei machte, würde Bürger und Wähler aus allen Landesteilen Bayerns integrieren können – vom katholi-

Aktion »Ramma Damma« in München

schen Altbayern bis zum protestantischen Oberfranken. Neben diesen Grundlinien steuerte Müller auch den Namen für das neue Gebilde bei: Christlich Soziale Union. In einem Gespräch mit dem BR-Redakteur Walter Kroepelin aus dem Jahr 1970 offenbarte der »Ochsensepp« Josef Müller einige seiner unkonventionellen Grundsätze.

Mir schwebte vor, rechts von der CDU eine konservative Partei zu haben. Denn ich bin der Meinung, daß es auch in der Politik kein Vakuum, keinen sozusagen luftleeren Raum gibt. Wenn irgendwo – politisch gesehen – der Zustand eines luftleeren Raums entsteht, dann schiebt sich da irgendwas hinein.
Gilt das für links wie rechts?
Das gilt für links wie rechts. Ich hätte es gern gesehen, wenn links von der SPD die Kommunistische Partei verblieben wäre, ich habe mich deswegen auch gegen das Verbot gewandt als Justizminister, was mir schwer verübelt wurde, und was ja auch dazu geführt hat, daß von einer bestimmten sozialdemokratischen Seite behauptet wurde, ich stünde links von der Sozialdemokratie.

Der »Ochsensepp« Josef Müller war das programmatische Kraftzentrum der frühen CSU, seine Rechtsanwaltskanzlei in der Münchner Gedonstraße ein Politiklabor für den Neuanfang, ein Magnet zudem für junge Politikertalente wie etwa einen gewissen Franz Josef Strauß. Und doch beschreibt Josef Müllers persönliche politische Position allein keineswegs den Kurs der sich formierenden CSU.

Auch der junge Kriegsheimkehrer Franz Heubl nahm an den Mittwochs-Gesprächskreisen in Josef Müllers Rechtsanwaltskanzlei teil und wurde einer der Mitbegründer der CSU. Franz Heubl erlebte, wie zwischen dem klerikalen Hauptexponenten Alois Hundhammer auf der einen Seite und dem liberal-konservativen Josef Müller auf der anderen Seite die Fetzen flogen.

Der Unterschied bestand darin, daß der Hundhammer mehr mittelständisch orientiert war. Er kam ja aus dem Bauernbereich, war sehr katholisch akzentuiert, sehr stark im Altbairischen verankert. Müller hat vielmehr die deutsche Verantwortung, eine, wenn Sie so wollen, nationale Komponente zum Ausdruck gebracht, auch einen sozialen Akzent hineingetragen, ganz bewußt. Er kam ja aus der Tradition christlicher Gewerkschaften. So wurde das Nationale und das Soziale stärker von Franken geprägt, insbesondere von Müller, und das andere wurde mehr von Hundhammer dargestellt.

Wenn ich das heute sehe: Beide Elemente haben eine Verbindung gefunden, die zeitgemäß und modern ist. Das ist eigentlich das Erstaunlichste für mich, auch aus dem Abstand der Jahre, daß diese deutsche Verantwortung mit europäischer Komponente zustande kam, dadurch, daß die CSU ja auch bedeutende Mitglieder der Bundesregierung gestellt hat, Franz Josef Strauß voran als Finanz-, als Verteidigungsminister, Hermann Höcherl als Innen- und Landwirtschaftsminister, und so weiter. Dadurch ist eine deutsche Mitwirkung entstanden.

Bei den innerparteilichen Debatten der Christsozialen ging es um die gleichen Themen, die innerhalb der anderen wiedererstehenden Volkspartei, der Sozialdemokratischen Partei, ebenfalls umstritten waren. – Aus der Schweiz war im Juni 1945 der Sozialdemokrat Wilhelm Hoegner zurückgekehrt. Und so bizarr hoffnungsfroh das klingt: Hoegner brachte in seinem kargen Emigrantengepäck tatsächlich einen komplett ausformulierten Entwurf für eine Verfassung Bayerns nach dem Kriege mit, den er im Exil ausgearbeitet hatte.

Ich war der Meinung, daß es nie mehr so kommen dürfe, daß die gesamte Staatsmacht bei einer einzigen Hand oder bei einer Gruppe vereinigt ist. Man muß die Macht aufteilen zwischen verschiedenen Menschen und Institutionen, net wahr, damit man ihr die Gefährlichkeit nimmt. Ich war der Meinung nach 1945: Nie mehr Zentralismus aus innenpolitischen Gründen. Das deutsche Volk ist nun einmal nicht eine geschlossene geschichtliche Einheit, nicht einmal eine landschaftliche Einheit, es hat sich seit der ältesten Zeit nach Stämmen gegliedert. Die Dialekte sind verschieden, und ich glaube nicht, daß man daraus einen Einheitsbrei künstlich machen sollte.

Wilhelm Hoegner war seit den Zwanzigerjahren als entschlossener Gegner des Nationalsozialismus bekannt, und die Amerikaner wussten um seine verfassungsrechtlichen Studien im Exil. So war es keine Überraschung, dass sie ihn mit der Bildung und Leitung eines Ausschusses betrauten, der eine Verfassung für Bayern ausarbeiten sollte. Hoegner berief in diesen »Vorbereitenden Verfassungsausschuss« drei Sozialdemokraten, drei Vertreter der sich gerade erst formierenden CSU, außerdem als Experten den Staatsrechtsprofessor Hans Nawiasky, dessen Rat er schon im Schweizer Exil eingeholt hatte, und den Kommunisten Heinrich Schmitt, der damals noch auf Geheiß der Amerikaner auch Hoegners Regierung als Sonderminister, zuständig für die Entnazifizierung, angehörte. In nur 14 Sitzungen zwischen März und Mai 1946 wurde der Verfassungsentwurf fertig gestellt.

In der Schweiz ist natürlich meine föderalistische Auffassung gestärkt worden. Ich habe dort gesehen, daß trotz der Kleinheit des Landes die aus dem Mittelalter überkommene föderalistische Gliederung sich durchaus bewährt hat. Natürlich, da und dort mag es Kantönligeist geben, das ist ganz selbstverständlich, es gibt bei uns auch Hinterwäldler. Aber im großen Ganzen hat die Schweiz es verstanden, nur das unbedingt Notwendige zentralistisch, also durch den Bund regeln zu lassen, aber sogar in der Militärorganisation das föderalistische Prinzip beizubehalten. Das hat sich durchaus bewährt.

Apropos Schweiz. Erinnern wir uns wieder des Redaktors von Radio Beromünster, der 1948 in München und Umgebung mit seinem Schallfoliengerät Stimmen und Stimmungen einfängt. Es ist der Morgen des 1. Mai, des Weltkampftages der Arbeiterklasse, und der Redaktor am Rande des Königsplatzes berichtet von der Kundgebung der Gewerkschaften.

Im furchtbar zerstörten München dürften heute zwischen 700 und 800 000 Menschen leben. Sichtbares Bild dieser auf einem zum Teil unbewohnbar gewordenen Raum zusammengedrängten Völkermasse ist der überdimensionierte Verkehr, beherrscht von den amerikanischen Motorfahrzeugen aller Art, die unvorstellbar gefüllten, veralteten Straßenbahnen, der ununterbrochen rollende und fließende Strom der Fahrzeuge und Fußgänger in den Hauptverkehrsadern der Stadt, vom frühen Morgen bis in die dunkle Nacht, wo in der an und für sich lichterlosen bayerischen Metropole ausgebrannte Ruinen im Scheinwerferlicht vorbeihuschender Fahrzeuge gespenstisch aufleuchten. Diese Stadt bietet heute – es ist der 1. Mai – einen sonderbaren Anblick. Es ist, als ob in der gewitterschwangeren Nacht von gestern auf heute die Münchner die Stadt verlassen hätten.

Das politische Leben in Bayern nach dem Krieg ist zunächst ein Torso, der von zwei Seiten aus wieder zu einem Ganzen gefügt wird. Von oben agiert die allmächtige Militärregierung: Die Amerikaner setzen deutsche Politiker, die nach ihren Nachforschungen nicht kompromittiert sind, wie Schachfiguren als neue Obrigkeit ein. Von unten regt sich, ebenfalls durch die Lizenzierung der Amerikaner kontrolliert, in wieder- und neu begründeten Parteien und Verbänden jene Basisaktivität, ohne die es keinen demokratischen Aufbau geben kann, an dem an wichtiger Stelle auch die Gewerkschaften teilnehmen.

Am frühen Vormittag sind die großen Straßen ausgestorben, die Geschäfte und Büros sind geschlossen, die Arbeit ruht, es ist 1. Mai, gesetzlicher Feiertag. Einzeln oder in Gruppen begeben sich die Leute auf den Königsplatz. Umzüge sind nicht gestattet. An vielen Häusern und Ruinen leuchten rot, gelb und schwarz die kleinen Plakate, mit denen der bayerische Gewerkschaftsbund aufruft. Seit 9 Uhr konzertiert auf dem Königsplatz, dem Schauplatz der Veranstaltung, der Münchner Arbeiter-Orchester-Verein.

Die Gewerkschaften wachsen rasch. Schon 1949 werden die Bayerischen Gewerkschaften in den dann begründeten Deutschen Gewerkschaftsbund 800 000 Mitglieder einbringen und damit einen deutlich höheren Organisationsgrad erreicht haben als je in der Weimarer Republik.

Die Amerikaner lizenzieren aus Angst vor kommunistischer Unterwanderung zunächst nur örtliche Zusammenschlüsse und wollen keine starke, zentralistische Organisation. Diese zersplitterte Struktur und die Not der frühen Jahre bestimmen das Verhalten der Gewerkschafter. Sie kooperieren mit den Arbeitgebern, und wenn sie revoltieren, mit Streik drohen oder wirklich streiken, dann nicht für große revolutionäre Parolen, sondern für die Beseitigung ihrer erdrückendsten materiellen und sozialen Sorgen, wie eine Betriebsrätin auf der Maikundgebung 1948 auf dem Münchner Königsplatz.

Wir appellieren für unsere Frauen und Mütter. Auf ihnen liegt die größte Last. Zu den eigenen Entbehrungen, die sie auf sich zu nehmen haben, kommt noch die seelische Belastung, daß sie machtlos zusehen müssen, wie durch Hunger und Unterernährung die Gesundheit ihrer Familie untergraben wird. Nur eine Mutter kann verstehen, was es heißt, dem hungrigen Kind das Brot wegsperren zu müssen, weil es sonst nicht reicht. Nur eine Frau kann verstehen, was es heißt, dem Mann ein Stück trockenen Brotes mitzugeben zu seiner täglichen schweren Arbeit und dabei zusehen zu müssen, wie der Mann gesundheitlich immer mehr runterkommt.

Vor diesem Alltagshintergrund erarbeiteten die wichtigsten Protagonisten der bayerischen Nachkriegspolitik den Entwurf einer neuen Verfassung des Freistaats Bayern. Vor allem deshalb spielen die später so ausgeprägten Parteigrenzen zwischen CSU und SPD bei der Formulierung der verfassungsrechtlichen Grundlagen eine eher untergeordnete Rolle.

Der Mitschnitt eines Gespräches im Münchner Presseclub lässt diese Atmosphäre lebendig werden. Drei alte Herren stehen im Jahr 1971 Rede und Antwort, ein Vierteljahrhundert nach den armen, aber für die Zukunft Bayerns so entscheidenden Nachkriegsjahren. Sie nennen einander Freunde und sind per Du. Es sind die beiden ehemaligen Ministerpräsidenten Hans Ehard, CSU, Wilhelm Hoegner, SPD – und Alois Hundhammer, CSU, der neben seiner einflussreichen Rolle in der CSU-Parteiführung auch als streitbarer Kultus- und als Landwirtschaftsminister in Regierungsämtern diente.

Trümmerkinder, München 1946

In der ersten Zeit nach dem Krieg erschien es mir selbstverständlich, daß wir mit den Sozialdemokraten zusammen den Staat neu aufbauten. Das hat sich praktisch auch dadurch erleichtern lassen, daß Dr. Hoegner und ich irgendwie in einen persönlichen Kontakt gekommen waren und uns während der Schaffung der bayerischen Verfassung dann abwechselnd bei ihm oder bei mir und bei einem dritten Freund in der Wohnung getroffen haben und jeweils die zur Entscheidung anstehenden Probleme unter vier oder sechs Augen erst durchdiskutierten. Und dann haben wir in unseren Fraktionen uns bemüht, unsere Kollegen auf dieselbe Linie zu bringen. Und so ist es möglich geworden, die bayerische Verfassung mit den Stimmen der Sozialdemokraten und der Christlich Sozialen Union mit einer so großen Mehrheit durchzusetzen und zur Annahme zu bringen.

Es ist der gleiche Alois Hundhammer, der hier von seinem Einvernehmen mit dem Sozialdemokraten Wilhelm Hoegner in der Ausgestaltung der Verfassung des Freistaates spricht, der drei Jahre nach der Verfassungsdebatte, im Februar 1949 als Kultusminister Bayerns bundesweite Stürme der Entrüstung auslöste.

Nach fünf Vorstellungen setzte Hundhammer kraft seines Amtes als bayerischer Kultusminister Werner Egks Faustballett »Abraxas« vom Spielplan des staatlichen Münchner Prinzregententheaters ab. Dass sich Satan »in einer Art sakrilegischer Zeremonie« mit einer zwar widerstrebenden, aber in allzu dünne Schleier gehüllten Tänzerin vereinigt, ist für den streng katholischen Hundhammer eine »schwarze Messe, eine Verletzung der religiösen Gefühle«. Von diesem Zeitpunkt an galt der CSU-Mann Hundhammer endgültig als die Verkörperung klerikal-reaktionärer Positionen, was wohl auch für bestimmte Bereiche wie für die Bildungs- und Kulturpolitik zutraf. Legendär ist etwa auch Hundhammers Aufhebung des Züchtigungsverbotes in den Schulen, sprich: die vorübergehende Wiedereinführung der Prügelstrafe.

Trotzdem, wer in die Frühgeschichte der Wiederbegründung Bayerns nach dem Krieg einsteigt, den erwarten verwirrende Koalitionen quer durch die politische Farbenlehre und erbitterte Gegensätze unter den so genannten Parteifreunden. Worin aber sind sich der erzkonservative CSU-Mann Hundhammer und der weiß-blaue Sozialdemokrat Hoegner so einig, dass jeder der beiden in der eigenen Partei aneckt? Alois Hundhammer, sekundiert von Wilhelm Hoegner, im gemeinsamen Pressegespräch im Jahr 1971.

HUNDHAMMER: Hoegner und ich waren der Auffassung, daß Bayern einen Staatspräsidenten bekommen sollte. Wir wollten – Hoegner hat es vorhin schon angesprochen – die stärker föderalistische Orientierung, die größere Eigenstaatlichkeit, die er in Bayern gewahrt wissen wollte. Das traf sich natürlich bei mir mit dem besten Boden, den man sich dafür wünschen konnte, und wir waren beide verdächtig, halbe Monarchisten zu sein! *(Gelächter im Publikum)* Bei mir selber vielleicht nicht einmal so ganz abwegig, denn ich habe meinen Treueeid beim Leibregiment dem bayerischen König noch geleistet, ich war in der Residenz als Soldat noch auf Posten gestanden – und ich habe einen Eid nicht so ohne weiteres beiseite geschoben. Wir waren jedenfalls – Hoegner und ich – der Meinung, die Schaffung eines Staatspräsidenten würde die Eigenstaatlichkeit und Eigenständigkeit Bayerns wesentlich unterstreichen, erfolgreich unterstreichen, und wir haben uns deswegen beide auch bemüht, den Staatspräsidenten in der Verfassung durchzusetzen. Leider war in meiner eigenen Fraktion eine große Gruppe ...

HOEGNER: Ja, de Franken wieder! Bei uns auch de Franken! *(Gelächter)* Ja, de Franken! *(Gelächter)*

HUNDHAMMER: Ja, ja, und der Josef Müller, man kann den Namen hier amal erwähnen, und drüben bei der SPD ebenso, und wir sind dann, ich glaube mit ein oder zwei Stimmen bei der entscheidenden Abstimmung ...

HOEGNER: am Schluß mit einer Stimme ...

HUNDHAMMER: mit einer Stimme unterlegen ...

HOEGNER: ... mit der Stimme einer Frau!

HUNDHAMMER: ... unterlegen ... mit der Stimme einer Frau, jawohl, die keine Bayerin war! *(Gelächter)*

Die Übereinkunft Hoegners und Hundhammers bei der Verfassungsdebatte, Bayerns Eigenstaatlichkeit so stark wie möglich auszuprägen, hat Modellcharakter – bis zu ihrem gescheiterten pittoresken Vorschlag, Bayern sogar einen eigenen Staatspräsidenten zuzubilligen. Nach diesem 1946 erstmals vorgeführten Muster wird sich bayerische Politik nach innen vor dem eigenen Staatsvolk und nach außen gegenüber den anderen Bundesstaaten und den in Bonn angesiedelten Bundesregierungen noch oft und bis heute vollziehen.

Salopp gesprochen: Zunächst erhebt der bayerische Löwe sein Gebrüll, betont seine Unabhängigkeit und Würde, fordert von der zu erwartenden

Wilhelm Hoegner auf der ersten Pressekonferenz der Bayerischen Staatsregierung im Münchner Rathaus, 22. Januar 1946

Beute einen hervorgehobenen Anteil und droht, bei Nichterfüllung seiner Forderungen gelegentlich in Zukunft allein seiner Wege zu gehen. Das Rudel erschrickt und horcht auf. Später, beim Beutemachen, sieht man den bayerischen Löwen dann willig und zufrieden im Rudel mitlaufen.

Der Sozialdemokrat Wilhelm Hoegner war durchaus ein Vertreter dieser Linie. Er hat aus seiner starken Verwurzelung in Bayern und tiefer föderalistischer Überzeugung schwere Konflikte etwa mit dem preußisch-zentralistischen SPD-Bundesvorsitzenden Kurt Schumacher riskiert, auch mit seinem Nachfolger als bayerischen SPD-Vorsitzenden, Waldemar von Knoeringen. Kein bayerischer Sozialdemokrat nach Hoegner hat je wieder dieses Profil gewonnen. Die führenden Politiker der CSU, allen voran Franz Josef Strauß, haben diese Politik bis zum Ritual perfektioniert. Sichtbarstes Zeichen dieser widerstrebenden und höchst identitätsfördernden Einbindung Bayerns in den Bund ist die Fraktionsgemeinschaft von CDU und CSU im Bundestag.

Der geniale Grenzgang zwischen nahezu separatistischer Gebärde und einflussreicher Einbindung in den gesamtdeutschen Rahmen hat der CSU bis auf den heutigen Tag ihre konkurrenzlose Stellung in Bayern, sichere absolute Mehrheiten und das seit 1957 ununterbrochene Dauerabonnement auf die Macht im Freistaat eingebracht.

D ie bayerische Verfassung wird 1946 zu einem weitherzigen Kompromissprodukt zwischen CSU und SPD. Die Sozialdemokraten schlucken die vom klerikalen Hundhammer-Flügel dringlich gewünschte Konfessionsschule, die sie innerlich ablehnen. Die CSU kommt der SPD beim Wahlrecht entgegen und stimmt der Einführung des Verhältniswahlrechts zu, obwohl die Christlich-Sozialen als weitaus stärkste Partei durch ein reines Mehrheitswahlrecht deutlich begünstigt würden. – Der Sozialdemokrat Hannsheinz Bauer, Mitglied der verfassungsgebenden Landesversammlung, hat von den neoliberalen Zeiten der 90er Jahre aus die soziale Grundausrichtung der Bayerischen Verfassung von 1946 gepriesen.

> Fangen wir mal an mit dem entscheidenden Artikel 3: ›Bayern ist ein Rechts-, Kultur- und Sozialstaat‹ – und da ist angefügt worden: ›Er dient dem Gemeinwohl.‹ Ich sag' ganz offen: Ich könnte mir nicht vorstellen, daß auf dem Erdboden des deutschen Staatsgebietes eine solche Verfassung noch einmal über die Bühne gehen würde. Und wenn ich dann den Artikel 151 nehme: ›Die gesamte wirtschaftliche Tätigkeit dient dem Gemeinwohl.‹ Und: ›Die wirtschaftliche Freiheit des einzelnen findet ihre Grenze in der Rücksicht auf den Nächsten und auf die sittlichen Forderungen des Gemeinwohls.‹ Und schließlich vielleicht noch: ›Eigentum verpflichtet gegenüber der Gesamtheit.‹ Das ist der diametrale Unterschied in der damaligen Auffassung gegenüber dem Heutigen.

Noch ein von Hoegner bewundertes Schweizer Vorbild färbte auf die bayerische Verfassung ab – abgemildert, jedoch ausgeprägter als auf jede andere deutsche Länderverfassung: das Volksbegehren, ein Element von direkter Demokratie, das

Bürgern die Möglichkeit gibt, in wichtigen Fragen auf die Gesetzgebung und die Entwicklung der Verfassung direkt Einfluss zu nehmen. Was in über fünf Jahrzehnten sparsam dosiert, aber wirkungsvoll eingesetzt, auch geschehen ist. Etwa um 1968 die Konfessionsschule durch die christliche Gemeinschaftsschule zu ersetzen. 1972 bringt die damalige FDP-Landtagsabgeordnete Hildegard Hamm-Brücher mit dem Bürgerkomitee »Volksbegehren Rundfunkfreiheit« sogar eine von der Mehrheitspartei CSU geplante Änderung des Rundfunkrechts zu Fall. 1995 gelingt es den bayerischen Bürgern, per Volksbegehren auch den kommunalen Bürgerentscheid in der Verfassung zu verankern, den Wilhelm Hoegner 1946 wollte, aber nicht durchsetzen konnte. 1998 entscheiden die Bürger gar über Sein oder Nichtsein einer Verfassungsinstitution und stimmen mehrheitlich dafür, Bayerns zweite Kammer, den Senat abzuschaffen. Dieses sympathische Bild zeigt nach fast 60 Jahren also eine Verfassung, die legale Mittel bereitstellt, vom erklärten Souverän, dem Volk, weiterentwickelt und behutsam verändert zu werden.

Dem bayerischen Volk wird die von den Politikern ausgearbeitete Verfassung Anfang Dezember 1946 zur Abstimmung vorgelegt, zeitgleich mit den ersten freien Wahlen zum Bayerischen Landtag nach dem Krieg. Beinahe 76 % der Bürger stimmen ab, 70,6 % befürworten die neue Verfassung, nur 22 % lehnen sie ab. Bei den Landtagswahlen erringt die CSU mit 52 % gleich im ersten Nachkriegsparlament die absolute Mehrheit, gefolgt von der SPD, die damals auf 28 % kommt.

Die in Flügelkämpfen zerstrittene CSU kann ihre absolute Mehrheit noch nicht umsetzen. Die Abgeordneten des Hundhammer-Flügels lassen den eigenen Parteivorsitzenden Josef Müller bei der Wahl zum Ministerpräsidenten durchfallen. Als Kompromisskandidat wird der CSU-Mann Hans Ehard gekürt, mit den Stimmen der SPD. Ehard ist Jurist, ein ehemaliger Staatsanwalt und zudem auch ein überzeugter Föderalist – wie sein sozialdemokratischer Freund und Vorgänger Wilhelm Hoegner, den Ehard nun zum Justizminister und stellvertretenden Ministerpräsidenten beruft.

Trotz Hungers und Kälte und insgesamt noch völlig unzureichenden materiellen Verhältnissen ist das Interesse an den Landtagswahlen und der Verfassungs-Volksabstimmung mehr als beachtlich. Die Amerikaner bewiesen Geschick dabei, die Deutschen für die Neubegründung und Wiederherstellung rechtsstaatlicher Verhältnisse, ja sogar demokratischen Engagements zu gewinnen. Die »Entnazifizierung«, der großangelegte Versuch, die Deutschen zu einer Aufarbeitung ihrer historischen Schuld zu bewegen, glückte ihnen weit weniger.

Das von der Militärregierung ausgearbeitete »Gesetz zur Befreiung von Nationalismus und Militarismus«, das die deutschen Ministerpräsidenten in den Westzonen nur unterschreiben durften, wirkte sich in Bayern so aus: Alle 6,8 Millionen Bürger hatten einen Fragebogen über ihre Verstrickung in den

Nationalsozialismus auszufüllen. Dabei stellte sich heraus, dass 1,8 Millionen vom Gesetz betroffen waren. Diese 1,8 Millionen Menschen hatten 200 völlig überlastete »Spruchkammern« zu bewerten. Was waren sie gewesen? 1. Hauptschuldige; 2. Belastete (Aktivisten, Militaristen, Nutznießer); 3. Minderbelastete; 4. Mitläufer; 5. Entlastete?

Nur sieben Prozent der geprüften Fälle kamen zur Verhandlung, vier Fünftel der Angeklagten wurden als Mitläufer und Entlastete eingestuft, wohl auch deswegen, weil die Routinefälle vorgezogen wurden. Gegen die schwer Belasteten wurde zunächst lange ermittelt. Als gegen sie 1947/48 verhandelt wurde, kamen sie, wenn überhaupt, meist mit milderen Strafen davon, spätestens in der Revision. Die Amerikaner hatten inzwischen das einst vorrangige Interesse an der Bestrafung der Naziaktivisten verloren. Sie brauchten die Westdeutschen jetzt, da die Kriegsallianz mit der Sowjetunion zerbrach, als politische und wirtschaftliche Bündnispartner. Schon 1950 löste der bayerische Landtag das »Sonderministerium« im Kabinett auf, das für die Entnazifizierung gegründet worden war.

Es ist wenig wahrscheinlich, dass allein eine andere, konsequentere Entnazifizierungspolitik den überlebenden Opfern des Holocaust ein wirkliches Gefühl von Sicherheit und Heimat hätte vermitteln können. Charlotte Knobloch, in München geborene Tochter eines jüdischen Rechtsanwaltes, wollte nur noch eines:

Wir wollten dieses Land 100 Prozent so schnell wie möglich verlassen. Wir haben den Displaced Persons-Status bekommen, und dadurch konnten wir uns also bei diesen Organisationen melden. Das haben wir auch getan mit dem Wunsch, 100 Prozent Deutschland zu verlassen, wir sahen also überhaupt keine Bleibe mehr hier.

Die heutige Präsidentin der Israelitischen Kultusgemeinde in München ist mit ihrem Schicksal repräsentativ für die wenigen überlebenden Juden die allmählich für den Wiederaufbau eines jüdischen Lebens in Bayern sorgten: Ihre fest geplante Auswanderung scheiterte aus simplen familiären und bürokratischen Gründen, sie blieb in ihrer Heimat hängen. Gehalten, so erinnert sie sich, hat sie niemand.

Daß hier eine Stimme an die Öffentlichkeit gegangen wäre und gesagt hätte: Jüdische Leute, das ist passiert. Bleibt hier, wir wollen zusammen dieses Land wieder aufbauen, an das kann ich mich überhaupt nicht erinnern, ganz im Gegenteil, es wurde ja sogar – muß ich schon sagen – tatenlos zugeschaut, wie das jüdische Vermögen, das Vermögen, das ›herrenlose jüdische Vermögen‹ veräußert wurde und nicht den noch verbliebenen Juden in München zugute kam. Das sieht man ja auch am Verkauf des Synagogenplatzes, an der Veräußerung des Synagogenplatzes. Es wurde an die jüdische Zukunft hier nicht mehr geglaubt.

Heute fühle sie sich wieder verwurzelt, sagt Charlotte Knobloch, doch es seien Wurzeln, die leicht gekappt werden könnten. Zu den Hoffnungszeichen zählt sie die Initiative der Stadt München, 60 Jahre nach der Zerstörung der jüdischen Hauptsynagoge ein jüdisches Gemeindezentrum an einem zentralen Platz der Stadt wiedererstehen zu lassen. Eine symbolische Geste, wie sie in den Zeiten des Wiederbeginns fehlte, der vor allem eines bedeutete: die Rückgewinnung einer starken wirtschaftlichen Stellung.

D er englische Außenminister Bevin und der amerikanische Außenminister Byrnes unterzeichneten gegen Jahresende ein Abkommen, das die amerikanische und englische Zone zunächst wirtschaftlich vereint. Das Abkommen tritt am 1. Januar 1947 in Kraft. Damit ist der erste Schritt zur wirtschaftlichen Einheit Deutschlands getan. Ein hoffnungsvoller politischer Abschluß des alten Jahres, der für das neue Antrieb und Ankurbelung der Wirtschaft verspricht. *(Originalton Wochenschau)*

Bayerns Zusammenarbeit mit den im Frankfurter Wirtschaftsrat vertretenen Ländern setzt den Warenaustausch in Gang, erzeugt aber auch geharnischte Konflikte. Im Ruhrgebiet, das Kohle nach Bayern liefert, kommt es im Mai 1947 zu Demonstrationen gegen Bayern, das angeblich seinen vereinbarten Ablieferungen an Kartoffeln und Fleisch nicht nachkommt. Auch der Redaktor von Radio Beromünster begegnet im Erdinger Land vielen wütenden Bauern und einem, der seine Situation voller Sarkasmus schildert.

Ich hab' mir schon überlegt, eine Ziege zu kaufen. Aber das hat noch einen Haken. Ich habe mich erkundigt: Für eine Ziege verlangens 3000 Mark. Für meine acht Kühe, die ich abliefern muß, bekomme ich je Stück im Durchschnitt 300 Mark, das sind 24 Hundertmark. Infolgedessen muß ich für die acht Kühe noch 600 Mark draufbezahlen, daß ich eine Geiß bekomm'! *(Gelächter)*

Die Militärregierung befiehlt Ablieferungen, Bayerns CSU-Landwirtschaftsminister Josef Baumgartner stellt sich im so genannten »Kartoffelkrieg« auf die Seite der Bauern und steigt so im Land zu einem Volkstribun auf. Später, 1948, nach seinem Übertritt zur bis dahin wenig erfolgreichen »Bayernpartei« wird diese für einige Jahre der CSU das Image streitig machen, die bayerischste aller Parteien zu sein.

Der »Kartoffelkrieg« und ähnliche Eingriffe in die Souveränität Bayerns machten deutlich: Nur wenn Bayerns Politiker auch bei der Ausarbeitung der

Verfassung des geplanten Bundesstaates ein Maximum an föderalen Rechten gegenüber der künftigen Bundesregierung heraushandelten, würden sie vor den eigenen Bürgern als glaubwürdige und konsequente Vertreter bayerischer Souveränität anerkannt werden. Diese Chance ergriff CSU-Ministerpräsident Hans Ehard, und zwar gegen den kommenden starken Mann der Union auf Bundesebene, Konrad Adenauer. Franz Heubl hat dies als Sekretär Ehards beim Herrenchiemseeer Verfassungskonvent und dann bei den über das Grundgesetz entscheidenden Beratungen des Parlamentarischen Rates miterlebt.

Der Konrad Adenauer war schon ein Mann, der darauf sah, daß seine Machtbefugnisse nicht begrenzt wurden, sondern daß er tun konnte, was er wollte. Und deshalb war ihm der bayerische Föderalismus zutiefst suspekt. Er hat sich bemüht, anstelle des Bundesrates einen Senat zu schaffen. Die Senatoren sollten von den Landtagen gewählt werden, das Ganze eine zweite Kammer sein, über deren Zuständigkeit man sich noch unterhalten sollte. Der Ministerpräsident Ehard wollte das völlig anders, da gab's einen bayerischen Verfassungsentwurf: Danach gibt's einen Bundesrat, und da bestimmen die Länder die Bundespolitik mit, und zwar in einem Ausmaß, das nachher natürlich nicht realisiert worden ist, weil es, ehrlich gesagt, zuviel geworden wäre, unter dem Gesichtspunkt und den Erfahrungen von heute. Aber die Tendenz war immer eindeutig: Bayern bestimmt mit über die Bundespolitik, und mindestens über den Bundesrat, und nicht über einen gewählten Senator, sondern über die zuständige Staatsregierung. Und um Konrad Adenauer in die Minderheitsposition zu bringen, gab's ein Frühstück in Nordrhein-Westfalen mit dem Innenminister Menzel, SPD, und da haben die Bayern, CSU mit Bundes-SPD ausgemacht: Adenauers Senat nein – Bundesrat ja! Und so ist es im Parlamentarischen Rat abgestimmt worden, da der Konrad Adenauer nicht mehr gewußt hat, ob er wirklich noch die Mehrheit für seinen Vorschlag bekam. Ein Bayerischer Handstreich unglaublichster Art!

Warum aber dann bei der Abstimmung über das Grundgesetz diese turbulente Szene im Bayerischen Landtag in der Nacht vom 19. auf den 20. Mai 1949?

Es haben 174 Abgeordnete abgestimmt. Davon stimmten 64 mit ja, 101 mit nein, 9 mit ›enthalte mich‹. Ich habe jetzt folgendes festzustellen: das Grundgesetz in der vorliegenden Fassung hat nicht die Zustimmung des Bayerischen Landtags gefunden.
    Pfui!
    Ich bitte diese Zwischenrufe zu unterlassen!
    Aber der Bayerische Landtag ist das einzige Parlament, das die Zustimmung nicht erteilt hat!
    Gott sei Dank!

Auch der clevere Verfassungsverhandler Ministerpräsident Hans Ehard und die CSU-Abgeordneten lehnten das doch so entscheidend von ihnen mitgeprägte Grundgesetz in einer tumultartigen Landtagssitzung ab – um allerdings in einer zusätzlichen Abstimmung ausdrücklich zu versichern, dass sie die Rechtsgültigkeit des Grundgesetzes für Bayern gleichwohl bejahten und seiner Inkraftsetzung nichts in den Weg stellten.

Es handelt sich hier wieder einmal um das Gebrüll des bayerischen CSU-Löwen, dies eine Mal um ein Gebrüll in taktischer Absicht und in bislang unbekannter Not. Der CSU ist für einen kurzen geschichtlichen Augenblick, in den wirtschaftlichen Verwerfungen vor und nach der Währungsreform, ein ernsthafter Konkurrent um die Volksgunst erwachsen in Gestalt der Bayernpartei, an deren Spitze der ehemalige CSU-Landwirtschaftminister Baumgartner steht. Der hat keine Scheu, vor unzufriedenen Massen, vor allem der ländlichen Bevölkerung, separatistische Reden zu halten und antipreußische Ressentiments zu schüren.

Aber Bayerns föderalistische Schwergewichte in den Volksparteien, in der SPD und gerade auch in der sich so bayerisch gerierenden CSU, haben die historische Zäsur erkannt, die das Ende des Nationalsozialismus und die Folgen des Krieges für Bayern bedeuteten. Nach Bayern waren 1,8 Millionen Flüchtlinge vor allem aus dem Sudetenland und Schlesien gekommen, unter ihnen viele hochqualifizierte Industriearbeiter. Was zunächst als gewaltiges Integrations- und Versorgungsproblem erschien, worauf der Historiker Friedrich Prinz verwiesen hat, barg neue wirtschaftliche Chancen. Hierher, ganz bewusst in die amerikanische Zone, hatten sich auch große Industrieunternehmen, allen voran Betriebe wie Siemens, Osram, Agfa, die Auto-Union, aber auch Verlagsunternehmen aus Leipzig verlagert.

Reparationspolitik und Demontagen wurden schon bald abgelöst von Care-Paketen und der gezielten wirtschaftlichen Aufbauhilfe des amerikanischen Marshall-Planes. Die Amerikaner hatten sich für die Gewinnung der ehemaligen deutschen Kriegsgegner als Bündnispartner im nun heraufziehenden Kalten Krieg entschieden, und Bayern gehörte zu ihrem Kerngebiet. Die Chancen der Industrialisierung hätten nicht genutzt werden können, wenn sich Bayern stolz und nostalgisch separiert hätte. Das Kunststück bestand darin, bayerische Identität zu behaupten, und sich doch zu öffnen: nach Deutschland, nach Europa.

So ist es geschehen. Nicht nur wirtschaftlich, auch kulturell. Mit Erfolg. Und ein Schriftsteller mit so zweifelsfrei bayerischer Zunge wie Carl Amery machte deutlich, dass Land und Leute in Bayern damit schlicht und einfach neuen Realitäten und Welt-Erfahrungen Rechnung trugen, die eben einfach nicht vor weiß-blauen Grenzpfählen Halt gemacht hatten.

Ich erinnere mich an einen Diskussionsabend in den Kammerspielen mit Hermann Kesten. Hermann Kesten war einer der ganz wenigen Emigranten, die ohne Zögern zurückkehrten. Aber wie er auf uns einsprach und uns einstimmen wollte, sozusagen eindeutig und ohne viel Federnlesens die Traditionen zu übernehmen, für die vielen Emigranten standen, war zu bemerken, daß das einfach nicht recht ging. Also, er hat unsere Situation nicht ganz durchschaut und wir die seine nicht. Ich hab' versucht, einen Diskussionsbeitrag zu leisten. Ich erinnere mich nur daran, daß ich über meine Erlebnisse in Amerika redete – das ist hochinteressant, und zwar einfach geographisch: Für uns war das Ende der Nazis auch das Ende dessen, was die Bürger in der DDR ja auch erlebt haben, die Isolierung, das nicht mehr vorhandene Verständigungssystem mit der Zivilisation, um es einmal ganz klar zu sagen. Und dieses dann sozusagen über die erfolgreichsten Europäer vermittelt zu bekommen, rückvermittelt, denn die erfolgreichsten Europäer sind die Amerikaner – das war eigentlich eine ziemlich zentrale Sache. (...) Wir waren Kinder des anhebenden amerikanischen Zeitalters, das ist gar keine Frage – und das nun mitten in Bayern!

Die Autoren

ULRICH CHAUSSY, geboren 1952, lebt in München, vergräbt sich gern in zeitgeschichtlichen und biographischen Recherchen, die er zwischen Buchdeckel zwängt, soweit dies die Autorentätigkeit für den Bayerischen Rundfunk zulässt.

WOLF EUBA, geboren 1934 in Nürnberg. Schauspieler, Regisseur und Autor – und – seit vielen Jahren ein unverwechselbarer Programm-Macher des Bayerischen Rundfunks.

GABRIELE FÖRG, geboren 1948 in München, Studium der Literatur-, Politik- und Kommunikationswissenschaft. Seit 1975 Redakteurin beim Bayerischen Rundfunk, ab 1992 Leiterin der Redaktion »Land und Leute« (Hörfunk) und gern auf der Suche nach spannenden Kulturgeschichten.

THOMAS KERNERT, geboren 1956 in München, Studium der Philosophie und Geschichte. Lebt mit Frau, fünf Kindern und Schreibcomputer in München. Seine umfangreiche Autorentätigkeit für den Bayerischen Rundfunk schützt ihn seit vielen Jahren vor Müßiggang und Drogenmissbrauch.

SUSANNE KIRNER-ZIMMER, geboren 1953 in Burghausen an der Salzach. Gelernte Juristin, seit fast 25 Jahren beim Bayerischen Rundfunk, Programmchefin von B5 aktuell mit einem Faible auch für historische »News«.

MARITA KRAUSS, geboren 1956 in Zürich, aufgewachsen am Starnberger See. Studium der Geschichte und Politikwissenschaft in München, dort auch Promotion und Habilitation. Danach Professorin in Bremen, in Wien und nun wieder in München. Zahlreiche Veröffentlichungen und Ausstellungen zur bayerischen Geschichte.

INGRID LEITNER, geboren 1942 in München, Studium der Germanistik, Slawistik, byzantinischen Kunstgeschichte, Geschichte. Beim Bayerischen Rundfunk (Hörfunk) verantwortlich für historische Sendungen mit reizvoll und bildhaft erzählten Geschichten.

HENRIKE LEONHARDT, geboren 1943 in Iserlohn. Studium: Erziehungs- und Literaturwissenschaft, Soziologie, Volkskunde. Seit 1971 als freie Buch-, Zeitungs- und Hörfunkautorin in München. Findet und erfindet Geschichten, geht »lückenhaften Lebensläufen« nach.

CHRISTOPH LINDENMEYER, Jahrgang 1945, Studium der evangelischen Theologie in Erlangen, Heidelberg und München. Leiter der Hauptabteilung Kultur im Bayerischen Rundfunk und Programmkoordinator Bayern2Radio, Honorarprofessor an der Universität Erlangen-Nürnberg, Mitglied im internationalen P.E.N.-Club.

RÜDIGER OFFERGELD, geboren 1941 in Gelsenkirchen, Studium der Theologie, Philosophie und Literaturwissenschaften in Paris und München. Von 1969 bis 1979 Studienrat an einem Münchner Gymnasium. Ab 1980 freier Publizist und Feature-Autor des Bayerischen Rundfunks.

MONIKA SCHATTENHOFER, geboren 1950 in Beilngries, gestorben 2003 in München, über viele Jahre in Bayern2Radio sehr geschätzte Feature-Autorin mit viel Sinn für bayerische Mentalitäten und Hintersinn.

MIRA ALEXANDRA SCHNOOR, geboren 1962 in Manchester, Studium der Germanistik, Theaterwissenschaften und Philosophie in München. Regieassistentin und Dramaturgin an mehreren Theatern. Seit 1990 Journalistin und Autorin des Bayerischen Rundfunks.

REINHARD WITTMANN, geboren 1945 in München. Leiter der Literaturabteilung im Hörfunk des Bayerischen Rundfunks. Honorarprofessor an der Universität München und Autor von Büchern zur Geschichte des literarischen Lebens, des Buchwesens und zur bayerischen Kulturhistorie.

ULRICH ZWACK, geboren 1957 in München. Historiker und Schreiberling – und somit nach herrschender neoliberalistischer Weltanschauung absolut überflüssig. Dennoch gelingt es ihm schon seit 20 Jahren, als freier Mitarbeiter des Bayerischen Rundfunks wenigstens ein bisschen zur Ernährung seiner Familie beizutragen.